목차

01장 ✅

□ 하이퍼링크　　**hyperlink**　　　　　　　　　　　　　　　　　　　　[01장 031쪽]

문서 내의 요소에 다른 문서로 이동할 수 있도록 연결해놓은 참조 고리.

□ 애플리케이션　　**application**　　　　　　　　　　　　　　　　　　[01장 032쪽]

응용 프로그램. 다양한 프로그래밍 언어로 애플리케이션을 만들 수 있다.

ex) 웹, 웹 서버, 모바일. 데스크톱 애플리케이션 등

　　　　　　　↘ 모바일은 리액트 네이티브, 데스크톱은 일렉트론으로 만들 수 있다.

□ 에크마스크립트　　**ECMAScript**　　　　　　　　　　　　　　　　[01장 036쪽]

다양한 웹 브라우저에서 자바스크립트 언어가 잘 작동되도록 자바스크립트
를 표준화하기 위해 만들어진 자바스크립트 표준 명칭. 대부분의 브라우저에서
ECMAScript 2015(ECMAScript 6 또는 ES6) 이상의 기능이 구현되고 있으며
현재 ECMAScript 2020(ES11)까지 나왔다.

□ 개발환경　　**development environment**　　　　　　　　　　　　[01장 042쪽]

프로그램을 개발을 할 수 있게 해주는 환경. 코드를 작성하는 텍스트 에디터와 코
드 실행기가 필요하다. 웹 개발 시에 텍스트 에디터는 비주얼 스튜디오 코드, 코드
실행기는 구글 크롬 웹 브라우저를 사용할 수 있다.

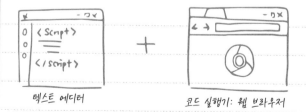

텍스트 에디터　　　　　　　코드 실행기: 웹 브라우저

작성하고 → 실행한다!

□ 코딩 스타일	coding style	[01장 065쪽]

개발자마다 다른 코드 작성 방식을 통일한 코드 작성 규칙. 코딩 컨벤션(coding convention)이라고도 부른다. 언어마다 있는 표준 스타일을 따르거나 팀이나 회사에서 정한 스타일을 따를 수 있다.

ex) 들여쓰기를 2개 할 것인지 4개 할 것인지, 중괄호의 위치는 어떻게 할 것인지, 키워드 뒤에 괄호를 바로 붙일지 공백을 줄지 등…

□ 표현식	expression	[01장 068쪽]

어떠한 값을 만들어내는 간단한 코드. 숫자, 수식, 문자열 등

□ 문장	statement	[01장 069쪽]

표현식이 하나 이상 모인 것. 문장 끝에는 마침표를 찍듯이 세미콜론 또는 줄바꿈을 넣어준다.

□ 키워드	keyword	[01장 070쪽]

특별한 의미가 있는 단어. 언어 내에서 문법적인 용도로 사용되고 있는 단어로 사용자가 지정하는 이름에는 사용할 수 없다.

□ 식별자	identifier	[01장 071쪽]

프로그래밍 언어에서 이름을 붙일 때 사용하는 단어. 주로 변수명이나 함수명 등으로 사용한다.

자바스크립트 식별자를 만들 때 규칙

- 키워드를 사용하면 안된다.

- 숫자로 시작하면 안된다.

- 특수문자는 _와 $만 허용한다.

- 공백 문자를 포함할 수 없다.

□ 주석

comment

[01장 073쪽]

프로그램 코드를 설명할 때 사용하는 것. 프로그램 진행에는 전혀 영향을 주지 않는다.

> **그것이 알고싶다** **HTML과 자바스크립트의 주석**
>
> HTML 태그 주석은 〈!-- 와 --〉 사이에 글을 입력하여 주석을 사용하고, 자바스크립트 주석은
> // 뒤에 글을 입력하여 문장 한 줄을 주석으로 쓰거나 /* 와 */ 사이에 글을 입력하면 /* 와 */ 사
> 이에 있는 모든 문장이 주석이 된다.

02장 ✓

□ 자료형

data type

[02장 084쪽]

프로그램이 처리할 수 있는 자료를 형태에 따라 나누어 놓은 것.

자바스크립트 기본 자료형

- 숫자: 소수점이 있는 숫자와 없는 숫자를 같은 자료형으로 인식한다.

  - 사칙 연산자(+, −, *, /)와 나머지 연산자(%)를 사용한다.

- 문자열: 문자 하나 혹은 문자들의 집합. 큰따옴표 혹은 작은따옴표 안에 문자를 넣어 문자열을 만든다.

  - 문자열 연결 연산자(+), 문자 선택 연산자([])를 사용한다.

- 불: 참과 거짓값을 표현하는 자료형. true와 false를 입력하여 만든다.

  - 비교 연산자(===, !==, 〉, 〈, 〉=, 〈=), 불 부정 연산자(!), 논리 연산자(&&, ||)를 사용한다.

- undefined: 값이 없는 변수

- null: 빈 값

| □ 이스케이프 문자 | **escape character** | [02장 086쪽] |

문자열 내부에서 특수한 기능을 수행하는 문자. \(역슬래시) 기호를 사용한다.

- \": 문자열에서 따옴표 문자 그대로 사용할 수 있다.

- \n: 줄바꿈을 의미한다.

- \t: 탭을 의미한다.

- \\: 역슬래시 문자 그대로 사용할 수 있다.

| □ 인덱스 | **index** | [02장 088쪽] |

문자열 같은 자료형에서 선택할 문자의 위치를 나타내는 숫자. 자바스크립트는 인덱스를 0부터 센다.

'안녕하세요'[0] → '안'

안	녕	하	세	요
[0]	[1]	[2]	[3]	[4]

↙ 위치를 나타내는 숫자

| □ 템플릿 문자열 | **template string** | [02장 098쪽] |

문자열 내부에 표현식을 삽입할 때 문자열 연결 연산자(+)를 사용하지 않고 간단하게 문자열과 표현식을 함께 사용할 수 있는 기호.

문자열 내부에 `${ ... }` 기호를 사용하여 괄호 안에 표현식을 넣어 사용한다.

↘ ' 작은따옴표와 혼동하지 말자

| □ 상수 | **constant** | [02장 103쪽] |

값을 저장하는 식별자.

'항상 같은 값'으로 이름을 한 번 붙이면 값을 수정할 수 없다.

상수를 만들 때는 const 키워드를 사용한다.

- 선언: 식별자가 어떤 데이터를 가지는지 알려주는 것을 '선언한다'라고 한다.

□ 변수   **variable**   [02장 105쪽]

값을 저장하는 식별자.

'변할 수 있는 값'으로 변수를 만들 때는 let 키워드를 사용한다.

> **그것이 알고싶다**   **상수와 변수**
>
> 상수는 값을 수정할 수 없는 대신 저장 효율이 좋고, 변수는 값을 수정할 수 있는 대신 저장 효율
> 이 나쁘다. '변경할 가능성이 있으면 변수를 사용하고, 그렇지 않으면 상수를 사용한다'라는 기본
> 규칙을 지켜 사용한다.
>
>
>
>    

03장 ✅

□ 조건문   **conditional statement**   [03장 130쪽]

조건에 따라 코드를 실행하거나 실행하지 않도록 할 때 사용하는 구문.

코드가 실행되는 흐름을 변경하는 것을 조건 분기라고 한다.

- if 조건문: 괄호 안의 불 표현식 값이 참이면 중괄호 안의 문장을 실행. 거짓이면 문장을 무시.

- if else 조건문: if 조건문 바로 뒤에 조합하여 사용. if 조건문이 거짓일 때 실행

- 중첩 조건문: 조건문 안에 조건문을 중첩해서 사용하는 것.

- if else if 조건문: 중첩 조건문에서 중괄호를 생략한 형태로 겹치지 않는 3가지 이상의 조건으로 나눌 때 사용.

- switch 조건문: 괄호 안에 비교할 값을 입력하여 특정 값의 조건을 비교할 때 사용한다. break 키워드로 조건문을 끝낸다. default 키워드는 생략할 수 있다.

□ 조건부 연산자	**conditional operator**	[03장 145쪽]

자바스크립트에서 조건문과 비슷한 역할을 하는 항을 3개 갖는 연산자. 삼항 연산자라고 부르기도 한다.

- 불 표현식 ? 참일 때의 결과 : 거짓일 때의 결과

04장 ✓

□ 배열	**array**	[04장 160쪽]

여러 개의 변수를 한 번에 선언하여 다룰 수 있는 자료형.

대괄호[ ]를 사용하여 생성하고 내부의 값을 쉼표(,)로 구분한다.

- 요소: 배열 내부에 들어있는 값.   ↳ 요소, 요소, 요소, ...

□ 비파괴적 처리	**non destructive**	[04장 169쪽]

처리 후에 원본 내용이 변경되지 않는 처리.

□ 파괴적 처리	**destructive**	[04장 169쪽]

처리 후에 원본 내용이 변경되는 처리.

□ 반복문	**loop statement**	[04장 174쪽]

코드를 여러번 혹은 무한히 반복하고 싶을 때 사용하는 구문.

반복문이 무한 반복되는 것을 무한 루프라고 한다.

- for in 반복문: 배열 요소를 하나하나 꺼내서 특정 문장을 실행할 때 사용.
    - 반복 변수에는 인덱스로 접근한다.
- for of 반복문: 반복 변수에 인덱스 대신에 요소의 값을 기준으로 반복할 때 사용.

- for 반복문: 특정 횟수만큼 반복하고 싶을 때 사용하는 범용적인 반복문.
  - 변수는 let 키워드로 선언한다.
- while 반복문: 불 표현식이 true면 계속해서 문장을 실행. 반복 횟수를 모르거나 무한 루프를 만들 때 사용한다.
- break 키워드: switch 조건문이나 무한 루프 반복문을 벗어날 때 사용한다.
- continue 키워드: 현재 반복 작업을 멈추고 반복문의 처음으로 돌아가 다음 반복 작업을 진행한다.

05장 ✅

□ **함수**

function   [05장 197쪽]

코드의 집합을 나타내는 자료형으로 '기능'을 의미한다.

- 익명 함수: 이름이 붙어있지 않은 함수. function () {} 형태로 만든다.
  - 이름이 없기 때문에 변수에 넣어서 사용한다.
- 선언적 함수: 이름이 붙어있는 함수. function 함수 이름 (){} 형태로 만든다.
  - function 키워드를 이용하여 함수를 선언한다.

> **그것이 알고싶다**   **익명 함수와 선언적 함수**
>
> 익명 함수와 선언적 함수의 가장 큰 차이는 호출 순서의 차이다. 익명 함수는 코드를 위에서 아래로 읽은 순서대로 실행하기 때문에 함수를 호출하기 전에 먼저 선언해야 실행할 수 있다. 하지만 선언적 함수는 웹 브라우저에서 코드를 위에서 아래로 읽기 전에 선언적 함수부터 읽기 때문에 함수를 선언하기 전에 호출해도 오류없이 실행된다.

□ **리턴**

return   [05장 200쪽]

함수를 실행했던 위치로 돌아가게 하는 것.

리턴값을 가지는 함수는 반드시 리턴할 때 반환하는 값이 있어야 한다.

- 조기 리턴: 함수 내 필요한 위치에서 return 키워드를 사용하는 것.

☐ 리턴값	**return value**	[05장 200쪽]

함수의 실행 결과값. 함수의 최종 결과.

input: 매개변수

함수

output: 리턴값

☐ 매개변수	**parameter**	[05장 200쪽]

함수를 호출할 때 필요한 데이터를 외부에서 받기 위해 사용하는 것. 괄호 안에 적는다.

가공 *함수*

f (☆)

매개변수

☐ 나머지 매개변수	**rest parameter**	[05장 206쪽]

호출할 때 매개변수의 개수가 고정적이지 않은 함수를 가변 매개변수 함수라고 부르는데 자바스크립트에서는 나머지 매개변수로 구현한다. 나머지 매개변수는 매개변수 앞에 ...을 붙여서 선언한다.

나머지 매개변수는 하나만!
매개변수 마지막 위치에서만 OK!

- arguments: 구 버전 자바스크립트에서 가변 매개변수 함수를 구현할 때 사용한 변수.

☐ 전개 연산자	**spread operator**	[05장 210쪽]

배열을 함수의 매개변수로써 전개하고 싶을 때 사용한다. 배열 앞에 ...을 붙여서 사용한다.

배열 요소 하나하나가 전개된다. [1, 2, 3, 4]

□ 기본 매개변수	default parameter	[05장 212쪽]

매개변수에 기본값을 지정할 때 사용한다. 기본 매개변수는 매개변수의 오른쪽에
사용하여 구현한다.　　　　　　　　함수 이름(매개변수, 매개변수=기본값)

구 버전 자바스크립트에서는 짧은 조건문을 사용해서 기본 매개변수를 구현했다.

□ 비동기 　프로그래밍	asynchronous programming	[05장 220쪽]

요청과 결과가 동시에 일어나지 않는 것을 의미한다. 코드가 작성된 순서대로 실
행되는 것이 아니라 행위를 요청한 뒤, 그 결과를 기다리지 않고 다른 코드를 실행
하여 실행 흐름을 방해하지 않고 그대로 흐름을 이어가는 것을 말한다.

□ 콜백 함수	callback function	[05장 221쪽]

함수를 매개변수로 전달하는 함수를 말한다.

□ 화살표 함수	arrow function	[05장 225쪽]

콜백 함수를 쉽게 입력하는 함수 생성 방법. () => {} 형태로 함수를 만들고, 리턴값
만을 가지는 함수라면 (매개변수) => 리턴값으로 간편하게 사용할 수 있다.

□ 메소드 체이닝	method chaining	[05장 226쪽]

어떤 메소드가 리턴하는 값을 기반으로 여러 메소드를 이어서 호출하는 문법.
코드가 간결해서 하나의 문장처럼 읽히게 하는 장점이 있다.

□ 스코프	scope	[05장 230쪽]

변수에 접근할 수 있는 범위. 중괄호나 함수를 사용해서 블록을 만들어 준다.

- 전역 스코프: 어느 곳에서도 해당 변수에 접근 할 수 있다.
- 지역 스코프: 범위를 벗어난 곳에서는 해당 변수에 접근할 수 없다.

□ 섀도잉	shadowing	[05장 231쪽]

함수 외부에서 선언한 변수를 함수 내부에서도 같은 이름으로 변수를 선언하여 사

용할 때, 함수 내부의 변수가 함수 외부의 변수를 가리는 현상. 해당 함수 내부에
서 선언된 변수만 인식하기 때문에 변수가 서로 충돌하지 않는다.

□ 엄격모드   **strict mode**   [05장 233쪽]

코드를 엄격하게 검사하는 기능. 기존의 자바스크립트 문법을 엄격하게 적용하여
평소에 무시하던 오류를 찾아내기 때문에 보다 안전한 코드를 작성할 수 있다. 스
크립트 시작 혹은 함수 시작 부분에 'use strict'라는 문자열을 선언하여 사용한다.

06장 ✅

□ 객체   **object**   [06장 244쪽]

여러 가지 속성을 가질 수 있는 대상.

□ 속성   **property**   [06장 248쪽]

객체 내부에 있는 값.

배열 내부에 있으면 요소, 객체 내부에 있으면 속성이라고 한다.

- delete 키워드: 객체의 속성을 제거할 때 사용.

□ 메소드   **method**   [06장 248쪽]

객체의 속성 중에 함수 자료형인 속성.

- this 키워드: 객체 내부의 메소드에서 자기 자신이 가진 속성을 표시할 때 사용.

□ 객체 자료형   **object type**   [06장 256쪽]

객체를 기반으로 하는 자료형. new 키워드를 사용하여 생성한다.

□ 일급 객체	**first-class object**	[06장 258쪽]

자바스크립트에서 함수는 객체의 특성을 모두 갖고 있으므로 일급 객체에 속한다.

다른 객체들에게 적용가능한 연산을 모두 지원하는 객체

□ 기본 자료형	**primitive type**	[06장 252쪽]

실체가 있는 것(undefined와 null이 아닌 것) 중에 객체가 아닌 것.

객체가 아니기 때문에 속성과 메소드를 추가할 수 없다. *숫자, 문자열, 불*

• 승급: 기본 자료형의 속성이나 메소드를 사용하면 일시적으로 객체 자료형으로

변화하는 것.

ex) 숫자 자료형에 속성이나 메소드를 사용하면 일시적으로 Number 객체로

변환되면서, 기본 자료형이지만 속성이나 메소드를 사용할 수 있다. 하지만 직

접 추가한 것이므로 추가하자마자 버려진다.

이때 프로토타입으로 바꾸면 속성과 메소드를 추가할 수 있다.

□ 프로토타입 객체	**prototype object**	[06장 262쪽]

객체의 틀. 프로토타입 객체에 속성과 메소드를 추가하면 모든 객체에서 해당 속

성과 메소드를 사용할 수 있다. ⟶ *기본 자료형의 객체화!*

□ 무한	**Infinity**	[06장 267쪽]

무한대 수를 나타내는 값.

□ 제이슨 객체	**JSON: JavaScript Object Notation**	[06장 272쪽]

자바스크립트의 배열과 객체를 활용해 자료를 표현하는 방식. 이름과 값이 쌍으로

이루어진 데이터. *객체를 문자열로 변환할 때 JSON.stringify() 메소드를 사용한다.*

• 값을 표현할 때 (문자열) 숫자, 불 자료형만 사용 가능하다. (함수 불가)

• 문자열은 반드시 큰따옴표(" ")로 만든다.

• 키(key)에도 반드시 따옴표를 붙인다.

□ 유틸리티	utility library	[06장 280쪽]
라이브러리	개발할 때 보조적으로 사용하는 함수를 제공해주는 라이브러리.	
	underscore, Lodash 등의 다양한 라이브러리가 있다.	

□ 콘텐츠 전송	CDN: Contents Delivery Network	[06장 282쪽]
네트워크	콘텐츠 전송 네트워크. 전 세계 여러 지역에 전송할 콘텐츠를 창고처럼 준비해두고, 멀리 떨어져 있는 사용자가 콘텐츠를 요청했을 때 가장 가까운 지역에서 콘텐츠를 빠르게 제공하는 기술.	

07장 ✓

□ 문서 객체	document object	[07장 306쪽]
	HTML 페이지에 있는 html, body, title, h1, div, span 등의 요소를 자바스크립트에서는 문서 객체라고 말한다.	

□ 문서 객체 모델	Document Objects Model	[07장 306쪽]
	문서 객체를 조합해서 만든 전체적인 형태. 약자로 'DOM'이라고 한다.	

□ 트리	tree	[07장 319쪽]
	비선형 자료구조의 일종. 나무처럼 생긴 것에서 유래. • 부모: 어떤 문서 객체의 위에 있는 것. • 자식: 어떤 문서 객체의 아래에 있는 것.	루트(root) 부모 자식

□ 이벤트	event	[07장 323쪽]

웹 브라우저에서 발생하는 사용자의 동작. 마우스 클릭, 스크롤, 키보드 입력, 페이지 전환 등

- DOMContentLoaded 이벤트: HTML 페이지의 모든 문서 객체(요소)를 웹 브라우저가 읽었을 때 발생시키는 이벤트.

□ 이벤트 리스너	event listener	[07장 323쪽]

이벤트가 발생할 때 실행하는 함수. 이벤트 리스너 또는 이벤트 핸들러라고 한다.

□ 이벤트 모델	event model	[07장 329쪽]

이벤트를 연결하는 방법.

- 고전 이벤트 모델: 문서 객체가 갖고 있는 onOO으로 시작하는 속성에 함수를 할당하여 이벤트를 연결하는 방법.

- 인라인 이벤트 모델: onOO으로 시작하는 속성을 HTML 요소에 직접 넣어 이벤트를 연결하는 방법.

□ 이벤트 객체	event object	[07장 329쪽]

이벤트 리스너의 첫 번째 매개변수로 이벤트와 관련된 정보가 들어있다.

□ 키 코드	key code	[07장 332쪽]

키보드 이벤트가 발생할 때 어떤 키를 눌렀는지 키 값을 구분할 수 있는 코드.

□ 정규 표현식	regular expression	[07장 342쪽]

특정한 규칙을 가지는 문자열의 집합.

유효성 검사를 쉽고 확실하게 구현할 수 있다.

ex) 이메일, 패스워드 검사 등

□ 응용 프로그램	API: Application Programming Interface	[07장 358쪽]
프로그래밍 인터페이스	애플리케이션 소프트웨어에서 프로그램들이 서로 상호작용하도록 도와주는 매개체.	

08장 ✓

□ 예외	exception	[08장 364쪽]
	프로그램 실행 중에 발생하는 오류. 예외 또는 런타임 오류라고 부른다.	

□ 예외 처리	exception handling	[08장 365쪽]
	문법적인 오류를 제외하고 실행 중간에 발생하는 오류를 '예외'라고 부르는데, 예외가 발생하여 프로그램이 중단되지 않도록 처리하는 것을 말한다.	

- 조건문 사용: 예외가 발생하지 않게 만드는 기본 예외 처리.
- try catch finally 구문: try 구문 안에서 예외가 발생하면 catch 구문에서 처리하는 고급 예외 처리.
  - finally 구문은 예외 발생과 상관 없이 무조건 실행되기 때문에 필요한 경우에만 사용한다.
- throw 키워드: 예외를 강제로 발생시키는 키워드. 예외가 발생하면서 프로그램이 중단된다.

□ 구문 오류	syntax error	[08장 365쪽]
	프로그램 실행 전에 발생하는 오류. 구문 오류가 있으면 프로그램 자체가 실행되지 않는다.	

09장 ✅

□ **클래스**　　　　**class**　　　　　　　　　　　　　　　　　　　　　　[09장 386쪽]

객체를 효율적이고 안전하게 만들기 위해 만들어진 문법. 객체에 포함할 변수와 함수가 미리 정의되어 있어 객체의 설계도에 해당한다.

□ **추상화**　　　　**abstraction**　　　　　　　　　　　　　　　　　　[09장 387쪽]

프로그램에서 필요한 요소만을 사용해서 객체를 표현하는 것.

□ **객체 지향**　　　**Object-Oriented Programming**　　　　　　　[09장 394쪽]
　프로그래밍

객체를 정의하고, 객체를 활용해서 프로그램을 만드는 것. C++, C#, 자바, 루비, 코틀린, 스위프트, PHP 등은 모두 클래스 기반의 객체 지향 프로그래밍 언어이다.

□ **인스턴스**　　　 **instance**　　　　　　　　　　　　　　　　　　　[09장 394쪽]

클래스를 기반으로 만든 객체.

> **그것이 알고싶다**　　**클래스, 객체, 인스턴스**
>
> 객체는 실제로 존재하는 것이다. 속성을 가진 객체는 클래스를 이용하여 인스턴스로 구현할 수 있다.

□ **생성자**　　　　**constructor**　　　　　　　　　　　　　　　　　　[09장 396쪽]

객체가 생성될 때 호출되는 함수. 클래스 이름으로 호출한다. 클래스를 기반으로 인스턴스를 생성할 때 처음 호출되는 메소드이기 때문에 생성자에서는 속성을 추가하는 등 객체의 초기화 처리를 한다.

□ **상속**　　　　　**inheritance**　　　　　　　　　　　　　　　　　　[09장 403쪽]

클래스의 선언 코드를 중복해서 작성하지 않게 코드의 생산 효율을 올리는 문법.

어떤 클래스가 가지고 있는 유산(속성과 메소드)을 다른 클래스에게 물려주는 형태.

- 부모 클래스: 유산을 주는 클래스
- 자식 클래스: 유산을 받는 클래스

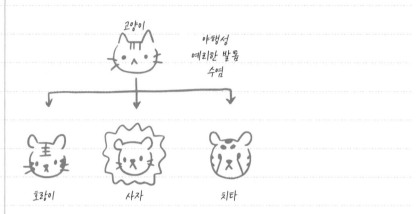

☐ 프레임워크　　　　**framework**　　　　　　　　　　　　　　　　　　[09장 407쪽]

프로그램을 개발할 때 사용하는 거대한 규모의 클래스, 함수, 도구의 집합

☐ 프라이빗 속성　　　**private property**　　　　　　　　　　　　　　　[08장 407쪽]

클래스 사용자가 클래스의 속성(또는 메소드)을 의도하지 않은 방향으로 사용하는
것을 막아 클래스의 안정성을 확보한다. 프라이빗 메소드라고도 한다. 속성이나
메소드 이름 앞에 #을 붙여 사용한다.

> **그것이 알고싶다**　**게터와 세터**
>
> 프라이빗 속성을 사용하면 외부에서는 속성에 아예 접근할 수 없는 문제가 발생한다. 이에 따라 속
> 성을 읽고 쓸 수 있는 메소드를 제공한다.
> - 게터(getter): 속성 값을 확인할 때 사용하는 메소드. get이름()
> - 세터(setter): 속성에 값을 지정할 때 사용하는 메소드. set이름()

☐ 정적 속성　　　　　**static property**　　　　　　　　　　　　　　　[09장 416쪽]

인스턴스를 만들지 않고 사용할 수 있는 속성. 정적 메소드라고도 한다. 일반적인
변수와 함수처럼 사용할 수 있으며 클래스 이름 뒤에 점을 찍고 속성과 메소드를
사용한다.　　　　　　　　　　　　　　　└ 인스턴스에서는 호출할 수 없다.

□ 디자인 패턴	design pattern	[09장 416쪽]

효율적으로 프레임워크를 개발할 수 있게 고안한 패턴. 개발하는 과정에서 빈번하게 발생하는 문제들이 발생했을 때 해결책을 재사용할 수 있도록 만든 패턴이다.

□ 오버라이드	override	[09장 419쪽]

부모가 갖고 있는 함수를 자식에서 다시 선언해서 덮어쓰는 것.

10장 ✓

□ 라이브러리	library	[10장 428쪽]

프로그램 개발에 쓰이는 하부 프로그램.

- 리액트 라이브러리: 사용자 인터페이스(UI)를 쉽게 구성할 수 있도록 도와주어 대규모 프론트엔드 웹 애플리케이션을 체계적으로 개발할 수 있다.

□ 컴포넌트	component	[10장 430쪽]

리액트에서 화면에 출력되는 요소를 말한다.

- 루트 컴포넌트: 가장 최상위에 배치하는 컴포넌트
- 클래스 컴포넌트: 사용자가 직접 클래스로 만드는 컴포넌트
- 함수 컴포넌트: 사용자가 직접 함수로 만드는 컴포넌트

□ 컨테이너	container	[10장 430쪽]

컴포넌트를 출력할 상자.

↳ 컴포넌트를 출력할 때는 ReactDOM.render() 메소드 사용.

□ **자바스크립트** **확장 문법**	**JSX: JavaScript XML** [10장 431쪽] 리액트를 위해서 개발된 자바스크립트 확장 문법. 자바스크립트 코드 내부에 HTML 태그 형태로 컴포넌트를 만들 수 있다. JSX 자바스크립트 확장 문법이라고 한다. 단순하게 태그를 만드는 기능 이외에도 태그 내부에 표현식을 삽입해서 출력하는 기능도 제공한다. • 바벨(babel): JSX 코드를 읽고 일반적인 자바스크립트 문법으로 변환해주는 라이브러리. 자바스크립트 코드 내부에 HTML 코드를 사용할 수 있다. `<script type="text/babel"></script>`
□ **플럭스 패턴**	**Flux pattern** [10장 452쪽] 디자인 패턴의 일종. Flux 아키텍처라고도 한다. • MobX 라이브러리: Flux 패턴으로 데이터를 쉽게 관리할 수 있다.

MEMO

혼자 공부하는 자바스크립트

1:1 과외하듯 배우는 프로그래밍 자습서

초판 1쇄 발행 2021년 1월 4일
초판 5쇄 발행 2023년 08월 25일

지은이 윤인성 / **펴낸이** 김태헌
펴낸곳 한빛미디어(주) / **주소** 서울시 서대문구 연희로2길 62 한빛미디어(주) IT출판1부
전화 02-325-5544 / **팩스** 02-336-7124
등록 1999년 6월 24일 제 25100-2017-000058호
ISBN 979-11-6224-367-1 94000 / 979-11-6224-194-3(세트)

총괄 배윤미 / **책임편집** 이미향 / **기획·편집** 김선우 / **진행** 석정아
디자인 박정화 / **일러스트** 이진숙 / **전산편집** 이경숙 / **용어노트** 김선우
영업 김형진, 장경환, 조유미 / **마케팅** 박상용, 한종진, 이행은, 김선아, 고광일, 성화정, 김한솔 / **제작** 박성우, 김정우

이 책에 대한 의견이나 오탈자 및 잘못된 내용에 대한 수정 정보는 한빛미디어(주)의 홈페이지나 아래 이메일로
알려주십시오. 잘못된 책은 구입하신 서점에서 교환해 드립니다. 책값은 뒤표지에 표시되어 있습니다.

한빛미디어 홈페이지 www.hanbit.co.kr / 이메일 ask@hanbit.co.kr
소스 코드 www.hanbit.co.kr/src/10367 / 학습 사이트 hongong.hanbit.co.kr

지금 하지 않으면 할 수 없는 일이 있습니다.
책으로 펴내고 싶은 아이디어나 원고를 메일(writer@hanbit.co.kr)로 보내주세요.
한빛미디어(주)는 여러분의 소중한 경험과 지식을 기다리고 있습니다.

혼자
공부하는
자바
스크립트

혼자 공부하며 함께 만드는

혼공 용어 노트

혼자 공부하는 자바스크립트

윤인성 지음

★ ★ 혼자 공부하는 **시리즈 소개**

누구나 혼자 할 수 있습니다! 야심 찬 시작이 작심삼일이 되지 않도록
돕기 위해서 〈혼자 공부하는〉 시리즈를 만들었습니다. 낯선 용어와 친
해져서 책장을 술술 넘기며 이해하는 것. 그래서 완독의 기쁨을 경험
하고 다음 단계를 스스로 선택할 수 있게 되는 것이 목표입니다.
지금 시작하세요. 〈혼자 공부하는〉 사람들이 '때론 혼자, 때론 같이' 하
며 힘이 되겠습니다.

HB 한빛미디어
Hanbit Media, Inc.

첫 독자가 전하는 말

'어떻게 하면 자바스크립트를 배우기 시작한 학습자가 더 쉽고 빠르게 익힐 수 있을까'라는 고민에서 시작한 이 책은 독자 26명의 실제 학습 결과를 기반으로 만들어졌습니다. 독자의 의견을 적극적으로 반영하여 한 단계 더 업그레이드한 자바스크립트 입문서를 지금 만나보세요.

HTML, CSS는 알고 있는 상태에서 자바스크립트를 처음 배우고자 하는 분들에게 가장 적절한 책입니다. 입문자들이 알아야 할 기본적인 내용과 오류를 해결하는 법 등 평상시에 중요하다고 생각했던 내용들이 있어서 매우 좋았습니다. 그리고 복습하기에 좋은 내용들이 키워드로 정리되어 있고, 문제를 풀면서 한번 더 곱씹을 수 있어서 배운 내용들이 머리에 오래 남아 좋았습니다.

_ 베타리더 김영민 님

자바스크립트 문법을 방대하게 기술하여 입문자들을 포기하게 만드는 책이 아닌 입문자를 단계별로 성장할 수 있게 만들어주는 책입니다. 간결한 예제 코드와 깔끔한 설명이 여러분들을 개발의 세계로 안내할 것입니다.

_ 베타리더 이주용 님

이 책은 바로 따라 할 수 있을 정도로 쉬운 코드가 적절한 학습 양으로 나뉘어 있어 혼자 공부하기에 더욱더 좋았습니다. 특히 자바스크립트뿐만 아니라 한 단계 더 나아갈 수 있도록 리액트 맛보기도 다루고 있어 웹 개발의 큰 그림을 그리기에 좋았습니다.

_ 베타리더 조현석 님

오류가 나는 상황을 충분히 인지하도록 돕고, 이를 해결하는 방법을 다루고 있어 초보자라도 당황하지 않고 오류를 혼자서 대응할 수 있도록 했습니다. 예제를 통해 잘 작성된 코드는 바로 실행 결과를 확인하면서 정확히 판단하도록 하고, 각 코드의 의미도 친절하게 설명하고 있어 깊이 있게 자바스크립트를 이해할 수 있었습니다.

_ 베타리더 송동훈 님

차근차근 설명이 잘 되어 있어 이 책의 순서대로 진도를 나가다 보면 누구나 수준에 맞춰 학습할 수 있습니다. 또한 각 절이 끝날 때마다 마무리 페이지가 있어 한눈에 복습하기도 편리했습니다.

_ 베타리더 한종우 님

책으로 혼자 공부하지만 마치 저자가 1:1로 과외를 해주는 듯한 느낌이 들도록 구성되어 있습니다. 적절한 예시와 쉬운 설명, 각종 이미지가 있어 부담 없이 편하게 읽다 보면 어느새 책을 완독하게 됩니다.

_ 베타리더 유성실 님

『혼자 공부하는 자바스크립트』 책이 만들어지기까지
김다솜, 김동우, 김민석, 김영민, 김윤경, 김윤미, 김종운, 문주영, 박수빈,
박해인, 배윤성, 송동훈, 유성실, 윤나리, 이상선, 이상철, 이종우, 이주용, 임혁,
정현준, 조현석, 차영혁, 최희욱, 한종우, 허헌, 황해연
26명의 독자가 함께 수고해주셨습니다.
감사합니다.

"자바스크립트라는 아주 긴 여행에서"

Q 『혼자 공부하는 자바스크립트』는 어떤 책인지 설명해주세요.

A 자바스크립트는 일반적인 프로그래밍 언어보다 공부해야 할 것이 많은 프로그래밍 언어입니다. 구글 검색 창에서 '자바스크립트 로드맵'을 입력하고 이미지 검색 결과를 확인해보면 많은 학습 로드맵이 있으니 이를 참고해보면 좋습니다.

『혼자 공부하는 자바스크립트』는 자바스크립트 공부라는 아주 긴 여행에서 좋은 시작을 할 수 있게 해주는 책입니다. 최신 자바스크립트를 사용해서 자바스크립트의 기본적인 문법부터 프론트엔드 프레임워크의 간단한 사용 방법까지 맛볼 수 있습니다.

앞에서 언급했듯이 자바스크립트는 공부할 내용이 많고 복잡합니다. 따라서 시작을 탄탄하게 잡지 않으면 앞으로 나아갔다가 돌아오고, 앞으로 나아갔다가 돌아오는 과정을 반복하게 됩니다. 이 책은 그러한 일이 없도록 확실하게 자바스크립트를 설명합니다. 쉬운 내용부터 조금 어려운 난이도의 내용이 함께 섞여있기 때문에 어떤 부분은 어렵다고 느껴질 수도 있습니다. 하지만 모두 끝내고 나면 다음 단계로 넘어갈 수 있는 확실한 추진력을 얻을 수 있습니다.

Q 『혼자 공부하는 자바스크립트』를 공부하고 나면 무엇을 할 수 있을까요?

A 첫째, 기본적인 웹 브라우저의 자바스크립트 또는 리액트 프레임워크를 사용해서 아주 간단한 프론트엔드 프로그램을 직접 만들어볼 수 있습니다. 초급 단계에서는 효율성을 떠나서 어떻게든 프로그램을 만들어 보는 일이 중요하다고 생각합니다. 프로그램을 만들어 봐야 어떤 부분에서 효율이 떨어지는지 알 수 있고, 개선 방법을 찾으면서 중급 단계로 나아갈 수 있기 때문입니다. 그리고 재미도 있습니다.

둘째, 다음 단계라고 할 수 있는 노드제이에스(Node.js), 리액트(React), 리덕스(Redux) 등의 플랫폼이나 라이브러리를 공부할 수 있게 됩니다. Node.js와 현대적인 자바스크립트 프레임워크들은 최신 자바스크립트 코드를 사용합니다. 최신 자바스크립트를 모르면 코드를 읽는 것조차 굉장히 힘듭니다. 이 책은 모든 코드가 최신 자바스크립트를 사용해 작성되어 있으며, 이후에 자주 보게 될 코드 테크닉들도 정리되어 있습니다. 따라서 이어지는 다른 무언가를 공부할 때 막힘 없이 공부할 수 있습니다.

"좋은 시작을 할 수 있게 해줍니다."

Q 독자로부터 가장 많이 받는 질문이 뭔가요? 그 질문에 대한 대답을 말씀해주세요.

A "프로그래밍을 어떻게 시작해야 하느냐", "이걸 다 외워야 하느냐", "프로그래밍은 암기 과목이 아니지 않냐"라는 질문을 많이 받습니다. 질문에 대한 필자의 답은 "암기 과목은 아니지만 처음에는 외우면서 시작해야 한다. 많이 외워야 한다."입니다.

스타크래프트 같은 전략 게임, 혹은 리듬 게임 같은 게임을 해본 적이 있나요? 필자는 처음 이런 게임을 접했을 때 전략을 잘 세우면, 혹은 리듬을 잘 맞추면 잘 할 수 있게 될 것이라고 생각했던 적이 있습니다. 그러나 전략을 어떻게 해야 잘 세우는지 리듬감을 어떻게 해야 잘 맞출 수 있는지 모르다 보니 실력이 항상 제자리였습니다.

그러던 중에 소리를 끄고도 리듬 게임을 잘 하는 친구가 "리듬 게임은 그냥 암기 과목 같은 것이다."라고 하여 그때부터 "몇 분 몇 초에 이런 행동을 취해야 한다. 상대방이 어떤 대응을 한다면 나는 이렇게 대응해야 한다." 등을 외워 정보가 쌓이자 게임을 훨씬 잘하게 되었습니다. 그리고 이런 정보들이 융합되기 시작하자 외우지 않은 상황에도 대응할 수 있게 되었습니다.

프로그래밍도 비슷하다고 생각합니다. 많은 사람이 프로그래밍은 전공을 했거나 특별한 재능이 있어야 잘 할 수 있는 것이라고 생각하기도 하고, 혹은 어떻게 접근해야 할지 몰라 포기하는 경우도 많습니다.

필자가 추천하는 방법은 "일단 모두 외우는 것"입니다. 어떤 식으로 코드를 사용하는지 모두 외우고, 어떻게 해야 코드를 더 효율적으로 작성할 수 있는지 모두 외우고, 계속 외우면서 활용하면 코드를 작성하는 힘(게임의 피지컬 같은 것)이 향상됩니다. 그렇게 되면 처음 접하는 상황이 생겨도 대응할 수 있게 됩니다.

프로그래밍은 많은 사람들이 가치 있다고 믿는 영역입니다. 많은 사람이 무언가를 가치 있다고 믿는 이유는 그것이 갖기 쉽지 않기 때문입니다. 그래서 프로그래밍은 쉽지 않습니다. 이 책을 읽으면서 외울 것도 많고 생각할 것도 많지만, 이 책을 시작으로 끝까지 해내면 여러분이 원했던 그 가치를 충분히 얻을 수 있습니다. 힘내봅시다.

『혼자 공부하는 자바스크립트』 7단계 길잡이

1-3 알아두어야

핵심 키워드 표현식 문장 키워드 식별자

앞에서 자바스크립트의 개발환경
스크립트를 본격적으로 알아보
살펴보도록 하겠습니다.

기본적인 문법을 살펴봅니다.

반드시 코드를 입력하면서 살펴보세요. 작
니다. 자신이 어떤 실수를 하는지 기억하고, 실수
향상될 것입니다. 코드를 입력해보지 않으면 이러한
접 입력하면서 학습하세요.

코드를 입력하며 실수
해봐야 실수를 통해
성장할 수 있어요!

직접 해보는 손코딩

소스 코드는 직접 손으로 입력
한 후 실행하세요! 코드 이해가
어려우면 주석, 실행 결과, 앞뒤
의 코드 설명을 참고하세요.

시작하기 전에

해당 절에서 배울 주제 및
주요 개념을 짚어 줍니다.

Start **1** **2** **3** **4**

핵심 키워드

해당 절에서 중점적으로
볼 내용을 확인합니다.

말풍선

지나치기 쉬운 내용 혹은
꼭 기억해 두어야 할 내용
을 짚어 줍니다.

시작하기 전에

프로그래밍에서 프로그램이 처리할 수 있는 모든
놓은 것을 **자료형**data type이라고 합니다.

자바스크립트는 다양한 종류의 자료형을 제공합니
숫자number, 문자열string, 불boolean 자료형입니다.

자료형을 아는 것은 프로그래밍을 시작하는 단
ㄹ 코드를 입력해 보면서 자바스크립트의
이다고 눈으로만 읽지 말고

직접 해보는 손코딩

confirm() 함수의 사용   소스 코드 2-3-2.html

```
01 <script>
02   // 상수를 선언합니다.
03   const input = confirm('수락하시겠습
04
05   // 출력합니다.
06   alert(input)
07 </script>
```

마무리

▶ 4가지 키워드로 정리하는 핵심 포인트

- for in 반복문은 배열의 인덱스를 기반으로 반복
- for of 반복문은 배열의 값을 기반으로 반복할
- for 반복문은 횟수를 기반으로 반복할 때
- 조건을 기반

좀 더 알아보기

쉬운 내용, 핵심 내용도 좋지만,
때론 깊이 있는 학습이 필요할
때도 있습니다. 더 알고 싶은
갈증을 풀 수 있는 내용으로 담
았습니다.

확인 문제

지금까지 학습한 내용을 문
제를 풀면서 확인합니다.

5　　　**6**　　　**7**　　　**Finish**

핵심 포인트

절이 끝나면 마무리의 핵심
포인트에서 핵심 키워드의
내용을 리마인드하세요.

좀 더 알아보기

자료의 비파괴와 ㅍ

자바스크립트는 자료 처리를 위해서 다양한 연산
함수, 메소드는 크게 비파괴적 처리와 파괴적 처리
에 따라 구분합니다.

- **비파괴적 처리**: 처리 후에 원본 내용이
- **피괴적 처리**: 처리 후에 원본 내용

▶ 확인 문제

1. 다음 중 사용자로부터 불 입력을 받는 함

　① input ( )
　② boolInput ( )
　③ confirm ( )
　④ prompt ( )

다음 표의 빈칸을 채우세요

『혼자 공부하는 자바스크립트』 100% 활용하기

때론 혼자, 때론 같이 공부하기!

학습을 시작하기 전부터 책 한 권을 완독할 때까지, 곁에서 든든한 러닝 메이트^{Learning Mate}가 되어 드리겠습니다.

본격적으로 학습을 시작하기 전에

구글 크롬 설치하기

이 책은 웹 브라우저에서 실행되는 자바스크립트를 기준으로 설명합니다. 따라서 최신 자바스크립트 코드를 실행할 수 있는 코드 실행기로 구글 크롬을 설치해 사용하겠습니다. ⬚ 043쪽

https://www.google.com/chrome

비주얼 스튜디오 코드 설치하기

자바스크립트는 메모장으로도 개발할 수 있습니다. 하지만 개발을 조금 더 쉽게 할 수 있도록 도와주는 개발 전용 에디터를 설치해서 사용하는 것을 추천합니다. 이 책에서는 비주얼 스튜디오 코드를 사용합니다. ⬚ 045쪽

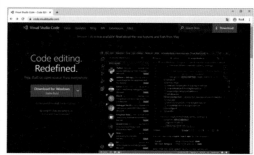

https://code.visualstudio.com

학습 사이트 100% 활용하기

예제 파일 다운로드,
동영상 강의 보기, 저자에게 질문하기를 **한번에!**

사이트 바로가기

🔍 hongong.hanbit.co.kr | go

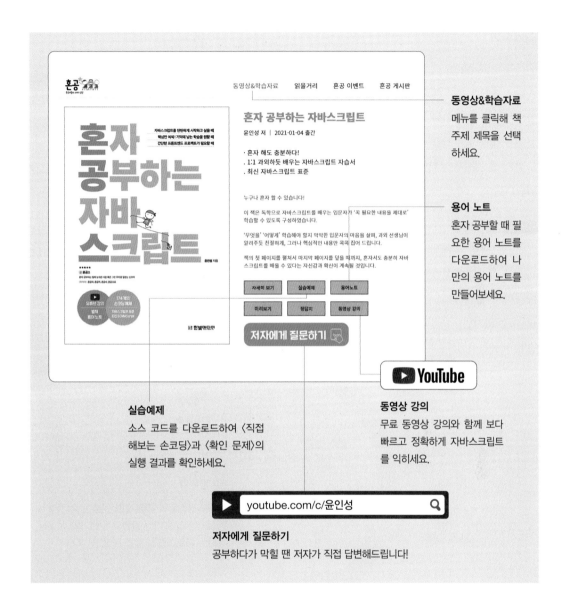

동영상&학습자료
메뉴를 클릭해 책 주제 제목을 선택하세요.

용어 노트
혼자 공부할 때 필요한 용어 노트를 다운로드하여 나만의 용어 노트를 만들어보세요.

실습예제
소스 코드를 다운로드하여 〈직접 해보는 손코딩〉과 〈확인 문제〉의 실행 결과를 확인하세요.

동영상 강의
무료 동영상 강의와 함께 보다 빠르고 정확하게 자바스크립트를 익히세요.

저자에게 질문하기
공부하다가 막힐 땐 저자가 직접 답변해드립니다!

때론 혼자, 때론 같이! '혼공 학습단'과 함께하세요.

 한빛미디어에서는 '혼공 학습단'을 모집합니다.
자바스크립트 학습자들과 함께 학습 일정표에 따라 공부하며 완주의 기쁨을 느껴보세요.

✉ 한빛미디어 홈페이지에서 '메일 수신'에 동의하면 학습단 모집 일정을 안내받으실 수 있습니다.

일러두기

기본편 01~08장

자바스크립트의 기본적인 문법 설명과 함께 문법을 활용하는 방법을 다룹니다. 문법을 활용하는 실습의 경우 쉬운 예제부터 누적 예제까지 다양하게 풀어볼 수 있습니다.

고급편 09~10장

자바스크립트 프레임워크를 활용해서 간단한 애플리케이션을 만들어봅니다. 애플리케이션이라고 말을 하면 조금 거창할 수 있지만, 실질적으로 그렇게 복잡한 내용은 아닙니다.

난이도 ●●●●●

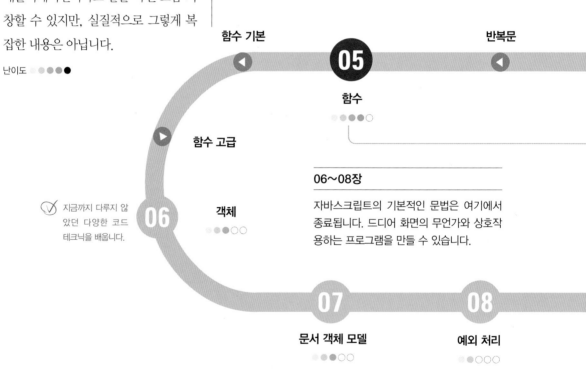

기본편

Start

01

자바스크립트 시작하기

웹 브라우저 설치하기

개발환경 설치

함수 기본

05

반복문

함수

함수 고급

06~08장

자바스크립트의 기본적인 문법은 여기에서 종료됩니다. 드디어 화면의 무언가와 상호작용하는 프로그램을 만들 수 있습니다.

지금까지 다루지 않았던 다양한 코드 테크닉을 배웁니다.

06

객체

07

문서 객체 모델

08

예외 처리

01~05장

입문자들에게는 도입 부분이 가장 어렵습니다. 한 번에 모두 이해하겠다고 생각하지 말고 여러 번 보면서 외워가며 이해해보기 바랍니다.

텍스트 에디터
설치하기

유용

02

유용

기본 용어

자료와 변수

기본 자료형

상수와 변수

조건문

익숙해지면 가장 재미
있는 부분입니다.

배열

04

if 조건문

03

반복문

switch 조건문

두 번 보기

중요

고급편

많은 문법을 다루지만 내용 자체는 어렵지 않습니다.

09

10

Goal

클래스

리액트 라이브러리

02-3 **자료형 변환** 116

Chapter 03 조건문

Chapter 05 함수

05-1 함수의 기본 형태 196

06-3 　객체와 배열 고급 290

Chapter 08 예외 처리

Chapter **09** 클래스

01

이 책의 개요가 되는 장입니다. 첫 문장을 읽으면서 곧바로 다음 장으로 넘기는 독자도 있지 않을까 싶습니다. 그렇게 딱딱한 내용도 아니고 자바스크립트를 배운다면 알고 있어야 하는 내용이니 꼭 끝까지 읽어보세요. 이번 장에서는 자바스크립트의 기본 용어와 개념을 살펴볼텐데, 개발환경을 설정하는 내용도 있으니 가볍게 읽고 넘어가기 바랍니다.

자바스크립트 개요와 개발환경 설정

학습목표

- 자바스크립트의 활용에 대해서 이해합니다.
- 자바스크립트 개발환경을 설치하고 코드를 실행하는 방법을 알아봅니다.
- 자바스크립트 프로그래밍을 할 때 알아야 하는 기본 용어들을 알아봅니다.
- 자바스크립트의 3가지 출력 방법을 알아봅니다.

01-1 자바스크립트의 활용

자바스크립트　ECMAScript　웹 애플리케이션

자바스크립트를 공부하면 무엇을 할 수 있을까요? 일반적으로 웹 페이지 개발만 떠올리는데, 사실 웹 페이지는 물론, 웹 서버, 게임, 데스크톱/모바일 애플리케이션 개발, 데이터베이스 관리 등 많은 것을 할 수 있습니다. 이번 장에서는 자바스크립트로 무엇을 할 수 있는지 알아보겠습니다.

시작하기 전에

자바스크립트JavaScript는 웹 브라우저에서 사용하는 **프로그래밍 언어**programming language입니다. 자바스크립트는 본래 넷스케이프의 브렌던 아이크Brendan Eich에 의해 모카Mocha라는 이름으로 만들어졌습니다. 모카는 곧 라이브스크립트LiveScript라는 이름으로 개발됐고 이후 넷스케이프가 썬 마이크로시스템즈와 함께 라이브스크립트에 자바스크립트라는 이름을 붙이고 본격적으로 발전하기 시작합니다. 참고로 썬 마이크로시스템즈에서 개발한 프로그래밍 언어인 **자바**Java와 비슷한 이름을 사용하는 마케팅 조약을 체결했습니다. 자바와 자바스크립트는 이름은 비슷하지만 인도와 인도네시아, 코끼리와 바다코끼리처럼 완전히 다른 프로그래밍 언어입니다.

역사를 하나하나 짚어보는 것은 지루할 수 있으니 이 책에서는 현재 자바스크립트를 활용하고 있는 영역을 위주로 정리하면서 자바스크립트를 배우면 어떤 것을 할 수 있는지 알아보겠습니다.

인도 지도 vs 인도네시아 지도　　　　코끼리 vs 바다코끼리

자바 vs 자바스크립트

자바와 자바스크립트는 완전히
다른 언어입니다.

 vs

자바스크립트로 할 수 있는 것들

자바스크립트로 개발할 수 있는 분야는 다양합니다.

웹 클라이언트 애플리케이션 개발

초기의 웹은 변하지 않는 정적인 글자들로만 이루어졌습니다. 웹은 **하이퍼링크**^{hyperlink}라는 매개체로 웹 문서가 연결된 하나의 거대한 책에 불과했습니다. 하지만 자바스크립트가 나오면서 웹 문서의 내용을 동적으로 바꾸거나 사용자의 마우스 클릭과 같은 이벤트 처리가 가능해졌습니다.

과거 웹 페이지
: 정적 웹

현재 웹 페이지
: 동적 웹

인터넷 속도가 점점 빨라지면서 웹 문서는 더 많은 자료를 담을 수 있게 되었고, 웹은 점점 발전하여 애플리케이션 모습에 가까워졌습니다. 이처럼 기존의 웹 페이지보다 다양한 기능을 가진 웹 페이지를 **웹 애플리케이션**web application이라 부릅니다. 사실 웹 애플리케이션도 웹 페이지에 지나지 않지만, 다양한 기능을 갖고 있다는 것을 구분하기 위해서 웹 애플리케이션이라고 부르는 것입니다.

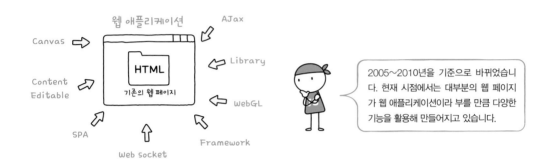

웹 애플리케이션의 대표적인 예는 웹 문서 작성 도구입니다. 구글 문서와 마이크로소프트 오피스 온라인은 별도의 설치 없이 웹 브라우저만으로도 워드, 엑셀, 파워포인트와 같은 애플리케이션을 사용할 수 있습니다. 설치해야만 동작했던 과거의 애플리케이션과 달리 웹 애플리케이션은 웹 브라우저만 있으면 언제 어디서나 사용할 수 있습니다.

다음은 구글에서 제공하는 크롬 웹 스토어입니다. 아이폰 앱 스토어나 구글 플레이 스토어에서 애플리케이션을 사고 팔 듯이 웹 브라우저에서 실행되는 웹 애플리케이션을 사고 팔 수 있습니다.

크롬 웹 스토어

URL https://chrome.google.com/webstore

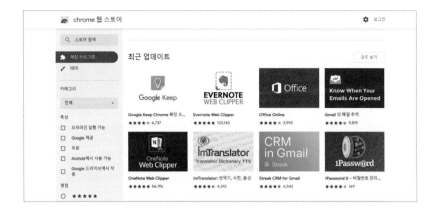

일반적으로 사용자들은 스마트폰으로는 소비성 애플리케이션(게임, 웹 검색 등)을 많이 사용하며, 데스크톱으로는 생산성(업무 등) 애플리케이션을 많이 사용합니다. 그래서 크롬 웹 스토어 등을 보면 할 일 목록과 같은 생산성 애플리케이션이 많은 편입니다.

웹 서버 애플리케이션 개발

기존에는 웹 클라이언트 애플리케이션을 자바스크립트로 개발하고, 웹 서버 애플리케이션은 C#, 자바[Java], 루비[Ruby], 파이썬[Python] 등의 프로그래밍 언어로 개발했습니다. 그래서 웹 개발을 하려면 2가지 이상의 프로그래밍 언어가 필요했습니다. 하지만 2009년에 Node.js가 등장하면서 자바스크립트로도 웹 서버 애플리케이션을 개발할 수 있게 되었습니다. 자바스크립트 프로그래밍만으로 모든 웹 개발을 할 수 있게 된 것입니다. 세계 최대 글로벌 비즈니스 인맥 사이트인 링크드인[Linkedin]은 Node.js를 이용해 웹 서버 애플리케이션을 만든 대표적인 서비스입니다. Node.js의 장단점은 다음과 같습니다.

첫째, Node.js는 웹 서버 애플리케이션을 개발할 때 꼭 필요한 간단한 모듈만 제공합니다.

그래서 다른 스크립트 언어와 프레임워크(루비와 루비 온 레일즈[Ruby on Rails], 파이썬과 장고[Django])를 사용할 때보다 데이터 처리와 예외 처리 등이 조금 복잡합니다.

둘째, 하지만 Node.js는 빠릅니다.

다른 스크립트 언어와 프레임워크로 개발한 서버 애플리케이션이 10대의 컴퓨터가 있어야 접속자를 감당할 수 있다면 Node.js로 개발한 서버 애플리케이션은 1대로도 충분합니다. 서버 구매 비용과 유지 비용이 1/10로 줄어든다는 것은 기업으로서는 굉장한 이득입니다. 실제 링크드인에서 기존에 루비로 개발한 서버 애플리케이션을 Node.js로 교체해 다시 개발한 결과, 서버는 1/10로 줄었고, 속도는 20배 더 빨라졌다고 발표했습니다.

모바일 애플리케이션 개발

많은 사람이 사용하는 안드로이드폰과 아이폰은 각각 **자바/코틀린**Kotlin과 **스위프트**Swift라는 프로그래밍 언어로 개발합니다. 이는 각 스마트폰에서 인식해서 실행할 수 있는 프로그래밍 언어가 다르기 때문입니다. 그래서 애플리케이션을 만들어 출시한다면 안드로이드폰용과 아이폰용을 각각에서 인식하는 프로그래밍 언어로 개발해야 합니다. 2가지로 만들기 때문에 인력, 비용 등도 2배 필요하며, 이는 기업으로서는 큰 손해라고 할 수 있습니다.

모든 스마트폰에는 내부에서 기본으로 인식할 수 있는 공통된 프로그래밍 언어가 있는데, 자바스크립트가 대표적인 예입니다. 자바스크립트를 사용하면 하나의 애플리케이션만 만들어도 모든 스마트폰에서 동작하기 때문에 기업 입장에서는 제작 비용을 절반으로 줄일 수 있어 굉장히 매력적입니다.

그래서 페이스북에서는 자바스크립트로 **네이티브 애플리케이션**native application을 개발할 수 있는 **리액트 네이티브**React Native 를 만들어 공개했습니다. 이를 활용하면 자바스크립트만으로 모든 운영체제에서 **빠르게** 작동하는 네이티브 애플리케이션을 만들 수 있습니다. 안드로이드폰과 아이폰에 있는 페이스북, 인스타그램, 핀터레스트, 우버 애플리케이션이 모두 자바스크립트로 만든 네이티브 애플리케이션입니다.

> **note** 초기에는 네이티브 애플리케이션과 웹을 합친 '하이브리드' 형태의 애플리케이션이 등장해 인기가 많았지만, 느리다는 이유로 점차 개발을 꺼렸습니다.

> 자바와 스위프트 등 스마트폰에 최적화된 프로그래밍 언어로 만든 애플리케이션을 네이티브 애플리케이션이라고도 하며, 우리가 흔히 사용하는 모바일 애플리케이션을 말합니다.

리액트 네이티브 페이지
URL https://reactnative.dev

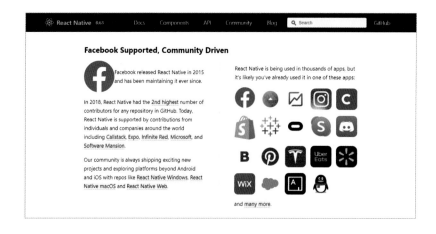

데스크톱 애플리케이션 개발

모바일 애플리케이션을 자바스크립트로 만드는 일이 일반화되자 "데스크톱 애플리케이션도 자바스크립트로 만들자!"는 의견도 나왔습니다. NW.js('노드웹킷 제이에스'라고 부릅니다) 모듈 등으로 데스크톱 애플리케이션 개발에 조금씩 자바스크립트를 활용하기

> NW.js는 크로미움(크롬 브라우저의 축소판)과 Node.js를 기반으로 하며, HTML과 자바스크립트로 네이티브 애플리케이션을 만드는 웹 애플리케이션입니다.

시작했습니다. 그러다가 개발자 그룹에 거대한 영향력을 행사하던 깃허브^{GitHub}에서 NW.js 개발자들을 흡수하고, 자바스크립트 개발 전용 텍스트 에디터인 **아톰**^{Atom}을 만들어 배포했습니다. 아톰을 만들 때 활용한 아톰 셸^{Atom Shell}을 **일렉트론**^{Electron}이라는 이름으로 공개하면서 다른 개발자들도 자바스크립트로 데스크톱 애플리케이션을 개발할 수 있게 되었습니다.

일렉트론 페이지
URL https://electronjs.org

마이크로소프트의 비주얼 스튜디오 코드^{Visual Studio Code}, 디스코드^{Discord} 클라이언트, 깃허브 데스크톱 클라이언트, 워드프레스^{Wordpress} 데스크톱 클라이언트, 몽고디비^{MongoDB}, 데이터 관리 도구 컴파스^{Compass} 등이 모두 일렉트론으로 개발된 애플리케이션입니다. 이외에도 수많은 애플리케이션이 일렉트론으로 개발되었습니다.

일렉트론 애플리케이션 페이지
URL https://electronjs.org/apps

데이터베이스 관리

데이터베이스^{database}는 데이터를 저장할 때 사용하는 프로그램이라고 간단하게 표현할 수 있습니다. 애플리케이션은 대부분 데이터를 저장하므로 데이터베이스를 활용해야 합니다. 데이터베이스는 보통 SQL이라는 프로그래밍 언어를 사용해 관리합니다. 일반적으로 알려진 Oracle, MySQL 등의 관계형 데이터베이스 관리 시스템(RDBMS)은 모두 SQL 프로그래밍 언어를 사용합니다. Not-Only-SQL이라고 불리며 등장한 NoSQL은 2010년 이후 페이스북, 트위터 등으로 인해 폭발적으로 증가한 빅데이터를 처리하기 위한 기술이며, 그중 MongoDB가 데이터베이스를 관리할 때 자바스크립트를 활용하는 대표적인 NoSQL 데이터베이스입니다.

MongoDB 페이지
URL https://www.mongodb.com

note 2020년 10월 기준으로 데이터베이스 엔진 순위를 살펴보면 Oracle, MySQL, Microsoft SQL Server, PostgreSQL, MongoDB 순으로 많이 사용합니다. URL http://db-engines.com/en/ranking

note 소개하지는 않았지만, 자바스크립트를 활용하면 아두이노와 같은 마이크로 컨트롤러 보드도 조작할 수 있어 IoT(Internet of Things) 관련 개발도 가능합니다. 이 책을 공부한 후에 자신이 원하는 분야의 자바스크립트를 추가로 공부해보기 바랍니다.

자바스크립트의 종류

1990년대 중반부터 자바스크립트가 많은 곳에서 사용되자 유럽컴퓨터제조협회(ECMA)는 자바스크립트를 ECMAScript라는 이름으로 표준화했습니다. 자바스크립트의 표준 명칭은 ECMAScript이지만 오래 사용해왔던 자바스크립트라는 용어를 더 많이 사용합니다. 2000년대 중반부터 자바스크립트가 많은 곳에서 널리 사용되자 "자바스크립트도 시대의 흐름을 맞춰 나아가야 하는 것 아닐까?"라는 의견이 나오게 됩니다. 그래서 자바스크립트의 문법이 급속도로 발전하게 되었습니다.

ECMAScript 버전	표준 발표 시기
ECMAScript 1	1997년 6월
ECMAScript 2	1998년 6월
ECMAScript 3	1999년 12월
ECMAScript 4	2008년 10월
ECMAScript 5	2009년 12월
ECMAScript 2015	2015년 6월
ECMAScript 2020	2020년 6월

note ECMAScript 6부터는 발표 연도를 사용해서 ECMAScript 2015와 같이 버전을 부르는 경우가 일반적입니다.

인터넷 익스플로러를 제외한 최신 브라우저(마이크로소프트 엣지, 구글 크롬, 모질라 파이어폭스, 애플 사파리 등)는 모두 최신 버전의 ECMAScript 기능까지 지원합니다. 이 책은 전반적으로 최신 자바스크립트 표준(ECMAScript)을 사용합니다.

최신 버전의 자바스크립트 코드를 인터넷 익스플로러 하위 버전에서 사용할 수 있는 코드로 변환하는 방법은 부록에서 설명하므로, 인터넷 익스플로러를 지원해야 하는 상황이라면 참고하세요.

➕ 여기서 잠깐 | 어떤 웹 브라우저를 많이 사용할까요?

Statcounter 통계 페이지

URL http://gs.statcounter.com/browser-version-market-share/desktop/south-korea

Statcounter 통계에 따르면 2020년 10월을 기준으로 우리나라의 인터넷 익스플로러 11 사용 비율은 8.96% 정도입니다. 2020년 3월부터 구글에서 인터넷 익스플로러 사용자는 유튜브에 접속할 수 없게 하는 대책 등을 세우면서 점유율에 큰 변화가 있을 것으로 전망되고 있습니다.

2010년 전후로 나온 아이폰과 안드로이드폰은 각각 오브젝티브-C$^{Objective-C}$와 자바^{Java} 프로그래밍 언어를 사용해서 애플리케이션을 개발했습니다. 이렇게 제조사가 추천하는 프로그래밍 언어를 사용해서 만들어진 애플리케이션을 **네이티브 앱**$^{Native\ App}$이라고 부릅니다. 초기에는 스마트폰이 가진 성능과 고유의 기능을 모두 활용하기 위해서는 네이티브 앱으로 만들어야 했습니다. 일반적으로 전용 프로그래밍 언어를 사용해 따로따로 개발해서 아이폰과 안드로이드폰에서의 모습이 구별되는 애플리케이션들이 네이티브 앱에 해당합니다.

> 현재는 애플리케이션 개발을 좀 더 효율적으로 할 수 있게 하는 언어를 사용합니다.

하지만 스마트폰 애플리케이션 하나를 만들려고 아이폰 개발자와 안드로이드 개발자를 모두 고용해서 개발, 유지보수를 하는 것은 소규모 스타트업 입장에서는 비용적으로 큰 부담이 되었습니다. 그래서 스마트폰이 처음 나왔을 때는 웹사이트 화면을 애플리케이션으로 감싸기만 해서 보여주는 **모바일 웹 앱**이 등장했습니다.

그러나 모바일 웹 앱은 성능도 좋지 않고 스마트폰이 가진 기능을 제대로 활용할 수 없어서 이를 보완하고자 중간에 스마트폰의 기능과 웹 페이지를 연결할 수 있는 층을 설치해서 웹사이트가 스마트폰의 기능을 활용할 수 있게 했습니다. 이를 **하이브리드 앱**$^{Hybrid\ App}$이라고 부릅니다. 쿠팡, 위메프 등의 쇼핑 애플리케이션들이 여기에 해당합니다. 일반적으로 모바일 사이트에서도 똑같이 보이면서 스마트폰 고유의 모습도 가지고 있는 앱들을 하이브리드 앱으로 구분할 수 있습니다.

다음은 다이닝 코드의 웹 페이지와 스마트폰 애플리케이션입니다. 조금 다르면서도 대부분은 비슷한 것을 느낄 수 있을 것입니다.

다이닝 코드 웹 페이지(왼쪽)와 스마트폰 애플리케이션(오른쪽)

여기에서 조금 더 발전되어 웹 앱처럼 개발했는데, 이때 네이티브 앱처럼 만들어주는 **엔진** 또는 **프레임워크**들이 등장합니다. 하나의 프로그램을 만들어서 여러 프로그램으로 만들어주는 **리액트 네이티브**^React Native 등이 대표적인 예입니다. 페이스북, 인스타그램, 핀터레스트, 디스코드, 스카이프 등이 여기에 해당합니다.

네이티브와 하이브리드가 완전하게 구분되는 것은 아닙니다. 예를 들어 카카오톡도 대부분은 네이티브 방식(오브젝티브-C, 스위프트, 자바, 코틀린 활용)으로 개발했지만, 샵(#) 탭에서는 웹으로 개발된 것을 보여주므로, 하이브리드 방식으로 개발되어 있다고도 볼 수 있습니다. 또한 리액트 네이티브로 개발한 것을 네이티브 앱으로 취급해야 하는지, 하이브리드 앱으로 취급해야 하는지에 대한 논란도 있습니다.

최근에는 구분이 점점 애매해지고 있어서 "하이브리드 앱 개발자 뽑아요!"보다는 "아이폰 스위프트 개발자 뽑아요", "리액트 네이티브 개발자 뽑아요" 등으로 조금 더 세분화해서 부릅니다.

개발 생태계에서는 애플리케이션을 구분할 때 사용하고 있는 용어이므로 알아두면 좋습니다.

리액트 네이티브로 만든 앱

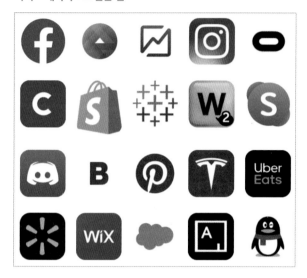

▶ 3가지 키워드로 정리하는 핵심 포인트

- **자바스크립트**란 웹 브라우저에서 작동하는 프로그래밍 언어입니다.

- **ECMAScript**란 유럽컴퓨터제조협회에서 표준화한 자바스크립트의 공식 명칭입니다.

- **웹 애플리케이션**이란 기존의 웹 페이지보다 많은 기능을 구현한 웹 페이지를 말합니다.

▶ 확인 문제

1. 인터넷을 돌아다니면서 보았던 쉽게 사용할 수 있고, 기능이 많다고 느꼈던 웹 사이트를 5개 정도 적어 보세요.

```
① 
② 
③ 
④ 
⑤ 
```

2. Statcounter에서 책을 보고 있는 현재 시점의 웹 브라우저 점유율(Browser Market Share Worldwide)을 확인해보세요.

Statcounter 통계 페이지
URL http://gs.statcounter.com/browser-version-market-share/desktop/south-korea

hint 1. 유튜브, 페이스북, 디스코드, 트렐로, 노션 등 자신이 방문했던 사이트 중에서 '쉽게 사용할 수 있고', '기능이 많다'고 느꼈던 사이트를 적어보세요.

01-2 개발환경 설치와 코드 실행

핵심 키워드

개발환경　텍스트 에디터　구글 크롬 개발자 도구

프로그래밍 언어의 개발환경 설정은 입문자들에게 늘 복잡한 과정입니다. 자바스
크립트 또한 지나칠 수 없는 과정이므로 하나씩 살펴보겠습니다. 개발환경 설정은
한 번만 하면 되는 작업이므로 시작이 중요합니다.

시작하기 전에

피아노를 연주하려면 피아노가 있어야 하고, 기타를 연주하려면 기타가 있어야 하는 것처럼 프로그
램을 개발하려면 개발할 수 있는 환경이 필요합니다. 이처럼 개발을 할 수 있게 해주는 환경을 **개발
환경**development environment이라고 부릅니다.

개발환경에는 코드를 작성하는 **텍스트 에디터**와 코드를 실행하는 **코드 실행기**가 필요합니다. 이 책에
서는 기본적인 자바스크립트 개발을 위해 텍스트 에디터는 **비주얼 스튜디오 코드**Visual Studio Code를 사
용하고, 코드 실행기는 **구글 크롬**이라는 웹 브라우저를 사용합니다.

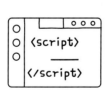 

텍스트 에디터
(코드 작성)

코드 실행기 : 웹 브라우저
(코드 실행)

코드 실행기: 구글 크롬

현재 자바스크립트는 다양한 곳에 활용되고 있으며, 이는 자바스크립트 코드를 실행할 수 있는 실행 기의 종류가 그만큼 다양하다는 의미이기도 합니다. 자바스크립트가 가장 많이 활용되고 있는 곳은 바로 웹 브라우저입니다.

이 책은 웹 브라우저에서 실행되는 자바스크립트를 기준으로 자바스크립트를 설명할 것입니다. 따라서 코드 실행기로 최신 자바스크립트 코드를 실행할 수 있는 웹 브라우저를 설치해서 사용하겠습니다.

구글 크롬 설치하기

현재 가장 많은 최신 자바스크립트 기능을 지원하는 웹 브라우저는 **구글 크롬**입니다. 구글 크롬이 설치되어 있지 않다면 설치를 진행합니다.

01 구글 크롬 홈페이지에 들어가서 [Chrome 다운로드] 버튼을 클릭합니다.

구글 크롬 홈페이지
URL https://www.google.com/chrome

02 다운로드가 완료되면 하단에 나타나는 설치 파일을 클릭해 실행합니다.

03 컴퓨터 환경에 따라 디바이스 변경 허용 동의를 구하는 창이 나타납니다. [예]를 클릭하면 설치
가 자동으로 진행됩니다.

04 구글 크롬 설치가 완료되면 자동으로 구글 초기 화면이 나타납니다. 이제 구글 크롬을 사용할
수 있습니다.

텍스트 에디터: 비주얼 스튜디오 코드

자바스크립트는 메모장으로도 개발할 수 있습니다. 하지만 개발을 조금 더 쉽게 할 수 있도록 도와주는 **개발 전용 에디터**를 설치해서 사용하는 것을 추천합니다. 이 책에서는 2020년을 기준으로 가장 많이 사용되는 개발 전용 에디터인 **비주얼 스튜디오 코드**Visual Studio Code를 사용하겠습니다.

비주얼 스튜디오 코드 설치하기

01 일단 비주얼 스튜디오 코드의 설치 프로그램을 다운로드해야 합니다. 비주얼 스튜디오 코드 홈페이지에 접속해서 [Download for Windows]를 클릭하여 설치 파일을 다운로드합니다.

비주얼 스튜디오 홈페이지
URL https://code.visualstudio.com

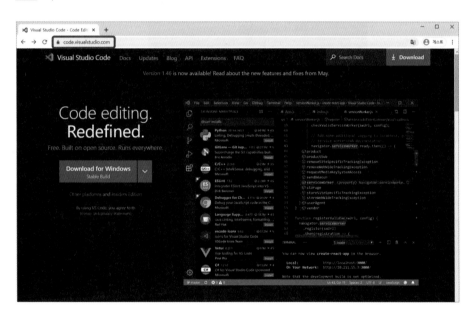

note [Download for OO]이라는 버튼을 클릭하면 컴퓨터 상황에 맞는 설치 파일을 다운로드합니다. 참고로 [Download for OO] 버튼 옆에 있는 드롭다운 버튼을 클릭하면 운영체제(macOS, Windows, Linux)와 설치 파일 형식(설치 파일 또는 압축 파일)을 선택해서 다운로드할 수도 있습니다.

02 페이지가 이동되고 설치 파일을 다운로드합니다. 설치 파일을 화면 하단에서 확인할 수 있습니다. 다운로드한 파일을 클릭해 실행합니다.

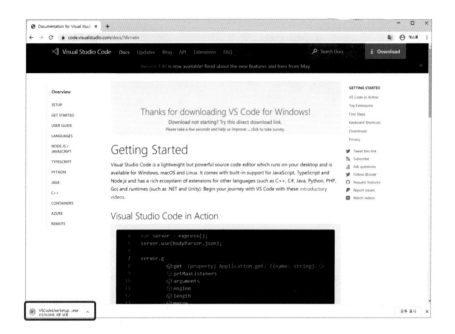

03 [계약에 동의함]을 선택하고 [다음] 버튼을 클릭합니다.

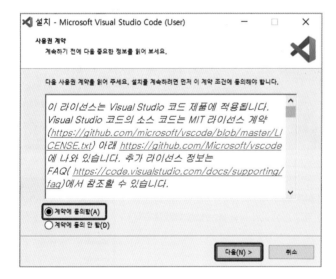

04 설치할 폴더가 표시됩니다. 다른 폴더를 선택하려면 [찾아보기] 버튼을 클릭해 변경하고, 그렇지 않으면 [다음] 버튼을 클릭합니다.

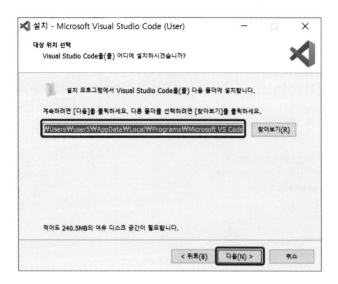

05 시작 메뉴 폴더의 이름을 지정합니다. [다음] 버튼을 클릭합니다.

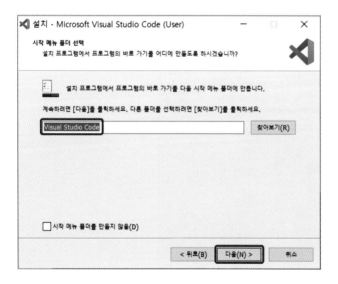

06 바탕 화면에 바로 가기를 만들고 싶다면 [바탕 화면 바로 가기 만들기]를 체크합니다. 나머지도 작업 시 유용하게 사용되는 부분이므로 모두 체크합니다. [다음] 버튼을 클릭합니다.

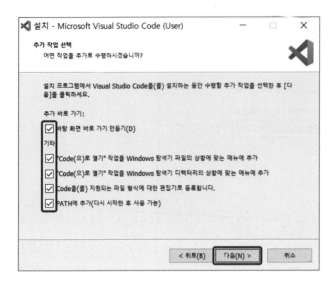

07 대상 위치, 시작 메뉴 폴더, 추가 설정 항목을 확인하고 [설치] 버튼을 클릭합니다.

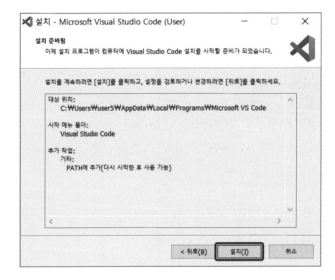

08 설치가 완료되면 다음과 같은 화면이 나옵니다. 기본적으로 [Visual Studio Code 시작]에 체크되어 있으므로 [마침] 버튼을 클릭하면 비주얼 스튜디오 코드가 바로 실행됩니다.

note 만약 [Visual Studio Code 시작]을 체크하지 않아 비주얼 스튜디오 코드가 바로 실행되지 않는다면 바탕 화면에서 [Visual Studio Code] 바로 가기 아이콘을 더블클릭하여 실행합니다.

09 설치가 완료되었다면 Visual Studio Code를 실행합니다.

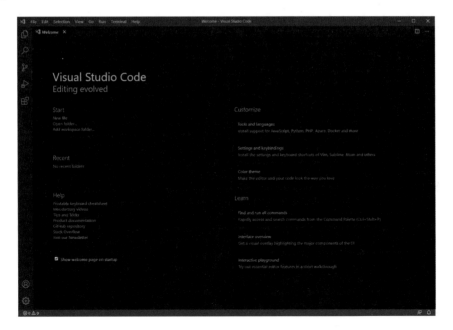

비주얼 스튜디오 코드 한국어 언어팩 설치하기

비주얼 스튜디오 코드를 설치했을 때 한국어로 나오는 경우도 있고, 영어로 나오는 경우도 있을 것입니다. 이 책은 초급자용이므로 한국어를 사용해서 설명합니다.

01 화면 왼쪽의 툴바에서 ❶ 5번째에 있는 [확장(Ctrl + Shift + X)] 아이콘을 클릭합니다. ❷검색창에 'Korean'을 입력하고 Enter 를 눌러 검색한 후 목록에서 ❸[Korean Language Pack for Visual Studio Code]를 선택하고 ❹[Install] 버튼을 클릭해 설치합니다.

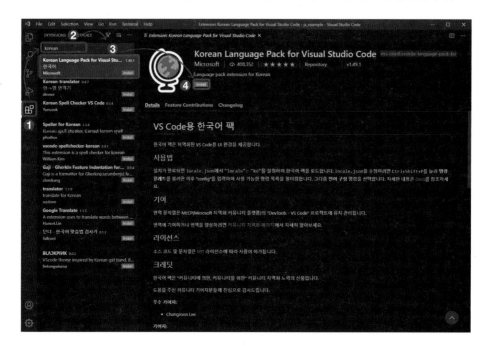

개발환경 설정 부분 및 비주얼 스튜디오 코드 에디터의 사용 방법을 잘 모르겠다면 유튜브 강의를 참고하세요.

02 설치가 완료되면 오른쪽 아래에 "새로 시작하겠습니까?"라는 의미의 대화상자가 나옵니다. [Restart Now] 버튼을 클릭해 새로 시작하면 다음과 같이 비주얼 스튜디오 코드의 메뉴가 한 글로 바뀐 것을 확인할 수 있습니다.

코드 실행하기(1): 구글 크롬 콘솔에서 실행하기

코드를 실행하는 가장 간단한 방법부터 살펴보겠습니다.

01 구글 크롬의 주소창에 about:blank를 입력해 크롬이 기본적으로 제공하는 빈 페이지로 들어 갑니다.

02 여기에서 단축키 Ctrl + Shift + I (알파벳 '아이' 입니다)를 눌러 개발자 도구를 실행해주세요. [Console] 탭을 클릭합니다.

F12 키를 누르면 개발자 도구와 [Console] 탭을 한번에 실행할 수 있습니다. 맥 사용자는 Command + Option + I 키를 누르세요.

03 코드를 입력하고 Enter 키를 누르면 곧바로 코드 실행을 확인할 수 있습니다. 다음과 같이 코드를 입력하고 Enter 키를 누릅니다.

> 이 책에서)로 시작하는 코드는 이처럼 콘솔에서 실행하는 코드입니다.

```
> console.log("Hello JavaScript...!") Enter
```

04 코드의 실행 결과가 다음과 같이 나오는 것을 확인할 수 있습니다.

```
> console.log("Hello JavaScript...!") Enter        입력한 코드입니다.
Hello JavaScript...!        console.log()로 출력된 내용입니다.
undefined        해당 줄의 결과입니다.
```

note 현재는 결과가 따로 없어서 undefined를 출력합니다.

앞으로 간단한 코드는 이렇게 콘솔에서 실행하고 결과를 확인할 예정입니다. 위와 같은 형태의 코드 설명이 나오면 콘솔에서 입력한 것으로 생각해주세요. 간단한 코드는 이와 같이 콘솔에서 입력하고 결과를 확인해볼 수 있지만, 실제로 어느 정도 규모가 있는 프로그램을 만들 때는 파일을 만들어서 파일에 코드를 입력하고 실행하는 것이 편리합니다. 계속해서는 파일을 만들고 코드를 입력한 후, 이를 실행하는 방법을 알아보겠습니다.

코드 실행하기(2): 파일 만들고 저장해 실행하기

비주얼 스튜디오 코드를 사용해서 HTML 페이지를 생성하고 코드를 작성한 뒤 실행하는 방법을 알아보겠습니다.

1단계: HTML 페이지 생성하기

01 비주얼 스튜디오 코드 메뉴에서 [파일] − [새 파일]을 선택해서 새 파일을 만들어주세요.

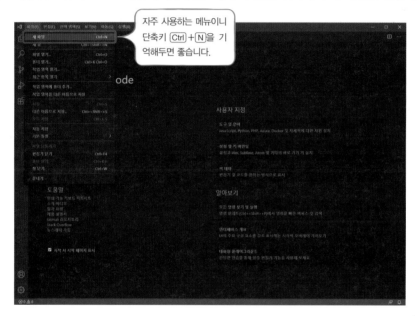

자주 사용하는 메뉴이니 단축키 Ctrl + N 을 기억해두면 좋습니다.

02 생성한 파일을 곧바로 저장합니다. 메뉴에서 [파일] − [저장]을 선택합니다. 다음과 같이 파일 저장 대화상자가 나옵니다. 폴더를 지정하고 test.html이라는 이름으로 저장합니다.

파일 저장도 많이 사용하는 메뉴이니 단축키 Ctrl + S 를 기억해두세요.

➕ 여기서 잠깐 | 비주얼 스튜디오 코드의 보조 기능 지원 사용하기

비주얼 스튜디오 코드는 파일의 확장자(파일 뒤에 붙는 '.html' 등)를 기반으로 해당 파일의 언어를 판별한 후 다양한 코드 작성 보조 기능을 지원해줍니다. HTML 파일을 만든다면 반드시 'OO.html' 형태로 확장자를 붙여주세요. 상태 표시줄 오른쪽에 'HTML'이라고 표시되어 있다면 이 기능이 동작하고 있는 것입니다.

파일을 저장했는데 HTML 코드 작성 보조 기능이 동작하지 않는다면 비주얼 스튜디오 코드 오른쪽 아래에 있는 [일반 텍스트]라는 글자를 클릭하고 언어 모드 선택 창이 나오면 [HTML]을 찾아 선택합니다.

➕ 여기서 잠깐 | 글꼴 크기 설정하기

기본 글꼴 크기가 작게 느껴지면 글꼴 크기를 크게 설정할 수 있습니다. 메뉴에서 [파일] – [기본 설정] – [설정]을 선택하면 설정 정보가 나옵니다. 여기에서 [텍스트 편집기] – [글꼴]에 들어가면 글꼴 및 크기, 두께 등을 설정할 수 있습니다. Font Size(글꼴 크기)에 적당한 글꼴 크기를 입력합니다.

2단계: HTML 페이지 작성하기

01 이제 HTML 코드를 작성해봅시다. 새 창에 html이라고 입력합니다. 입력하는 중에 다음과 같이 자동 완성 기능이 나올 것입니다. [html:5]를 선택하고 Enter 키를 누릅니다.

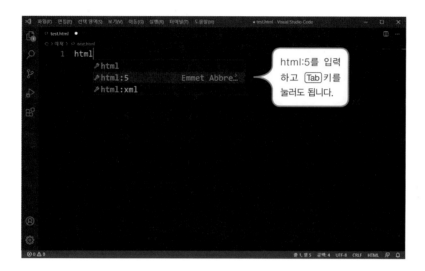

02 누르는 순간 HTML 코드의 기본적인 형태가 자동 완성 기능으로 만들어집니다. 다음은 [html:5]를 선택했을 때 자동 완성되는 코드입니다.

```html
<!DOCTYPE html>
<html lang="en">
<head>
  <meta charset="UTF-8">
  <meta name="viewport" content="width=device-width, initial-scale=1.0">
  <meta http-equiv="X-UA-Compatible" content="ie=edge">
  <title>Document</title>
</head>
<body>

</body>
</html>
```

03 생성된 HTML 페이지를 다음과 같이 간략하게 만들어서 사용하겠습니다. 아래 표시된 내용을 삭제해 주세요.

```
<!DOCTYPE html>
<html lang="en">
<head>                        ← 삭제                    ← 삭제
    <meta charset="UTF-8">
    <meta name="viewport" content="width=device-width, initial-scale=1.0">
    <meta http-equiv="X-UA-Compatible" content="ie=edge">
    <title>Document</title>
</head>                   ← 삭제
<body>


</body>
</html>
```

04 자바스크립트를 사용하려면 기본 HTML 페이지의 〈head〉 태그 사이에 다음과 같이 〈script〉 태그를 삽입합니다. 〈script〉 태그 사이에 자바스크립트 코드를 입력합니다.

```
<!DOCTYPE html>
<html>
<head>
    <title></title>
    <script>        ⟶  〈script〉 태그를 추가합니다.
                    ⟶  이 부분에 자바스크립트 코드를 입력합니다.
    </script>
</head>
<body>
</body>
</html>
```

〈script〉 태그는 〈head〉 태그 안에 넣으면 코드를 살펴보기에도 편리하므로 특별한 경우가 아니라면 〈head〉 태그 안에 위치시킵니다. 이제 자바스크립트를 공부하기 위한 기본적인 준비가 모두 끝났습니다.

HTML 페이지를 만들었으니 예제를 작성해 봅시다. 눈으로만 보지 말고 직접 코드를 입력해 보세요.

코드를 모두 작성한 후에는 저장하는 것을 잊지 마세요.

직접 해보는 손코딩

Hello World 예제 소스 코드 `test.html`

```
01  <!DOCTYPE html>
02  <html>
03  <head>
04    <title></title>
05    <script>
06      alert('Hello World')
07    </script>
08  </head>
09  <body>
10  </body>
11  </html>
```

입력할 때 tab 키를 누르면 자동으로 띄어쓰기 2~4개가 들어갑니다.
Shift + tab 키를 누르면 반대로 앞의 띄어쓰기 2~4개가 제거됩니다.

코드를 추가합니다.

note [직접 해보는 손코딩] 왼쪽의 일련번호는 각 행을 지정하면서 설명하기 위해 입력한 것입니다. 코드를 입력할 때는 직접 입력하지 않도록 주의하세요.

3단계: HTML 페이지 실행하기

01 파일을 생성하고 코드도 작성했으니 이제 코드를 실행해 보겠습니다. 예제가 저장되어 있는 폴더로 가면 생성한 test.html 파일이 있습니다.

02 이 파일을 크롬 브라우저에 드래그&드롭해서 놓으면 다음과 같이 출력됩니다.

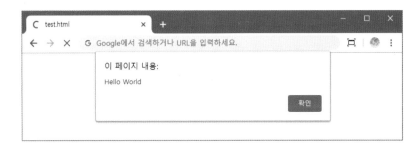

note 웹 페이지를 한 번 실행한 후에는 코드를 변경하고 저장할 때마다 웹 브라우저를 [새로고침] 해서 변경된 내용을 반영할
수 있습니다.

➕ 여기서 잠깐 **폴더 열기**

비주얼 스튜디오 코드는 내부적으로 탐색기와 같은 기능을 수행하는 기능이 있습니다. 화면 왼쪽에 있는 5개의 아이콘 중
가장 위에 있는 🗐을 클릭하면 [탐색기]가 나옵니다. 여기에서 [폴더 열기]를 클릭하면 폴더를 선택할 수 있는 대화상자가
열립니다. 예제 파일이 있는 폴더를 선택해주세요.

지금까지 간단한 HTML 페이지를 만들어 보았습니다. 코드
를 작성하는 방법을 알아야 이후의 내용을 진행할 수 있으므
로 꼭 기억하세요.

만약 코드를 작성하고 실행하는
방법을 확실하게 기억하고 싶다
면 유튜브 강의로 복습하세요.

➕ 여기서 잠깐 **유튜브 강의로 비주얼 스튜디오 코드의 다양한 기능 배우기**

비주얼 스튜디오 코드에는 코드를 쉽게 편집할 수 있는 다양한 기능이 있습니다. 각 메뉴를 선택해 어떤 다양한 기능들이
있는지 살펴보세요. 일반적으로 책을 보고 공부할 때와 학원 등에서 직접 프로그래밍을 배울 때의 가장 큰 차이점은 비주
얼 스튜디오 코드 사용법을 알려주는 등과 같은 부가적인 내용이라고 생각합니다. 어차피 기본적인 지식은 책과 학원 모두
같은 것을 알려줍니다. 하지만 "폴더를 열어서 이렇게 파일을 만들기도 하는구나", "자동 완성 기능을 저렇게 많이 사용하
는구나" 등의 부가적인 내용은 책만으로 알기 어렵습니다. 이와 관련된 내용은 동영상 강의에서 최대한 제공하려고 노력하
고 있으니 유튜브 강의를 참고해주세요.

이 책의 코드 표기 방법

HTML 파일을 만들고 자바스크립트 코드를 작성할 때에는 방금 살펴보았던 것처럼 고정적인 HTML 코드가 들어갑니다. 고정적인 부분을 계속 반복해서 보여주는 것은 지면 낭비라고 생각되어 이 책에서는 다음과 같이 script 태그 부분만 표기하겠습니다.

전체 코드

```
<!DOCTYPE html>
<html>
<head>
  <title></title>
  <script>
    alert('Hello World')
  </script>
</head>
<body>
</body>
</html>
```

→

책의 표기

```
<script>
  alert('Hello World')
</script>
```

➕ 여기서 잠깐 | **자동 완성 기능 활용하기**

처음 자바스크립트를 접한다면 '앞으로 나올 내용이 많은데 모두 외워야 하나?'하는 부담감을 가질 수 있습니다. 하지만 이 책에서 사용하는 비주얼 스튜디오 코드와 같은 개발 전용 툴을 사용하면 코드를 입력할 때 참고할 수 있는 자동 완성 기능이 작동합니다. 이 보조 기능은 Ctrl + SpaceBar 키를 눌러 띄울 수 있습니다. 자동 완성 기능을 최대한 활용해 이름을 봤을 때 어떤 것인지 떠올릴 수 있을 정도로만 공부하면 되고, 다양한 예제를 연습하다 보면 자동으로 외워질 것입니다.

영어 공부를 할 때 원어민 선생님과 함께 공부하는 것이 좋다고 합니다. 내가 무언가를 잘못 말했을 때 그 부분을 바로 교정해줄 수 있기 때문입니다. 우리가 프로그래밍을 공부할 때는 '컴퓨터'라는 원어민이 앞에 있습니다. 〈좀 더 알아보기〉에서는 내가 무엇을 잘못 입력했는지 알아내는 방법과 찾는 방법을 알아보겠습니다.

코드를 조금 수정해서 일부러 오류를 발생시켜 보겠습니다. 앞에서 작성했던 HelloWorld 예제에서 alert('Hello World')라는 코드의 alert를 alrt로 잘못 입력했다고 가정해본 것입니다.

```
<script>
    alrt('Hello World')   ──→ alert를 alrt로 잘못 입력했다고 가정합니다.
</script>
```

코드의 실행과 직접적인 관련이 있는 코드를 잘못 입력하면 일반적으로 오류가 발생합니다.

01 현재 상태에서 코드를 실행해보면 아무 것도 출력되지 않습니다.

> 코드에 오류가 있어서 웹 브라우저에 아무런 반응이 없습니다.

02 구글 크롬 개발자 도구는 HTML 페이지를 개발하는 데 필요한 유용한 기능을 제공합니다. 크롬에서 코드를 실행한 후 마우스 오른쪽 버튼을 클릭해 [검사]를 선택합니다.

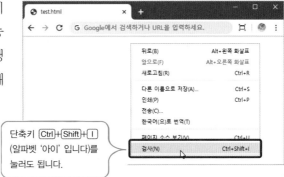

> 단축키 Ctrl+Shift+I (알파벳 '아이' 입니다)를 눌러도 됩니다.

03 개발자 도구 오른쪽 위에 × 표시가 되어 있는 붉은색 원이 나옵니다. 이는 자바스크립트 코드 등에 오류가 발생했을 때 출력되는 아이콘입니다. 이 아이콘을 클릭하거나 개발자 도구의 [Console] 탭을 클릭합니다.

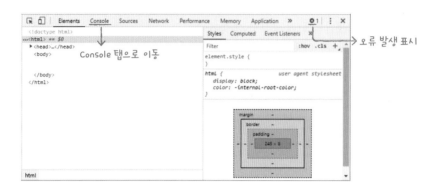

04 'Uncaught ReferenceError: alrt is not defined'라는 오류를 출력합니다. 이것을 보고 어떤 오류인지 확인합니다. test.html : 6은 오류가 발생한 위치입니다. [test.html : 6]을 클릭하면 오류가 발생한 위치로 이동합니다.

05 다음과 같이 붉은색 밑줄이 표시되어 있어 쉽게 오류를 찾을 수 있습니다.

처음 프로그래밍을 공부하면 다양한 **오류**error를 만납니다. 오류를 만날 때마다 '이런 상황에는 오류를 내는구나' 하고 기억해 두고 이후에 코드를 작성할 때 그런 부분을 확인하다 보면 점점 오류를 줄일 수 있습니다.

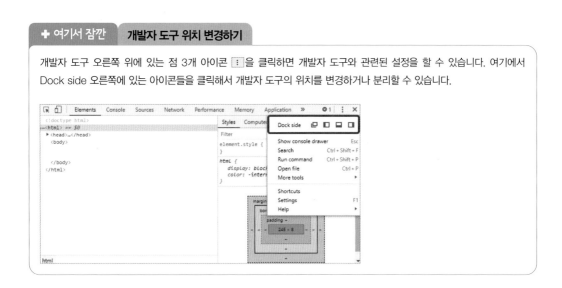

➕ 여기서 잠깐 **개발자 도구 위치 변경하기**

개발자 도구 오른쪽 위에 있는 점 3개 아이콘 ⋮을 클릭하면 개발자 도구와 관련된 설정을 할 수 있습니다. 여기에서 Dock side 오른쪽에 있는 아이콘들을 클릭해서 개발자 도구의 위치를 변경하거나 분리할 수 있습니다.

처음 자바스크립트를 공부할 때 자주 접하는 오류를 몇 가지 살펴보겠습니다.

ReferenceError 예외 처리

⬆ 예외

```
Uncaught ReferenceError: ○○ is not defined
```

상황 숙련된 자바스크립트 개발자들도 자주 만나는 오류 중 하나입니다. ○○ 부분을 잘못 입력했을 때 발생합니다. 앞서 살펴보았던 것처럼 alert를 alrt로 잘못 입력했을 때 만날 수 있는 오류입니다.

```
<script>
  alrt('Hello World')  ──→ alert를 alrt로 잘못 입력한 경우입니다.
</script>
```

해결 이 오류는 ○○ 부분을 수정하면 해결됩니다. 위의 코드에서 alrt를 alert로 수정합니다.

SyntaxError 구문 오류

□ 구문 오류(1)

```
Uncaught SyntaxError: Invalid or unexpected token
```

상황 토큰(기호)을 잘못 입력했을 때의 오류입니다. 다음 코드는 'Hello World'를 입력하기 위해서 따옴표를 열었으나 따옴표를 닫지 않은 코드입니다.

```
<script>
  alert('Hello World)  ──→ 따옴표(')를 열고서 닫지 않은 경우입니다.
</script>
```

해결 따옴표를 제대로 닫아주면 해결됩니다.

□ 구문 오류(2)

```
Uncaught SyntaxError: missing ) after argument list
```

상황 토큰(기호)을 잘못 입력했다는 오류입니다. 다음 코드는 괄호를 열었으나 닫지 않은 코드입니다.

```
<script>
  alert('Hello World'  ──→ 괄호를 열고서 닫지 않은 경우입니다.
</script>
```

해결 괄호를 제대로 닫아주면 해결됩니다.

이외에도 다양한 오류들이 있습니다. 처음 코드를 작성할 때는 syntax error(구문 오류)를 많이 발생하는데, 이는 기호에 문제가 있다는 의미입니다. 따라서 기호들을 유심히 살펴보면서 기호의 쌍이 맞는지 확인해 보세요.

자바스크립트 표준 스타일

일반적인 언어에도 표준어와 지역 사투리가 있는 것처럼 프로그래밍 언어도 지역(팀 또는 회사 등)에 따라서 사용하는 코드 작성 방식이 조금씩 다릅니다. 이러한 코드 작성 방식을 **코딩 스타일**coding style 또는 **코딩 컨벤션**coding convention이라고 부릅니다. 몇 가지 예를 들면 다음과 같습니다.

들여쓰기 2개와 4개

```
for (let i = 0; i < length; i++) {
  const element = array[i]
}
```

```
for (let i = 0; i < length; i++) {
    const element = array[i]
}
```

들여쓰기로 띄어쓰기 2개(자바스크립트 표준 스타일)를 사용할지 4개를 사용할지에 대한 결정

중괄호 입력 방식

```
for (let i = 0; i < length; i++)
{
  const element = array[i]
}
```

```
for (let i = 0; i < length; i++) {
    const element = array[i]
}
```

중괄호 입력 전에 줄바꿈을 할지 말지에 대한 결정

키워드 뒤에 공백

```
for(let i = 0; i < length; i++) {
  const element = array[i]
}
```

```
for (let i = 0; i < length; i++) {
    const element = array[i]
}
```

키워드 뒤에 괄호를 바로 붙일지 공백을 줄지에 대한 결정

사실 어떻게 작성하는 것이 더 좋다는 절대적인 기준은 없습니다. 프로젝트를 할 때는 팀원들과 상의하여 적절한 코드 작성 기준을 정하면 됩니다. 이 책에서는 자바스크립트 표준 스타일에 맞게 코드를 작성합니다. 자바스크립트 표준 스타일에 대한 한국어 문서가 있으니 한번 읽어보면 좋은 공부가 될 것입니다. URL https://standardjs.com/readme-kokr.html

마무리

▶ **3가지 키워드로 정리하는 핵심 포인트**

- **개발환경**이란 개발을 할 수 있는 환경을 의미합니다.

- **텍스트 에디터**란 코드를 작성할 수 있는 프로그램을 말합니다. 이 책에서는 텍스트 에디터로 비주얼 스튜디오 코드를 사용합니다.

- **구글 크롬 개발자 도구**란 구글 크롬이 개발자를 위해 오류 확인 등의 기능을 제공하는 도구입니다.

▶ **확인 문제**

1. 구글 크롬 개발자 도구의 콘솔을 실행하고 다음 명령을 입력했을 때 나오는 결과를 빈칸에 적어보세요. 코드를 하나 실행할 때 여러 줄의 출력이 나오는 경우 모두 적어주세요.

```
> "안녕하세요"

> console.log("안녕하세요")

> "안녕하세요
```

---

hint 1. 마지막 코드는 오류가 발생하는 코드입니다. 에러 메시지를 적어보세요.

2. 비주얼 스튜디오 코드에 다음 소스 코드를 입력하고 ex01.html로 저장한 후 화면에 나오는 결과를 적어보세요.

```
<body>
  <script>
    document.body.innerHTML = "<h1>안녕하세요</h1>"
  </script>
</body>
```

📃 **실행 결과** ✕

01-3 알아두어야 할 기본 용어

핵심 키워드   표현식 문장 키워드 식별자 주석

앞에서 자바스크립트의 개발환경을 구축하고 실행하는 방법을 배웠습니다. 자바
스크립트를 본격적으로 알아보기 전에 자바스크립트와 관련된 기본적인 용어를
살펴보도록 하겠습니다.

시작하기 전에

프로그래밍 언어를 공부하다 보면 낯선 용어들이 많이 나옵니다. 용어를 얼마나 잘 이해하고 있는지
에 따라 앞으로 공부할 내용을 습득하는 속도가 달라질 수 있으니 꼭 기억하고 넘어갑시다.

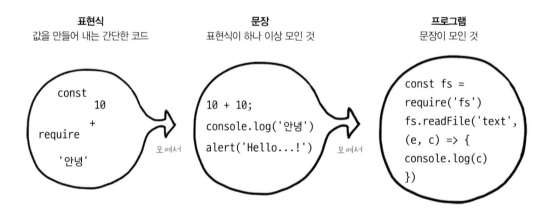

표현식
값을 만들어 내는 간단한 코드

```
const
    10
    +
require
    '안녕'
```

모여서

문장
표현식이 하나 이상 모인 것

```
10 + 10;
console.log('안녕')
alert('Hello...!')
```

모여서

프로그램
문장이 모인 것

```
const fs =
require('fs')
fs.readFile('text',
(e, c) => {
console.log(c)
})
```

자바스크립트는 세미콜론과
줄바꿈으로 문장의 종결을 선
언할 수 있어요!

표현식과 문장

자바스크립트에서 값을 만들어내는 간단한 코드를 **표현식**expression이라고 부릅니다. 예를 들면 다음 코드가 표현식입니다.

```
273
10 + 20 + 30 * 2
'RintIanTta'
```

하나 이상의 표현식이 모이면 **문장**statement이 됩니다. 문장 끝에는 마침표를 찍듯이 세미콜론(;) 또는 줄바꿈을 넣어서 문장의 종결을 알려줍니다.

```
// 세미콜론을 사용한 문장 구분
10 + 20 + 30 * 2;var rintiantta = 'Rint' + 'Ian' + 'Tta';alert('Hello
JavaScript..!');273;

// 줄바꿈을 사용한 문장 구분
10 + 20 + 30 * 2
let rintiantta = 'Rint' + 'Ian' + 'Tta'
alert('Hello JavaScript..!')
273
```

다음과 같이 줄바꿈과 세미콜론을 2가지 모두 입력하는 경우도 많습니다.

```
// 세미콜론과 줄바꿈을 함께 사용한 문장 구분
10 + 20 + 30 * 2;
let rintiantta = 'Rint' + 'Ian' + 'Tta';
alert('Hello JavaScript..!');
273;
```

하나의 표현식도 문장의 종결을 의미하는 세미콜론 또는 줄바꿈을 넣으면 문장이라고 부르고, 이러한 문장이 모여서 **프로그램**program을 이룹니다. 이 책에서는 줄바꿈으로 문장을 구분해 코드를 작성합니다.

키워드

자바스크립트가 처음 만들어질 때 정해놓은 특별한 의미가 있는 단어를 **키워드**keyword라고 합니다. 자바스크립트는 빠른 속도로 발전하고 있는 프로그래밍 언어라서 키워드도 계속해서 증가하고 있습니다. 2020년을 기준으로 키워드로 정의 내릴 수 있는 단어는 다음과 같습니다.

await	break	case	catch
class	const	continue	debugger
default	delete	do	else
export	extends	finally	for
function	if	import	in
instanceof	new	return	super
switch	this	throw	try
typeof	var	void	while
with	yield	let	static
true	false	null	as
from	get	of	set
target			

위의 키워드를 보면 '저 많은 키워드를 모두 외워야 하나' 하는 생각이 들 수 있는데, 여기서는 키워드가 무엇인지 정도만 알고 넘어가도 됩니다. 각각의 키워드는 이 책의 내용을 진행하면서 살펴볼 예정이니 예제를 하나하나 따라 하다 보면 저절로 익힐 수 있습니다.

note 비주얼 스튜디오 코드와 같은 개발 전용 에디터에서는 코드를 입력하면 키워드는 보라색, 초록색, 파란색 등으로 색이 변경됩니다. 따라서 어떠한 것이 키워드인지 쉽게 알 수 있습니다.

키워드는 개발 전용 에디터에서 색상으로 쉽게 구분할 수 있어요.

식별자

식별자^{identifier}는 프로그래밍 언어에서 이름을 붙일 때 사용하는 단어입니다. 주로 변수명이나 함수명 등으로 사용됩니다. 자바스크립트 식별자를 만들 때는 다음 규칙을 반드시 지켜야 합니다.

- 키워드를 사용하면 안 됩니다.
- 숫자로 시작하면 안 됩니다.
- 특수 문자는 _와 $만 허용합니다.
- 공백 문자를 포함할 수 없습니다.

위의 규칙만 만족한다면 모든 단어를 식별자로 사용할 수 있습니다. 예를 들어 다음 표에서 왼쪽의 단어는 모두 식별자로 사용할 수 있지만, 오른쪽의 단어는 모두 식별자로 사용할 수 없습니다. 식별자로 사용할 수 없는 이유를 꼭 확인하세요.

식별자로 사용 가능한 단어	식별자로 사용 불가능한 단어
alpha alpha10 _alpha $alpha AlPha ALPHA	break ——→ 키워드라서 안 됩니다. 273alpha ——→ 숫자로 시작해서 안 됩니다. has space ——→ 공백을 포함해서 안 됩니다.

다음과 같은 한 글자 특수 문자도 식별자로 사용할 수 있습니다. 자주 사용되는 식별자인데, 처음 보면 '이게 뭐지?!' 하고 당황할 수 있어 소개합니다.

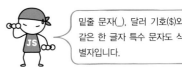

밑줄 문자(_), 달러 기호($)와 같은 한 글자 특수 문자도 식별자입니다.

식별자를 만드는 일반적인 관례

식별자를 만들 때 한글, 한자, 일본어와 같은 전 세계의 언어를 모두 사용할 수 있지만, 알파벳을 사용하는 것이 관례입니다. 또한 a, b처럼 의미 없는 단어보다 input, output 같은 의미 있는 단어를 사용하는 게 좋습니다.

식별자를 만들 때 알파벳을 사용한다는 것 외에도 자바스크립트 개발자 대부분이 지키는 관례가 있습니다. 이는 식별자의 의미를 더 명확하게 하려고 사용하는 규칙입니다.

- **클래스**(394쪽 참조)의 이름은 항상 대문자로 시작합니다.
- **변수**(105쪽 참조)와 **인스턴스**(394쪽 참조), **함수**(196쪽 참조), **메소드**(248쪽 참조)의 이름은 항상 소문자로 시작합니다.
- 여러 단어로 이루어진 **식별자**는 각 단어의 첫 글자를 대문자로 합니다.

첫 번째와 두 번째 규칙은 앞으로 하나씩 알아갈 것입니다. 세 번째 규칙은 공백을 가질 수 없는 식별자를 쉽게 이해하려고 만든 것으로, 두 번째 단어부터 시작 글자를 대문자로 작성합니다. 세 번째 규칙을 사용하면 여러 단어로 이루어진 글자를 쉽게 읽을 수 있습니다.

```
will out       ⟶    willOut
will return    ⟶    willReturn
i am a boy     ⟶    iAmABoy
```

식별자의 종류

자바스크립트의 식별자는 크게 네 종류로 나누어 부를 수 있습니다. 더 많은 종류로 나누기도 하지만 이 책에서는 4가지로 구분하겠습니다.

구분	단독으로 사용	다른 식별자와 사용
식별자 뒤에 괄호 없음	변수	속성
식별자 뒤에 괄호 있음	함수	메소드

아직 배우지 않았어도 위의 특징을 바탕으로 구분할 수 있습니다. 다음에서 진하게 표시된 식별자를 변수, 속성, 함수, 메소드로 구분한 것입니다.

```
alert('Hello World')           ⟶   함수
Array.length                   ⟶   속성
input                          ⟶   변수
prompt('Message', 'Defstr')    ⟶   함수
Math.PI                        ⟶   속성
Math.abs(-273)                 ⟶   메소드
```

변수는 2장, 함수는 5장, 속성과 메소드는 6장에서 각각 살펴보겠습니다.

주석

주석^{comment}은 프로그램 코드를 설명할 때 사용하며 프로그램 진행에는 전혀 영향을 주지 않습니다. 이 책에서도 코드의 특정 부분을 설명할 때 주석을 사용합니다. HTML 페이지에는 크게 **HTML 태그 주석**과 **자바스크립트 주석**이 있습니다.

HTML 태그 주석

HTML 태그 주석은 〈!-- --〉로 문자열을 감싸 생성합니다.

```
<!-- 주석 -->
```

다음은 HTML 페이지에 주석을 사용한 예입니다. 주석 처리된 부분은 웹 브라우저가 인식하지 않습니다.

```
<!DOCTYPE html>
<html>
<head>
  <!-- 3. -->
  <script>

  </script>
</head>
<body>
  <!-- <h1>주석입니다.</h1> -->
</body>
</html>
```


자바스크립트 주석

자바스크립트는 2가지 방법으로 주석을 만듭니다.

첫 번째 방법은 //를 입력하는 것으로 한 줄 주석을 표현합니다. // 뒤의 문장은 실행되지 않습니다.

```
// 주석
```

두 번째 방법은 /*와 */를 입력하여 여러 줄 주석을 표현합니다. /*와 */ 사이에 있는 모든 문장은 실행되지 않습니다.

```
/*
주석
주석
*/
```

다음은 자바스크립트 주석을 사용한 예입니다. 경고창을 나타내는 alert() 함수를 사용했지만 주석 처리했으므로 모두 무시되어 경고창을 출력하지 않습니다.

```
<script>
    // 주석은 코드 실행에 아무 영향을 미치지 않습니다.
    /*
    alert('Hello JavaScript')
    alert('Hello JavaScript')
    alert('Hello JavaScript')
    */
</script>
```

출력

공부할 때 제대로 하고 있는지 확인하기 위한 기본적인 방법은 **출력**입니다. 자바스크립트는 다른 프로그래밍 언어와 비교해서 출력 방법이 많고 복잡한 편입니다. 따라서 정리하고 시작하도록 하겠습니다.

간단한 표현식 결과 확인하기

52쪽의 〈코드 실행하기(1): 구글 크롬 콘솔에서 실행하기〉에서 살펴보았던 것처럼 간단한 한 줄 코드를 실행하고 결과를 확인할 때는 구글 크롬 콘솔을 이용하는 것이 가장 편합니다.

01 구글 크롬의 주소창에 about:blank를 입력해 크롬이 기본
적으로 제공하는 빈 페이지로 들어가 단축키 `Ctrl` + `Shift`
+ `I` (알파벳 '아이')를 눌러서 개발자 환경을 띄웁니다.

콘솔창을 띄우는 방법을 이후에는
설명하지 않습니다. 여기에서 확실
하게 기억하고 넘어가주세요.

02 about:blank에서 [Console] 탭을 클릭해 구글 크롬 개발자 도구에 들어갑니다. 이곳에 어
떤 값을 입력하면 곧바로 그 결과를 출력합니다.

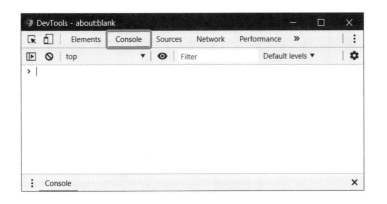

경고창에 출력하기

개발 전용 에디터를 사용할 때의 출력하는 방법을 알아보겠습니다.

파일을 만들었을 때 가장 기본적인 자바스크립트의 출력 방법은 alert() 함수를 사용하는 것입니다.
alert() 함수를 사용하면 웹 브라우저에 경고창을 띄울 수 있습니다. alert() 함수는 다음과 같이 괄
호 안에 문자열을 입력하여 사용합니다.

```
<script>
  alert('Hello JavaScript...!')
</script>
```

이때 함수의 괄호 안에 들어가는 것을 **매개변수**parameter라고 부릅니다. 비주얼 스튜디오 코드를 사용하면 코드를 입력할 때 다음과 같은 **자동 완성 기능**을 확인할 수 있습니다.

비주얼 스튜디오 코드가 설명해주는 대로 alert() 함수의 괄호 안에 메시지를 입력합니다. 코드를 입력했으면 HTML 페이지를 저장하고 실행합니다. 다음과 같이 'Hello JavaScript...!'가 입력된 경고창을 볼 수 있습니다.

이 책에서 실습하는 예제의 실행 결과를 모두 위와 같은 그림으로 표시하려면 많은 공간이 필요하므로 앞으로 경고창에 출력하는 결과는 다음과 같이 표시합니다.

입력이 있는 경우에는 다음과 같이 '입력〉'으로 표시하겠습니다.

콘솔에 출력하기

초보자 단계에서는 파일을 실행해 곧바로 결과를 확인할 수 있는 alert() 함수가 편리하지만, 어느 정도 단계가 올라가면 화면에 출력되는 내용이 많아서 alert() 함수로 결과를 보는 것이 번거로울 수 있습니다. 이 경우에는 console.log() 메소드를 사용합니다. console.log() 메소드도 alert() 함수처럼 괄호 내부에 입력한 값을 출력합니다.

```
<script>
  console.log('Hello JavaScript...!')
</script>
```

코드를 실행하면 화면에 아무 것도 나타나지 않습니다. 하지만 단축키 `Ctrl`+`Shift`+`I`(알파벳 '아이' 입니다) 또는 `F12`키를 눌러서 개발자 도구를 띄운 후 [Console] 탭을 클릭하면 괄호 안에 입력한 값이 출력되는 것을 확인할 수 있습니다.

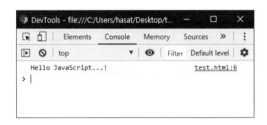

이전과 마찬가지로 실행 결과를 모두 위와 같은 그림으로 표시하면 지면이 낭비되므로 앞으로 콘솔에 출력하는 결과는 다음과 같이 표시합니다.

🖥 실행 결과	✕
Hello JavaScript...!	

3가지 출력 방법을 배웠습니다. 이후 학습하면서 활용할 예정이니 3가지 출력 방법 모두 어떻게 사용하는지 꼭 기억해두세요.

> 유튜브 강의에서도 출력 방법을 자세히 설명하고 있으니 잘 모르겠다면 참고하세요.

YouTube

영어와 프로그래밍 언어

프로그래밍 언어는 영어 구조와 비슷합니다. 영어의 기본 형식에 '주어+동사+목적어'라는 형식이 있습니다.

영어의 기본 형식

```
I love you    ──→  주어 + 동사(일반 동사 또는 be 동사) + 목적어
```

프로그래밍을 할 때도 비슷한 형식을 사용하며, 다음과 같은 기호로 구분하여 입력합니다.

프로그래밍 언어의 기본적인 형식

```
i.love(you)    ──→  주어 + 동사(함수) + 목적어(매개변수)
```

본문에서 살펴보았던 console.log("Hello JavaScript...!")는 다음과 같이 분석할 수 있습니다.

console.log() 메소드의 형식

```
console.log("Hello JavaScript...!")    ──→  주어 + 동사(함수) + 목적어(매개변수)
```

주어를 제거하면 영어는 '명령 표현'이 됩니다. 즉 "I love you"는 "나는 너를 사랑한다"라는 상태 또는 동작 표현이지만, "Love you"는 "너를 사랑해라"는 명령 표현입니다. 프로그래밍 언어도 마찬가지입니다. 주어를 생략하고 다음과 같이 사용하기도 합니다.

프로그래밍 언어의 명령 표현

```
love(you)    ──→  동사(함수) + 목적어(매개변수)
```

alert() 함수는 경고창을 띄워 "Hello JavaScript...!"를 출력하라(alert)는 일종의 명령 표현입니다.

alert() 함수의 형식

```
alert("Hello JavaScript...!")    ──→  동사(함수) + 목적어(매개변수)
```

이러한 내용을 생각하면서 코드를 보면 조금 더 자연스럽게 읽을 수 있습니다.

마무리

▶ 5가지 키워드로 정리하는 핵심 포인트

- **표현식**이란 값을 만들어내는 간단한 코드를 말합니다.

- **문장**이란 하나 이상의 표현식이 모여 구성되는 것으로, 코드를 읽어 들이는 기본 단위입니다.

- **키워드**란 프로그래밍 언어가 처음 만들어질 때 정해진 특별한 의미가 있는 단어입니다.

- **식별자**란 이름을 붙일 때 사용하는 단어입니다.

- **주석**은 프로그램 코드를 설명하는 문장으로, 프로그램 진행에는 전혀 영향을 주지 않습니다.

▶ 확인 문제

1. 다음 단어 중 식별자로 사용할 수 있는 것은 O표, 식별자로 사용할 수 없는 것은 X표를 하세요.

   ① a   (   )
   ② hello   (   )
   ③ 10times   (   )
   ④ _   (   )
   ⑤ $ (   )

2. console.log()에서 console은 다음 중 무엇일까요?

   ① 키워드
   ② 식별자
   ③ 연산자
   ④ 메소드

3. console.log()에서 log는 다음 중 무엇일까요?(중복 선택 가능)

① 키워드

② 식별자

③ 연산자

④ 메소드

4. 여러 단어로 이루어진 식별자를 만들려고 합니다. 71쪽에서 설명한 방법에 따라서 한 단어로 묶어주세요.

① we are the world　　(　　　　　　　　　)

② create output　　　(　　　　　　　　　)

③ create request　　 (　　　　　　　　　)

④ init server　　　　(　　　　　　　　　)

⑤ init matrix　　　　(　　　　　　　　　)

5. 다음 코드를 입력해보고 어떤 오류가 뜨는지 확인해보세요.

① `konsole.log('안녕하세요')`

> 🖥 실행 결과   ✕

---

② `+++ 1 ++ 2 + 3`

> 🖥 실행 결과   ✕

---

③ `console.log)`

> 🖥 실행 결과   ✕

02

프로그램은 자료를 입력받아 처리하고 출력하는 것이 기본입니다. 따라서 자료를 아는 것이 프로그램 개발의 첫걸음이라고 할 수 있습니다. 차근차근 개념을 잘 익혀야만 이후의 내용을 수월하게 진행할 수 있습니다.

자료와 변수

학습목표

- 자료형에 대해서 알아봅니다.
- 상수와 변수에 대해서 알아봅니다.
- 자료형 변환에 대해서 알아봅니다.

02-1 기본 자료형

핵심 키워드 자료형 문자열 자료형 숫자 자료형 불 자료형

프로그래밍 언어는 자료를 쉽게 다룰 수 있도록 자료 형태에 따라 구분하여 관리합니다. 이러한 자료의 종류를 '자료형'이라고 부릅니다. 이번 절에서는 자바스크립트의 가장 기본적이면서도 가장 많이 사용되는 자료형에 대해 알아보겠습니다.

시작하기 전에

프로그래밍에서 프로그램이 처리할 수 있는 모든 것을 **자료**^{data}라고 부르며, 자료 형태에 따라 나눠 놓은 것을 **자료형**$^{\text{data type}}$이라고 합니다.

자바스크립트는 다양한 종류의 자료형을 제공합니다. 가장 기본적이면서도 많이 사용하는 자료형은 **숫자**^{number}, **문자열**^{string}, **불**^{boolean} 자료형입니다.

자료형을 아는 것은 프로그래밍을 시작하는 단계에서 매우 중요한 학습입니다. 이번 절부터 본격적으로 코드를 입력해 보면서 자바스크립트의 기본적인 문법을 살펴봅니다.

간단해 보인다고 눈으로만 읽지 말고 반드시 코드를 입력하면서 살펴보세요. 직접 입력하다 보면 처음에는 간단한 실수를 계속하게 됩니다. 자신이 어떤 실수를 하는지 기억하고, 실수하지 않으려고 반복하는 과정에서 실력이 조금씩 향상될 것입니다. 코드를 입력해보지 않으면 이러한 기회 자체를 얻을 수가 없습니다. 꼭 코드를 직접 입력하면서 학습하세요.

코드를 입력하며 실수해봐야 실수를 통해 성장할 수 있어요!

문자열 자료형

앞에서 alert() 함수 또는 console.log() 메소드의 매개변수에 "Hello JavaScript...!"를 입력해보았습니다. 이와 같은 문자들의 집합을 **문자열**string 이라고 합니다. 자바스크립트에서는 문자가 하나든 여러 개든 모두 **문자열 자료형**이라고 합니다.

> 자바스크립트는 문자 하나만 나타내는 자료형이 따로 없습니다.

➕ 여기서 잠깐   함수와 메소드

함수와 메소드는 모두 '특정 기능을 동작시키도록 작성'된 '코드의 집합'입니다. 다만, 메소드는 클래스가 가지고 있는 함수를 말하며, 함수는 메소드를 포괄하는 의미를 가집니다. 뒤에서 자세히 다루겠지만, 많이 나오는 용어니 여기서는 '이런 의미다' 정도로만 알아두세요.

문자열 만들기

자바스크립트는 2가지 방법으로 문자열을 생성합니다. 첫 번째 방법은 큰따옴표를 사용하는 것이고, 두 번째 방법은 작은따옴표를 사용하는 것입니다.

다음과 같이 각각의 따옴표 안에 문자를 넣어 문자열을 만듭니다. 콘솔을 실행하고 다음 코드를 직접 입력해보세요.

```
> '안녕하세요'
"안녕하세요" ──→ 콘솔 출력이 큰따옴표로 감싸져 있으면 이는 문자열을 의미합니다.
> "안녕하세요"
"안녕하세요"
```

콘솔에서 실행한 결과

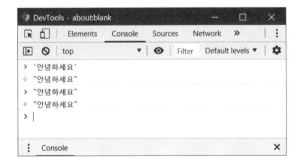

큰따옴표와 작은따옴표 모두 활용해서 문자열 자료형을 만들 수 있지만, 따옴표의 종류는 항상 일관되게 사용하는 게 좋습니다. 그러나 문자열 안에 따옴표를 사용해야 한다면 예외적으로 다음과 같이 2가지 따옴표를 모두 사용합니다. 내부에 작은따옴표를 사용하고 싶다면 외부에 큰따옴표를 사용합니다. 반대로 내부에 큰따옴표를 사용하고 싶으면 외부에 작은따옴표를 사용합니다.

> 내부에 작은따옴표를 사용하면 외부는 큰따옴표, 내부에 큰따옴표를 사용하면 외부는 작은따옴표!

```
> 'This is "string"'
"This is "string""
> "This is 'string'"
"This is 'string'"
```

따옴표는 원래 문자열을 만들 때 쓰지만, 따옴표를 문자 그대로 사용하고 싶다면 따옴표 앞에 특수한 기능을 수행하는 **이스케이프 문자**(\)를 사용하여 따옴표를 문자 그대로 사용할 수 있습니다.

```
> "This is \"string\""
"This is "string""
> 'This is \'string\''
"This is 'string'"
```

이스케이프 문자는 이외에도 여러 가지 특수 기능이 있습니다.

- \n: 줄바꿈을 의미합니다.
- \t: 탭을 의미합니다.
- \\: 역슬래시(\) 그 자체를 의미합니다.

> 역슬래시(\)는 키보드에서 [₩] 키를 눌러 입력할 수 있습니다. 코딩 글꼴을 설정하면 역슬래시로 보입니다.

다음 코드는 문자열 중간에 이스케이프 문자 \n을 사용하여 문자열을 줄바꿈하도록 하였습니다.

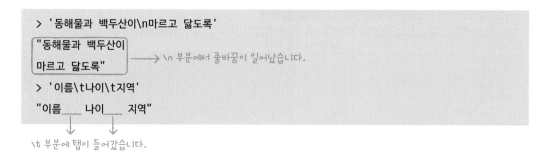

```
> '동해물과 백두산이\n마르고 닳도록'
"동해물과 백두산이
마르고 닳도록"
```
→ \n 부분에서 줄바꿈이 일어났습니다.

```
> '이름\t나이\t지역'
"이름___ 나이___ 지역"
```
\t 부분에 탭이 들어갔습니다.

문자열 내부에서 역슬래시를 하나만 사용하면 이를 역슬래시로 인식하지 않습니다. 역슬래시를 나타내려면 반드시 \\ 형태로 역슬래시를 2개 사용해야 합니다.

```
> " \ "
" "  ─────→ 역슬래시를 인식하지 않아 빈 문자열이 출력됩니다.
> "\"  ─────→ \"를 이스케이프 문자로 인식해서 문자열이 닫히지 않았다고 오류를 냅니다.
Uncaught SyntaxError: Invalid or unexpected token
> "\\ \\ \\ \\"
"\ \ \ \"
```

문자열 연산자

숫자와 같은 자료는 덧셈, 뺄셈, 곱셈, 나눗셈을 할 수 있다는 것을 학교 교과 과정에서 배워 잘 알고 있습니다. 문자열을 연산한다는 이야기는 못 들어봤을 텐데요. 자바스크립트에서는 숫자 자료와 마찬가지로 문자열도 기호를 사용해서 연산 처리를 할 수 있습니다.

문자열 사이에 덧셈 기호(+)를 사용하면 문자열을 연결할 수 있습니다. 이때 덧셈 기호를 **문자열 연결 연산자**라고 부릅니다.

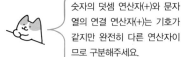

숫자의 덧셈 연산자(+)와 문자열의 연결 연산자(+)는 기호가 같지만 완전히 다른 연산자이므로 구분해주세요.

```
문자열 + 문자열  ─────→ 문자열 연결 연산자
```

다음 예처럼 5개의 문자열을 문자열 연결 연산자(+)를 사용해서 '가나다라마바사아자차카타파하' 문자열을 만들 수 있습니다.

```
> '가나다' + '라마' + '바사아' + '자차카타' + '파하'
"가나다라마바사아자차카타파하"
```

문자열 내부의 문자 하나를 선택할 때는 **문자 선택 연산자**를 사용합니다.

```
문자열[숫자]
```

먼저 어떻게 사용하는지 형태부터 살펴보겠습니다.

```
> '안녕하세요'[0]
"안"
> '안녕하세요'[1]
"녕"
> '안녕하세요'[2]
"하"
```

문자열 뒤에 대괄호[...]를 입력하고 괄호 안에 선택할 문자의 위치를 숫자로 지정합니다. 이때 위치를 나타내는 숫자를 **인덱스**index라고 부릅니다. 자바스크립트는 인덱스를 0부터 셉니다. 따라서 "안녕하세요"라는 문자열에서 문자 인덱스는 다음과 같습니다.

안	녕	하	세	요
[0]	[1]	[2]	[3]	[4]

문자열 길이 구하기

문자열 내부의 문자 개수를 **문자열 길이**length라고 표현합니다. 문자열 길이를 구할 때는 length 속성을 사용합니다. 문자열 뒤에 온점(.)을 찍고 length라고 입력해주면 됩니다.

```
> "안녕하세요".length
5
> "자바스크립트".length
6
> "".length      ——→ 빈 문자열도 문자열이라는 것을 기억해 주세요.
0
```

Uncaught SyntaxError: Unexpected identifier 구문 오류

상황 식별자가 예상하지 못한 위치에서 등장했다는 오류입니다. 예를 들어 이스케이프 문자를 사용하지 않고 한 종류의 따옴표만 사용하면 다음과 같이 오류가 발생합니다.

⊡ 오류

```
> 'This is 'string''
ⓧ Uncaught SyntaxError: Unexpected identifier
```

웹 브라우저는 이 코드를 'This is '와 string과 ' '의 나열로 봅니다. 'This is '와 ' '는 문자열 자료형이지만, 가운데 있는 string은 단순한 **식별자**identifier로 봅니다. 식별자가 뜬금없는 곳에 나왔기 때문에 'Unexpected identifier'라는 오류를 출력한 것입니다.

해결 식별자 주변에 잘못된 코드가 있다는 의미이므로 이를 수정하면 됩니다.

숫자 자료형

자바스크립트는 소수점이 있는 숫자와 없는 숫자를 모두 같은 자료형으로 인식합니다. 숫자를 입력하면 숫자 자료가 만들어집니다.

```
> 273
273
> 52.273
52.273
```

소수점이 있든 없든 모두 같은 숫자 자료형!

숫자 연산자

숫자 자료형을 사용하면 다음 표의 **숫자 연산자**로 기본적인 사칙 연산을 할 수 있습니다.

연산자	설명	연산자	설명
+	더하기 연산자	*	곱하기 연산자
−	빼기 연산자	/	나누기 연산자

자바스크립트는 숫자 자료형을 연산할 때 **연산자 우선순위**를 고려합니다. 우선 다음 표현식의 결과를 예측해봅시다.

```
5 + 3 * 2
```

만약 16이라고 대답했다면 연산자의 우선순위를 적용하지 않은 것입니다. 실제로 곱셈의 우선순위가 덧셈보다 높으므로 곱셈을 먼저 계산합니다.

만약 덧셈을 먼저 계산하고 싶으면 다음과 같이 괄호를 사용합니다.

```
(5 + 3) * 2
```

자바스크립트 코드로 직접 결과를 살펴봅시다. 다음 코드는 간단한 연산을 수행하는 자바스크립트 코드입니다. 두 결과가 다르다는 것을 확인할 수 있습니다.

```
> 5 + 3 * 2
11
> (5 + 3) * 2
16
```

자바스크립트의 **숫자 자료형**은 나머지 연산도 할 수 있습니다. 나머지 연산자는 익숙하지 않을 것입니다. **나머지 연산자(% 연산자)**는 좌변을 우변으로 나눈 나머지를 출력하는 연산자입니다.

연산자	설명
%	나머지 연산자

```
      3
  3 | 10
      9
 ─────────
      1  ──→ 나머지
```

간단하게 코드를 살펴봅시다.

```
> 10 % 2
0
> 10 % 3
1
> 10 % 4
2
```

불 자료형

문자열과 숫자는 일상생활에서 자주 볼 수 있는 자료들이라 익숙하지만, **불**^{boolean}은 처음 보는 자료형이라 익숙하지 않아 어려워하는 경우가 많습니다.

불은 영어로 Boolean이며 '불린'으로 발음됩니다. 그래서 **불린**이라고도 표기합니다. 다만 Boolean Algebra라는 과목을 '불 대수'라고 번역해서 사용하는 것처럼 국내 수학, 과학 용어에 '불'이 많이 사용되므로, 이 책에서도 불이라고 하겠습니다.

불 만들기

자바스크립트에서는 참과 거짓 값을 표현할 때 **불 자료형**을 사용합니다. 문자열 자료형과 숫자 자료형은 만드는 방법에 따라 수많은 형태로 표현할 수 있지만, 불 자료형은 true와 false 2가지입니다. 불은 단순하게 true와 false를 입력하면 만들 수 있습니다.

```
> true
true
> false
false
```

또한 두 대상을 비교할 수 있는 **비교 연산자**를 사용해도 불을 만들 수 있습니다. 비교 연산자는 다음과 같습니다.

연산자	설명
===	양쪽이 같다.
!==	양쪽이 다르다.
>	왼쪽이 더 크다.
<	오른쪽이 더 크다.
>=	왼쪽이 더 크거나 같다.
<=	오른쪽이 더 크거나 같다.

자바스크립트의 비교 연산자는 숫자는 물론 문자열 자료형도 비교할 수 있습니다. 문자열 자료형은 사전의 앞쪽에 있을수록 값이 작습니다. 다음 표현식에서 '가방'은 '하마'보다 사전의 앞쪽에 나오므로 false입니다.

```
> 52 > 273
false
> 52 < 273
true
> 10 === 10
true
> '가방' > '하마'
false
```

그렇다면 불 자료형은 대체 어디에 사용할까요? 불 자료형의 사용 예를 알아보기 위해 3장에서 배울 조건문을 잠시 살펴보겠습니다. 조건문은 다음 형태로 사용합니다.

```
if(불 표현식) {
    불 표현식이 참일 때 실행할 문장
}
```

조건문 괄호 안의 불 표현식이 참이면 중괄호 속 문장을 실행하고, 거짓이면 중괄호 속 문장을 무시합니다. 방금 배운 비교 연산자를 사용한 다음 코드를 살펴봅시다.

직접 해보는 손코딩

불 표현식 이해하기 소스 코드 2-1-1.html

```
01 <script>
02   if (273 < 52) {
03     alert('273은 52보다 작습니다.')
04   }
05   if (273 > 52) {
06     alert('273은 52보다 큽니다.')
07   }
08 </script>
```

실행 결과 ✕
273은 52보다 큽니다.

코드를 실행하고 콘솔을 보면 "273은 52보다 큽니다."가 출력됩니다. 이후에 불은 위와 같은 형태로 조건문에 많이 활용하므로 꼭 기억해주세요.

불 부정 연산자

문자열과 숫자에 연산자를 적용할 수 있는 것처럼 불에도 연산자를 적용할 수 있습니다. **불 부정 연산자**부터 살펴봅시다. **논리 부정 연산자**는 ! 기호를 사용하며 참을 거짓으로, 거짓을 참으로 바꿉니다.

```
> !true
false
> !false
true
```

연산자는 피연산자의 개수에 따라서 단항 연산자, 이항 연산자, 삼항 연산자로 구분합니다. 양수를 음수로 바꾸거나 음수를 양수로 바꾸는 − 기호는 항을 하나만 사용하기 때문에 '단항 연산자'라고 합니다. 예를 들어 −10은 10을 음수로 만들기 위해 사용한 마이너스(−) 연산자의 피연산자가 1개입니다. +10도 양수임을 알려주기 위해 플러스(+) 연산자를 사용했으므로 이 또한 단항 연산자입니다. 본문에서 살펴본 불 부정 연산자도 피연산자가 하나이므로 단항 연산자로 분류합니다.

```
> !true          // 피연산자가 true로 1개          ──→ 단항 연산자
false
> 10 + 20        // 피연산자가 10과 20으로 2개       ──→ 이항 연산자
30
> true ? 10 : 20 // 피연산자가 true, 10, 20으로 3개  ──→ 삼항 연산자
10
```

삼항 연산자는 3장에서 살펴봅니다.

불 논리합/논리곱 연산자

불에는 논리합 연산자와 논리곱 연산자를 적용할 수 있습니다. 이 연산자를 처음 보면 이해하기가 어려우니 먼저 최종 결과를 확인하고 차근차근 설명하겠습니다.

연산자	설명
&&	논리곱 연산자
||	논리합 연산자

note | \|\| 연산자의 | 기호는 일반적인 한국어 키보드에서 Enter 키 위에 있는 W 키 또는 \ 키를 Shift 키와 함께 눌렀을 때 나옵니다.

&& 연산자는 양쪽 변의 값이 모두 true일 때 true를 결과로 냅니다. 이외에는 모두 false입니다. 반면 \|\| 연산자는 양쪽 변의 값 중 하나만 true여도 true를 결과로 냅니다.

&& 연산자

좌변	우변	결과
true	true	true
true	false	false
false	true	false
false	false	false

\|\| 연산자

좌변	우변	결과
true	true	true
true	false	true
false	true	true
false	false	false

익숙하지 않은 연산자라 기억하기가 조금 힘듭니다. 기억하기 쉽게 현실과 조금 연관지어서 살펴보겠습니다.

다음과 같은 명령을 들었다고 가정해봅시다.

> "사과 그리고 배 가져와!"

무엇을 가져가야 할까요? "사과 그리고 배"라는 의미는 2가지를 모두 가지고 오라는 의미입니다.

그렇다면 다음 문장은 어떤가요?

> "사과 또는 배 가져와!"

"사과 또는 배"라면 둘 중 하나라도 가져오라는 의미입니다.

프로그래밍에서도 이와 같은 의미가 적용됩니다. 일단 프로그래밍 언어에서 true는 '좋은 것'이고, false는 '좋지 않은 것'이라고 가정하겠습니다. 그리고 최종적으로 명령을 수행하면 true, 수행하지 못하면 false라고 가정하겠습니다.

다음과 같은 명령을 들었다면 어떻게 해야 할까요?

> "치킨(true) 그리고 음식물 쓰레기(false) 가져와!"

둘 다 들고 오라는 명령인데, 음식물 쓰레기를 손에 잡기는 싫습니다. 그럼 명령을 거부해서 false가 됩니다.

다음 명령은 어떻게 해야 할까요?

> "치킨(true) 또는 음식물 쓰레기(false) 가져와!"

둘 중 하나만 들고 가면 되니까 치킨을 들고 가면 됩니다. 치킨은 맛있으니까요. 따라서 최종 결과가 true가 나옵니다.

조금 특이한 예시이지만, 이와 같은 방법으로 앞의 표에서 설명한 && 연산자는 '그리고' || 연산자는 '또는'으로 하나하나 매치해보면 쉽게 기억할 수 있습니다. 그러면 연산자의 의미를 기억하면서 코드를 실행해 보세요.

```
> true && true  ────→ && 연산자는 두 변이 모두 true일 때 true입니다.
true
> true && false
false
> false && true
false
> false && false
false

> true || true ──┐
true              │
> true || false   │
true              ├──→ || 연산자는 두 변 중 하나라도 true이면 true입니다.
> false || true   │
true              │
> false || false
false
```

논리 연산자의 활용

숫자와 문자열, 연산자들은 일상생활에서 많이 보므로 어떤 형태로 사용하는지 쉽게 예상됩니다. 하지만 불^{boolean}과 불 연산자들은 자주 접해보지 않아 어떤 형태로 사용하는지 쉽게 예상되지 않습니다. 따라서 어떤 곳에 사용되는지 간단하게 살펴보겠습니다.

■ && 연산자

유명한 연예인의 공연 티켓을 예매하는 경우를 생각해봅시다. "티켓을 1장만 구매하면서 오후 3시 이후부터"라는 조건은 어떻게 나타낼 수 있을까요? 2가지 모두 충족해야 하는 경우에만 티켓을 구매할 수 있어야 하므로 다음과 같이 && 연산자를 사용합니다.

티켓 1장 이하   오후 3시 이후   티켓 구매 가능

■ || 연산자

"우리카드나 신한카드로 결제하면 10% 할인해준다"라는 조건은 어떻게 나타낼 수 있을까요? 우리카드와 신한카드라는 2가지 중 하나이기만 하면 되므로 다음과 같이 || 연산자를 사용합니다.

우리카드   신한카드

이처럼 논리 연산자는 현실에서도 많이 사용됩니다. 평소에 논리 연산자를 적용할 수 있는 다양한 경우를 생각해보면 개발할 때 도움이 될 것입니다.

자료형 검사

자바스크립트는 숫자, 문자열, 불 같은 자료형을 확인할 때는 **typeof 연산자**를 사용합니다. typeof 연산자도 논리 부정 연산자(!), 플러스 연산자(+), 마이너스 연산자(−)처럼 피연산자를 1개만 갖는 **단항 연산자**입니다.

```
typeof(자료)
```

지금까지 배웠던 문자열, 숫자, 불이 어떻게 출력되는지 확인해봅시다.

```
> typeof('문자열')
"string"    ——→ 문자열을 의미합니다.


> typeof(273)
"number"    ——→ 숫자를 의미합니다.


> typeof(true)
"boolean"
```

typeof 연산자 뒤에 괄호가 없어도 상관 없습니다.

```
> typeof '문자열'
"string"

> typeof 273
"number"
```

하지만 typeof 연산자는 다음과 같이 문자열과 비교해서 자료형을 확인하는 경우가 많습니다.

```
> typeof 10 === 'number'
true
```

이때 typeof가 ① 10에 적용되는지, ② 10 === 'number'의 결과인 false에 적용되는지 구분하기가 쉽지 않으므로 일반적으로 typeof 연산자는 괄호를 사용합니다.

> typeof 연산자 뒤에 괄호가 없어도 되지만, 가급적 사용해 주세요.

자바스크립트의 typeof 연산자는 결과로 string, number, boolean, undefined, function, object, symbol, bigint라는 8가지 중에 하나를 출력합니다. 지금까지 string, number, boolean에 대해서 살펴보았고, 이후에 undefined, function, object를 살펴보도록 하겠습니다. symbol과 bigint는 이 책에서 다루지 않습니다.

과거에 자바스크립트는 문자열 내부에 표현식을 삽입할 때 다음과 같이 문자열 연결 연산자(+)를 사용해야 했습니다.

```
> console.log('표현식 273 + 52의 값은 ' + (273 + 52) + '입니다...!')
표현식 273 + 52의 값은 325입니다...!
```

이렇게 코드를 작성한다고 문제가 있는 것은 아니지만, 표현식을 많이 결합하면 코드가 복잡해집니다. 사용하고 있는 자바스크립트에서는 **템플릿 문자열**이라는 기능이 추가되어 이러한 코드를 간단하게 작성할 수 있습니다.

템플릿 문자열은 백틱(`) 기호로 감싸 만듭니다. 문자열 내부에 `${...}` 기호를 사용하여 표현식을 넣으면 표현식이 문자열 안에서 계산됩니다.

```
> console.log(`표현식 273 + 52의 값은 ${273 + 52}입니다...!`)
표현식 273 + 52의 값은 325입니다...!
```

> note 템플릿 문자열(` 기호의 사용)을 사용하지 않고 문자열(' 기호의 사용)에 표현식을 넣으면, 표현식도 문자열로 인식하여 계산되지 않습니다.

` 기호는 키보드의 숫자 1 키 왼쪽에 있습니다. 작은따옴표와 혼동하지 않도록 주의하세요!

== 연산자와 != 연산자

다른 프로그래밍 언어를 공부하다가 자바스크립트를 공부하고 있다면 자료를 비교하는 === 연산자와 !== 연산자를 보고 잠시 의아했을 것입니다. 대부분의 프로그래밍 언어는 자료가 같은지 다른지를 비교할 때 == 연산자와 != 연산자를 사용하기 때문입니다. 91쪽에서 살펴보았던 **=== 연산자**와 **!== 연산자**는 '값과 자료형이 같은지'를 비교하는 연산자입니다. **== 연산자**와 **!= 연산자**는 '값이 같은지'를 비교하는 연산자입니다.

하지만 자바스크립트의 이 연산자들은 어떻게 해서라도 값을 같게 만들고 비교해주면서 일반적인 생각과 다른 결과를 냅니다. 예를 들어 다음 코드들은 모두 true를 출력합니다.

```
> 1 == "1"          ──→ 다음 코드는 자료형이 달라도 어떻게든 변환을 하고 나면 값이 같아지므로 true입니다.
true
> false == "0"      ──→ false가 0으로, "0"이 0으로 변환된 뒤에 비교합니다.
true
> "" == []          ──→ 빈 문자열은 false, 비어있는 배열 []는 false로 변환된 뒤에 비교합니다.
true
> 0 == []           ──→ 0은 false, 비어있는 배열 []는 false로 변환된 뒤에 비교합니다.
true
```

이 책의 이후에서는 이 연산자들을 사용하지 않습니다. 하지만 다른 사람들이 만든 코드에서는 볼 수 있습니다. 대부분 다른 자료형끼리 연산되는 경우를 배제해서 ===, !== 연산자와 거의 같은 형태로 작동하므로 코드를 읽을 때는 큰 문제 없습니다.

▶ 4가지 키워드로 정리하는 핵심 포인트

• **자료형**이란 자료의 종류를 의미합니다.

• 문자를 표현할 때는 **문자열 자료형**을 사용합니다.

• 숫자를 표현할 때는 **숫자 자료형**을 사용합니다.

• 참과 거짓을 표현할 때는 **불 자료형**을 사용합니다.

▶ 확인 문제

1. 다음 연산자들의 피연산자가 어떤 자료형인지 적어보세요.

연산자	피연산자 자료형
+(문자열 연결 연산자)	문자열
+(덧셈 연산자)	숫자
&&	
−	
*	
||	

2. 다음 프로그램의 실행 결과를 예측해 보세요.

```
<script>
  console.log("# 연습문제")
  console.log("\\\\\\\\")
</script>
```

📄 실행 결과	✕

3. 다음 프로그램의 실행 결과를 예측해 보세요.

```
<script>
  console.log("안녕하세요"[1])
  console.log("안녕하세요"[2])
  console.log("안녕하세요"[3])
  console.log("안녕하세요"[4])
</script>
```

</> 실행 결과	✕

4. 다음 프로그램의 실행 결과를 적어 보세요. 예측하는 것보다 실제로 코드를 입력해 보고 결과를 확인하는 것이 쉬울 수 있습니다.

```
<script>
  console.log(2 + 2 - 2 * 2 / 2 * 2)
  console.log(2 - 2 + 2 / 2 * 2 + 2)
</script>
```

</> 실행 결과	✕

02-2 상수와 변수

핵심 키워드

상수 const 변수 let 선언 할당

상수와 변수는 어떤 값에 이름을 붙여서 사용하는 것을 말합니다. 수학자들이 3.14159265…라는 원주율 값에 π(파이)라는 이름을 붙여서 사용하는 것과 비슷합니다. 상수와 변수에 대해 알아보겠습니다.

시작하기 전에

상수는 '항상 같은 수'라는 의미로 값에 이름을 한 번 붙이면 값을 수정할 수 없습니다. 반면 **변수**는 '변할 수 있는 수'로 값을 수정할 수 있습니다. 즉 상수는 한 번 값을 넣으면 꺼낼 수 없는 모든 면이 막힌 단단한 유리 상자라고 생각하면 좋고, 변수는 위가 뚫려 있어서 값을 꺼내서 버리고 다시 넣을 수 있는 유리 상자라고 생각하면 좋습니다.

이렇게 말하면 기능이 더 많은 변수가 좋아 보이지만, 실제로는 상수가 훨씬 많이 사용됩니다. 모든 면이 막힌 유리 상자와 같은 상수는 쌓아서 저장할 수 있으므로 저장 효율(성능)이 좋지만, 변수는 넣고 빼는 기능이 포함되어야 하니 쌓아 둘 수가 없어서 저장 효율(성능)이 나쁘다고 생각하면 이해하기 쉽습니다.

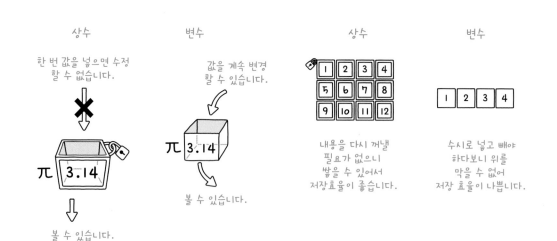

상수

초등학교 수학 시간에 배웠듯이 원주율은 3.141592…로 나가는 무한한 수입니다. 그런데 이를 계산할 때마다 적는 것은 굉장히 번거로운 일이라 우리는 원주율에 π(파이)라는 기호를 붙여서 사용합니다. 어떠한 자료에 이름을 붙여서 사용하는 방법은 수학뿐만 아니라 프로그래밍에서도 많이 사용되며, 이것을 **상수**constant라고 합니다. 상수를 만드는 과정을 '**선언**'이라고 표현하고, const 키워드로 다음과 같이 선언합니다.

```
const 이름 = 값
```

예를 들어 3.141592라는 숫자 자료를 pi라는 이름으로 선언한다면 다음과 같이 코드를 작성합니다.

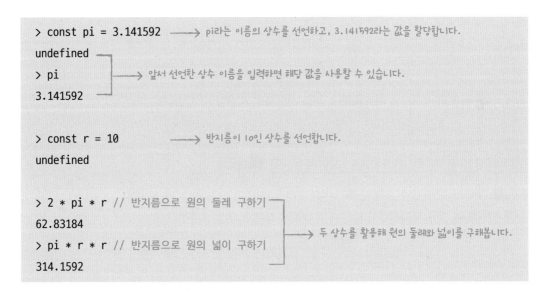

상수를 만든 뒤에는 상수 이름을 사용해서 자료를 사용할 수 있습니다. 숫자가 들어있는 상수는 숫자 연산을 할 수 있습니다. 마찬가지로 문자열이 들어있는 상수는 문자열 연산을 할 수 있습니다.

> note undefined 자료형은 113쪽을 참고하세요

Identifier has already declared 구문 오류

상황 특정한 이름의 상수는 한 파일에서 한 번만 선언할 수 있습니다. 만약 같은 이름으로 상수를 한 번 더 선언하면 다음과 같은 오류를 발생합니다.

```
> const name = "name이라는 이름의 상수를 선언해볼게요."
undefined

                            "식별자 'name'은 이미 사용되고
                            있습니다"라는 오류입니다.
> const name = "한 번 더 선언해볼게요."        ↑
Uncaught SyntaxError: Identifier 'name' has already been declared
```

해결 이 오류를 해결하는 방법은 2가지가 있습니다.

첫째, 콘솔에서 코드를 입력하다가 이러한 오류가 발생했다면 새로고침(Windows 단축키 F5, macOS 단축키 Command + R)을 눌러서 자바스크립트 상태를 초기화한 뒤 다시 코드를 입력합니다.

둘째, 다른 이름의 식별자를 사용해서 상수를 선언하면 해결할 수 있습니다.

Missing initializer in const declaration 구문 오류

상황 상수는 한 번만 선언할 수 있으므로 선언할 때 반드시 값을 함께 지정해줘야 합니다. 만약 상수를 선언할 때 값을 지정해주지 않는다면 다음과 같은 오류를 발생합니다.

```
> const pi
Uncaught SyntaxError: Missing initializer in const declaration
```

해결 상수는 선언할 때 반드시 값을 지정해야 합니다.

Assignment to constant variable 예외 처리

상황 한 번 선언된 상수의 자료는 변경할 수 없습니다. pi에 3.141592라는 값을 지정했다면 이 값은 변하지 않습니다. 만약 값을 변경하면 다음과 같은 오류를 발생합니다.

```
> const name = "name이라는 이름의 상수를 선언해볼게요."
undefined

> name = "그 값을 변경해볼게요."
TypeError: Assignment to constant variable.
```

해결 이 경우에는 상수가 아니라 변수를 사용해야 합니다.

위키백과에서 상수의 의미를 찾아보면 "수식에서 변하지 않는 값을 뜻한다. 이것은 변하는 값(변수) 과 반대이다."라고 되어 있습니다. 상수는 한 번 정의하면 변하지 않는 값이므로 주의하세요.

변수

변수를 만들 때는 let 키워드를 사용합니다.

> let 이름 = 값

마찬가지로 변수를 선언하고 사용해봅시다. 기본적인 사용 방법은 상수와 같습니다.

```
> let pi = 3.141592  ──→ pi라는 이름의 변수를 선언하고, 3.141592라는 값을 지정합니다.
undefined
> pi                 ──→ 변수 이름을 입력하면 해당 값을 사용할 수 있습니다.
3.141592

> let r = 10         ──→ 반지름이 10인 변수를 선언합니다.
undefined

> 2 * pi * r // 반지름으로 원의 둘레 구하기 ┐
62.83184                                  ├──→ 두 변수를 활용해 원의 둘레와 넓이를 구해봅니다.
> pi * r * r // 반지름으로 원의 넓이 구하기 ┘
314.1592
```

익스플로러 11 미만의 버전 에서는 const, let을 지원하 지 않아 오류를 발생합니다.

변수의 값을 변경할 때는 변수 이름 뒤에 = 기호를 입력하고 값을 넣어주면 됩니다.

```
변수 = 값
```

예를 들어 중력 가속도와 질량을 기반으로 힘을 구한다면 다음과 같이 작성할 수 있습니다.

```
> let g = 9.8 // 중력 가속도
undefined
> let m = 10 // 질량
undefined
> m * g // 힘
98
```

중력 가속도를 조금 더 정밀하게 사용하고 싶다면 g = 9.80665와 같이 코드를 작성합니다.

```
> g = 9.80665                 ──→ 변수의 값을 변경합니다.
9.80665
> m * g
98.06649999999999
```

Identifier has already been declared 구문 오류

상황 상수와 마찬가지로 특정한 이름의 변수는 한 파일에서 한 번만 선언할 수 있습니다. 만약 같은 이름으로 변수를 한 번 더 선언하면 다음과 같은 오류를 발생합니다.

```
<script>
  let name = "name이라는 이름의 변수를 선언합니다"
  let name = "한 번 더 선언해볼게요"
</script>
```

```
Uncaught SyntaxError: Identifier 'name' has already been declared
```

note 콘솔에서 코드를 입력할 때는 콘솔에서의 편의성을 위해서 오류를 발생하지 않도록 설정되어 있습니다. 2020년 12월을 기준으로, 파일 작성 시에만 오류를 발생합니다.

해결 다른 이름의 식별자를 사용해서 변수를 선언하면 해결할 수 있습니다.

```
<script>
  let nameA = "name이라는 이름의 변수를 선언합니다"
  let nameB = "한 번 더 선언해볼게요"
</script>
```

변수는 상수와 비교했을 때 유연합니다. 따라서 상수를 살펴볼 때 보았던 다른 구문 오류와 예외는 발생하지 않습니다.

✚ 여기서 잠깐   상수와 변수의 사용

처음 상수와 변수를 배우면 '언제 상수를 사용하고, 언제 변수를 사용해야 할까?'라는 궁금증이 생깁니다. '변경할 가능성이 있으면 변수를 사용하고, 그렇지 않다면 상수를 사용한다.'라는 기본 규칙을 지키면 됩니다.

✚ 여기서 잠깐   var 키워드

변수를 생성할 수 있는 키워드로 var 키워드도 있습니다. 과거의 자바스크립트에서 사용하던 키워드입니다. var 키워드는 변수를 중복해서 선언할 수 있다는 위험성, 변수가 속하는 범위가 애매하다는 이유로 let 키워드가 등장하면서 대체되었습니다.

변수에 적용할 수 있는 연산자

변수는 복합 대입 연산자와 증감 연산자를 사용할 수 있습니다.

복합 대입 연산자

복합 대입 연산자는 대입 연산자와 다른 연산자를 함께 사용하는 연산자입니다. 일반적으로 사용하는 복합 대입 연산자는 다음과 같습니다.

복합 대입 연산자	설명	사용 예	의미
+=	기존 변수의 값에 값을 더합니다.	a += 1	a = a+1
-=	기존 변수의 값에 값을 뺍니다.	a -= 1	a = a-1
*=	기존 변수의 값에 값을 곱합니다.	a *= 1	a = a*1
/=	기존 변수의 값에 값을 나눕니다.	a /= 1	a = a/1
%=	기존 변수의 값에 나머지를 구합니다.	a %= 1	a = a%1

설명이 어렵게 느껴질 수 있는데, 복합 대입 연산자를 사용한 예를 살펴보면 쉽게 이해할 수 있습니다.

```
> let value = 10        ─────→ value라는 변수를 10으로 선언합니다.
undefined

> value += 10           ─────→ value에 10을 더합니다.
20

> value                 ─────→ value의 값은 10 + 10 = 20이 됩니다.
20
```

변수 value를 10으로 초기화한 후 += 복합 대입 연산자를 사용해 value의 값에 10을 더합니다. 변수 value 값을 출력해 보면 20입니다. 자주 사용되니 꼭 이해하고 넘어가길 바랍니다.

11장에서 다룰 코드를 미리 소개하겠습니다. 지금은 전체적인 코드가 이해되지 않을 테니 복합 대입 연산자를 사용하는 부분만 확인해주세요. 다음 코드는 문자열 변수를 사용해서 HTML 태그를 조합하고, 이를 화면에 출력하는 예제입니다.

직접 해보는 손코딩

복합 대입 연산자 활용 소스 코드 2-2-1.html

```
01 <script>
02   // 변수를 선언합니다.
03   let list = ''
04
05   // 연산자를 사용합니다.
06   list += '<ul>'
07   list += ' <li>Hello</li>'
08   list += ' <li>JavaScript..!</li>'
09   list += '</ul>'
10
11   // 문서에 출력합니다.
12   document.write(list)
13 </script>
```

ul 태그는 Unordered List의 약자로 HTML 태그이며,
순서가 없는 목록을 의미합니다.

복합 대입 연산자를 사용해서 문자열을 조합합니다.

li 태그는 List Item의 약자로 HTML 태그이며, ul 태그 내부에서 사용하고, 실질적인 목록 내용이 됩니다.

실행 결과

•Hello
•JavaScript..!

코드를 실행하면 웹 페이지에 ul 태그와 li 태그가 출력됩니다.

물론 다음과 같이 상수를 사용하거나, 상수도 사용하지 않고 곧바로 내용을 출력하는 코드도 가능합니다. 앞의 〈직접 해보는 손코딩〉은 코드를 조금 더 쉽게 볼 수 있는 것에 비중을 두고 변수와 복합 대입 연산자를 사용한 것입니다.

복합 대입 연산자를 사용하지 않은 경우(1)

```
<script>
  // 상수를 선언합니다.
  const list = '<ul><li>Hello</li><li>JavaScript..!</li></ul>'

  // 문서에 출력합니다.
  document.write(list)
</script>
```

복합 대입 연산자를 사용하지 않은 경우(2)

```
<script>
  // 상수를 사용하지 않고 문서에 출력합니다.
  document.write('<ul><li>Hello</li><li>JavaScript..!</li></ul>')
</script>
```

증감 연산자

복합 대입 연산자에 이어 변수와 함께 사용할 수 있는 증감 연산자입니다. **증감 연산자**는 복합 대입 연산자를 약간 간략하게 사용한 형태입니다.

증감 연산자	설명
변수++	기존의 변수 값에 1을 더합니다(후위).
++변수	기존의 변수 값에 1을 더합니다(전위).
변수--	기존의 변수 값에 1을 뺍니다(후위).
--변수	기존의 변수 값에 1을 뺍니다(전위).

전위와 후위라는 말은 잠시 후에 살펴보고 증감 연산자부터 사용해봅시다. 다음 코드는 변수 number를 초기화하고 ++ 증감 연산자를 사용한 코드 예입니다.

직접 해보는 손코딩

증감 연산자 사용 예(1) 소스 코드 `2-2-2.html`

```
01 <script>
02    // 변수를 선언합니다.
03    let number = 10
04
05    // 연산자를 사용합니다.
06    number++
07
08    // 출력합니다.
09    alert(number)
10 </script>
```

실행 결과 ☓

11

코드를 실행하면 10에 1을 더한 11이 출력됩니다. ++number로도 출력해보세요. 결과에 차이가 없는 것을 확인할 수 있습니다. 이렇게 한 줄에 독립적 증감 연산자를 사용할 때는 전위와 후위의 차이를 알 수 없습니다. 증감 연산자의 전위와 후위는 다른 연산자나 함수와 함께 사용할 때 차이를 느낄 수 있습니다. 다음 코드도 직접 실행해보세요.

직접 해보는 손코딩

증감 연산자 사용 예(2) 소스 코드 `2-2-3-1.html`

```
01 <script>
02    // 변수를 선언합니다.
03    let number = 10
04
05    // 출력합니다.
06    alert(number++)
07    alert(number++)
08    alert(number++)
09 </script>
```

실행 결과 ☓

10
11
12

코드를 실행하면 순서대로 10, 11, 12가 출력됩니다. **후위**postfix란 해당 문장을 실행한 후 값을 더하라는 의미입니다. alert(number++)는 alert(number)를 실행한 후 숫자 1을 더합니다.

[직접 해보는 손코딩: 증감 연산자 사용 예(2)]는 다음과 같이 풀어 쓸 수 있습니다.

직접 해보는 손코딩

증감 연산자 사용 예(3) 소스 코드 2-2-3-2.html

```
01 <script>
02   // 변수를 선언합니다.
03   let number = 10
04
05   // 출력합니다.
06   alert(number); number += 1
07   alert(number); number += 1
08   alert(number); number += 1
09 </script>
```

실행 결과 ✕

10
11
12

후위가 해당 문장을 실행한 후 값을 더하는 것이라면 전위는 반대겠죠? 해당 문장을 실행하기 전에 값을 더하는 것이 **전위**prefix입니다. [직접 해보는 손코딩: 증감 연산자 사용 예(2)]를 전위로 변경하고 그 결과를 확인해보세요. 다른 결과가 나왔다면 왜 그렇게 나왔는지도 생각해보세요.

직접 해보는 손코딩

증감 연산자 사용 예(4) 소스 코드 2-2-4.html

```
01 <script>
02   // 변수를 선언합니다.
03   let number = 10
04
05   // 출력합니다.
06   alert(++number)
07   alert(++number)
08   alert(++number)
09 </script>
```

실행 결과 ✕

11
12
13

더하는 경우만 예로 들었는데, 빼는 경우도 마찬가지입니다. 쉽게 전위와 후위를 구분할 수 있습니다. 다음 코드의 출력 결과를 확인해보세요.

증감 연산자 사용 예(5) 소스 코드 2-2-5.html

```
01 <script>
02    // 변수를 선언합니다.
03    let number = 10
04
05    // 출력합니다.
06    alert(number++)
07    alert(++number)
08    alert(number--)
09    alert(--number)
10 </script>
```

☑ 실행 결과 ✕
10
12
12
10

예측한 결과가 맞았다면 증감 연산자를 완벽히 이해한 것입니다. 하지만 증감 연산자를 단번에 이해하기란 쉽지 않습니다. 특별한 경우가 아니면 증감 연산자는 한 줄에 하나만 독립적으로 사용하므로 어떠한 결과가 출력될지 쉽게 예측할 수 있습니다.

증감 연산자를 한 줄에 하나만 사용한 예 소스 코드 2-2-6.html

```
01 <script>
02    // 변수를 선언합니다.
03    let number = 10
04
05    // 출력합니다.
06    alert(number)
07    number++
08    number++
09    alert(number)
10    alert(number)
11    number--
12    number--
13    alert(number)
14 </script>
```

☑ 실행 결과 ✕
10
12
12
10

증감 연산자는 프로그래밍을 처음 공부할 때 가장 이해하기 쉽지 않은 연산자라 약간 자세히 다뤘습니다. 이번 절의 내용을 잘 이해하지 못했다고 너무 걱정하지 마세요.

이번 절의 내용을 잘 이해하지 못했다면 이후에 다시 한번 반복하세요.

undefined 자료형

상수와 변수를 사용하면 undefined 자료형을 확인할 수 있습니다. 어떠한 경우에 undefined 자료형이 나오는지 살펴보겠습니다.

상수와 변수로 선언하지 않은 식별자

상수와 변수로 선언하지 않은 식별자의 자료형을 확인해보면 undefined가 나옵니다. 다음 코드의 "abc"와 "그냥식별자"라는 식별자는 선언하지 않고 사용했으므로 undefined 자료형으로 나옵니다.

```
> typeof(abc)
"undefined"


> typeof(그냥식별자)
"undefined"      ───> 식별자를 한글로 입력했을 뿐입니다.
```

값이 없는 변수

변수를 선언하면서 값을 지정하지 않은 경우에 해당 식별자는 undefined 자료형이 됩니다. 참고로 상수는 선언할 때 반드시 값을 지정해야 하므로 값이 없는 상수는 존재하지 않습니다.

```
> let a
undefined


> typeof(a)
"undefined"
```

undefined 자료형은 현재 단계에서는 어떠한 곳에 사용하는지 예측하기 힘들겠지만, 실무에서 많이 사용되는 자료형입니다. 여기서는 '이러한 자료형이 있다' 정도만 알아두고, 언제 사용되는지는 내용을 진행하면서 차근차근 알아보겠습니다.

▶ 4가지 키워드로 정리하는 핵심 포인트

- **상수**는 변하지 않는 값을 저장하는 식별자입니다. const 키워드를 사용해 선언합니다.

- **변수**는 변하는 값을 저장하는 식별자입니다. let 키워드를 사용해 선언합니다.

- 상수 또는 변수를 생성하는 것을 **선언**이라고 합니다.

- 상수 또는 변수에 값을 넣는 것을 **할당**이라고 합니다.

▶ 확인 문제

1. 다음 중 상수를 선언할 때 사용하는 키워드는 어떤 것인가요?

① const

② let

③ var

④ comment

2. 다음 중 값을 할당할 때 사용하는 연산자는 어떤 것인가요?

① :=

② =

③ <=

④ =>

3. 다음 프로그램 중에서 오류를 발생하는 것을 찾고, 어떤 오류가 발생하는지 적어보세요.

①
```
<script>
  const r
  r = 10

  console.log(`넓이 = ${3.14 * r * r}`)
  console.log(`둘레 = ${2 * 3.14 * r}`)
</script>
```

실행 결과	✕

②
```
<script>
  let r
  r = 10

  console.log(`넓이 = ${3.14 * r * r}`)
  console.log(`둘레 = ${2 * 3.14 * r}`)
</script>
```

실행 결과	✕

4. 다음 프로그램의 실행 결과를 예측해 보세요.

```
<script>
  const number = 10

  console.log(++number)
  console.log(number++)
  console.log(++number)
  console.log(number--)
</script>
```

실행 결과	✕

hint 3. 직접 프로그램을 입력한 뒤 어떤 오류가 발생하는지 적어 보는 것을 추천합니다.

02-3 자료형 변환

핵심 키워드

prompt()　자료형 변환　Number()　String()　Boolean()

2장의 마지막 절입니다. 이 절에서 배우는 함수들을 이용하여 자료를 입력 받고, 처리하고, 출력하는 기본적인 프로그램을 만들 수 있습니다.

시작하기 전에

문자열, 숫자, 불이라는 자료는 각각 자신과 연관된 연산자를 사용할 수 있습니다.

그럼 문자열과 숫자를 연산할 수는 없을까요?

"10"이라는 문자열과 10이라는 숫자를 곱하면 100을 출력하지는 않을까요? 실제로 자바스크립트는 "10" * 10을 하면 100을 출력합니다. 이는 자바스크립트가 내부적으로 자료형을 변환하기 때문입니다.

자료형이 어떤 형태로 변환되는지 알아야 자바스크립트의 변환 처리를 이해할 수 있으므로 차근차근 살펴봅시다.

"10" X 10 = 100 ?

문자열 입력

문자열 자료형을 입력할 때 사용하는 함수는 prompt()입니다. 다음과 같은 형태로 사용합니다.

prompt(메시지 문자열, 기본 입력 문자열)

prompt() 함수 매개변수의 역할 · 소스 코드 2-3-1.html

```
01 <script>
02   // 상수를 선언합니다.
03   const input = prompt('message', '_default')
              └─→ prompt() 함수는 사용자로부터 내용을 입력받아서 사용합니다.
04   // 출력합니다.
05   alert(input)
06 </script>
```

01 이 코드를 실행하면 사용자에게 입력을 요구하는 입력창이 나타납니다. 입력창을 보면 prompt() 함수의 매개변수들이 어디에 출력되는지 알 수 있습니다.

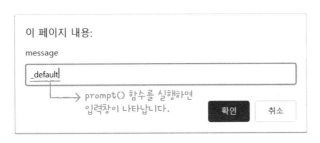

02 입력 양식에 글자를 입력하고 [확인] 버튼을 클릭합니다.

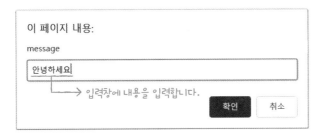

03 그러면 입력한 글자가 경고창에 출력됩니다.

사용자가 입력창에 값을 입력하고 [확인] 버튼을 클릭하면 prompt() 함수는 입력한 문자열을 input
에 저장합니다. 예를 들어 '안녕하세요'라는 문자열을 입력하면 다음처럼 코드가 변경됩니다.

```
<script>
  // 상수를 선언합니다.
  const input = '안녕하세요' // prompt()에 내용을 입력했을 경우의 변환

  // 출력합니다.
  alert(input)
</script>
```

따라서 input에 저장된 문자열 '안녕하세요'를 출력하는 것입니다.
이와 같이 함수를 실행한 후 값을 남기는 것을 **리턴**^{return}이라고 표현
합니다.

리턴은 5장에서
살펴봅니다.

불 입력

문자열 외에 불 자료형도 값으로 입력받을 수 있습니다. 이때는 confirm() 함수를 사용합니다.
confirm() 함수는 prompt() 함수와 비슷한 형태로 사용합니다.

```
confirm(메시지 문자열)
```

confirm() 함수의 매개변수가 어떤 역할을 하는지 코드를 입력하고 실행해 보면서 알아봅시다.

confirm() 함수의 사용 소스 코드 2-3-2.html

```
01 <script>
02   // 상수를 선언합니다.
03   const input = confirm('수락하시겠습니까?')
04
05   // 출력합니다.
06   alert(input)
07 </script>
```

confirm() 함수를 사용하면 사용자에게 확인을 요구하는 메시지 창이 나타납니다. 사용자가 [확인] 버튼을 클릭하면 true를 리턴하고, [취소] 버튼을 클릭하면 false를 리턴합니다. 따라서 input에 불 자료형이 들어가고 곧바로 input에 저장된 값을 출력합니다.

숫자 자료형으로 변환하기

다른 자료형을 숫자 자료형으로 변환할 때는 **Number()** 함수를 사용합니다.

Number(자료)

숫자가 적혀 있는 문자열을 숫자로 변환됩니다. 예를 들어 "273"이라는 문자열을 Number() 함수에 넣으면 273이라는 숫자로 변합니다.

```
> Number("273")
273
> typeof(Number("273"))
"number"  ──→ 자료형은 숫자입니다.
```

다른 문자가 들어있어서 숫자로 변환할 수 없는 문자열의 경우 NaN^{Not a Number}라는 값을 출력합니다. NaN은 자바스크립트에서 숫자이지만, 숫자로 나타낼 수 없는 숫자를 뜻합니다. Number() 함수를 사용해서 변환했으므로 자바스크립트에서 자료형은 숫자이지만, 실질적으로 숫자로 변환할 수 없으므로 '숫자가 아니다(Not a Number)'라고 출력하는 것입니다.

```
> Number("$273")
NaN             ——→ 값은 숫자로 나타낼 수없지만
> typeof(Number("$273"))
"number"        ——→ 자료형은 숫자가 맞습니다.
```

불을 숫자로 변환하면 true는 1로, false는 0으로 변환됩니다.

```
> Number(true)
1
> Number(false)
0
```

숫자 연산자를 사용해 자료형 변환하기

Number() 함수를 사용하지 않고도 다른 자료형을 숫자 자료형으로 변환할 수 있습니다. 바로 숫자 연산자 -, *, /를 사용하는 것입니다. 숫자가 아닌 다른 자료에서 0을 빼거나, 1을 곱하거나 또는 1 로 나누면 숫자 자료형으로 변환합니다.

```
> "52" - 0
52
> typeof("52" - 0)
"number"

> true - 0
1
> typeof(true - 0)
"number"
```

참고로, 불과 숫자를 + 연산자로 연결하면 불이 숫자로 변환된 뒤에 더해집니다.

```
> 1 + true
2

> 1 + false
1
```

이 코드는 거의 사용할 일이 없으니 그냥 참고만 하고 넘어가도 괜찮습니다.

문자열 자료형으로 변환하기

다른 자료형을 문자열 자료형으로 변환할 때는 String() 함수를 사용합니다.

```
String(자료)
```

다른 자료형을 문자열로 변환하면 기본 형태의 문자열로 출력됩니다.

```
> String(52.273)    ──→ 숫자 자료형이 문자열 자료형으로 변환됩니다.
"52.273"
> String(true)      ──→ 불 자료형이 문자열 자료형으로 변환됩니다.
"true"
> String(false)
"false"
```

문자열 연산자를 사용해 자료형 변환하기

String() 함수를 사용하지 않고도 다른 자료형을 문자열 자료형으로 변환할 수 있습니다. 바로 문자열 연결 연산자(+)를 사용하면 됩니다. 문자열이 아닌 다른 자료에 빈 문자열을 연결하면 문자열 자료형으로 변환합니다.

```
> 273 + ""        ──────→ 빈 문자열을 연결해 문자열 자료형으로 변환합니다.
"273"


> true + ""
"true"
```

불 자료형으로 변환하기

다른 자료형을 불 자료형으로 변환할 때는 Boolean() 함수를 사용합니다.

Boolean(자료)

대부분의 자료는 불로 변환했을 때 true로 변환됩니다. 다만 0, NaN, '...' 혹은 "..."(빈 문자열), null, undefined라는 5개의 자료형은 false로 변환됩니다. 이 5가지는 외워서 기억하길 바랍니다.

```
> Boolean(0)
false


> Boolean(NaN)
false


> Boolean("")
false


> Boolean(null)
false


> let 변수
undefined
> Boolean(변수)
false
```

note Boolean('0')와 Boolean('false')는 문자열이므로 true입니다.

논리 부정 연산자를 사용해 자료형 변환하기

Boolean() 함수를 사용하지 않고 논리 부정 연산자(!)를 사용해서 다른 자료형을 불 자료형으로 변환할 수 있습니다. 불이 아닌 다른 자료에 논리 부정 연산자를 2번 사용하면 불 자료형으로 변환합니다.

```
> !!273  ──────→ 논리 부정 연산자(!)를 2번 사용해서 불 자료형으로 변환합니다.
true
> !!0
false


> !!'안녕하세요'
true
> !!''
false
```

불 자료형 변환 시 대부분의 자료는 true로 변환되지만, 0, NaN, 빈 문자열, null, undefined는 false로 변환한다는 것을 기억하세요.

inch를 cm 단위로 변경하기 [누적 예제]

사용자에게 데이터를 입력받아 가공한 뒤 결과를 보여주는 것은 프로그램의 기본입니다. 지금까지 배운 내용을 활용해 첫 프로그램을 작성해 보겠습니다.

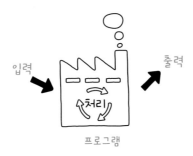

입력 처리 출력 프로그램

다음은 inch 단위의 숫자를 입력받아 cm로 변환하여 출력하는 프로그램입니다. 지금까지 배운 내용을 이해했다면 쉽게 작성할 수 있습니다.

직접 해보는 손코딩

inch 단위를 cm 단위로 변경하기　소스 코드　2-3-3.html

```
01 <script>
02    // 숫자를 입력받습니다.
03    const rawInput = prompt('inch 단위의 숫자를 입력해주세요.')
04
05    // 입력받은 데이터를 숫자형으로 변경하고 cm 단위로 변경합니다.
06    const inch = Number(rawInput)
07    const cm = inch * 2.54
08
09    // 출력합니다.
10    alert(`${inch}inch는 ${cm}cm 입니다.`)
11 </script>
```

실행 결과 ✕

```
inch 단위의 숫사를 입력해수세요.
입력> 27  Enter
27inch는 68.58cm 입니다.
```

프로그램을 만들다 보면 프로그래밍 이외의 정보나 지식이 필요할 때가 많습니다. 현재 프로그램에서도 inch 단위를 cm 단위로 변환할 때 2.54를 곱하는 것은 프로그래밍 이외의 지식입니다.

그림을 그릴 때 붓의 사용법을 알아도 무엇을 그릴지 어떻게 그릴지 떠올리지 못하면 그림을 그릴 수 없습니다. 프로그래밍도 마찬가지입니다. 프로그래밍을 하는 방법을 알아도 무엇을 만들지 어떻게 만들지 떠올릴 수 없다면 프로그램을 만들 수 없습니다. 평소에 틈틈이 다양한 프로그램들을 살펴보거나 생각해 보면서 무엇을 어떻게 만들고 싶은지 계속해서 떠올려 보세요. 프로그래밍 능력과는 또 다른 능력이기 때문에 병행해서 공부해야 합니다.

▶ 5가지 키워드로 정리하는 핵심 포인트

- 사용자로부터 글자를 입력 받을 때는 prompt() 함수를 사용합니다.

- 어떤 자료형의 값을 다른 자료형으로 변경하는 것을 자료형 변환이라고 합니다.

- 숫자 자료형으로 변환할 때 Number() 함수를 사용합니다.

- 문자열 자료형으로 변환할 때 String() 함수를 사용합니다.

- 불 자료형으로 변환할 때 Boolean() 함수를 사용합니다.

▶ 확인 문제

1. 다음 중 사용자로부터 불 입력을 받는 함수는 어떤 것인가요?

① input()
② boolInput()
③ confirm()
④ prompt()

2. 다음 표의 빈칸을 채우세요.

함수 이름	설명
Number()	숫자 자료형으로 변환합니다.
	문자열 자료형으로 변환합니다.
	불 자료형으로 변환합니다.

3. 사용자로부터 숫자를 입력받아 cm를 inch 단위로 변환하여 출력하는 프로그램을 만들어 보세요. 1cm는 0.393701inch로 변환할 수 있습니다.

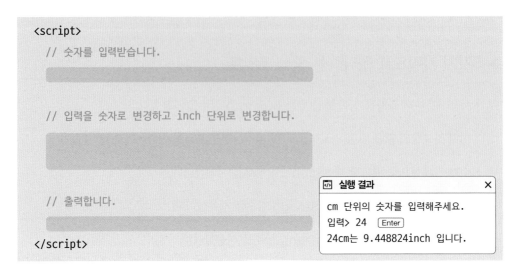

```
<script>
    // 숫자를 입력받습니다.



    // 입력을 숫자로 변경하고 inch 단위로 변경합니다.



    // 출력합니다.


</script>
```

> **실행 결과** ✕
>
> cm 단위의 숫자를 입력해주세요.
> 입력> 24 `Enter`
> 24cm는 9.448824inch 입니다.

4. 사용자로부터 원의 반지름을 입력받아 원의 넓이와 둘레를 구하는 프로그램을 만들어 보세요. '넓이 = 3.14 * 반지름 * 반지름', '둘레 = 2 * 3.14 * 반지름'이라는 공식으로 구할 수 있습니다.

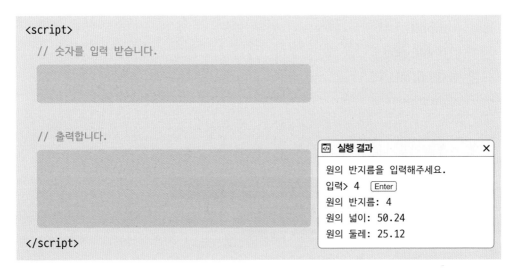

```
<script>
    // 숫자를 입력 받습니다.




    // 출력합니다.



</script>
```

> **실행 결과** ✕
>
> 원의 반지름을 입력해주세요.
> 입력> 4 `Enter`
> 원의 반지름: 4
> 원의 넓이: 50.24
> 원의 둘레: 25.12

5. 현재 환율을 기반으로 사용자에게 숫자를 입력받아 달러(USD)에서 원화(KRW)로 환율을 변환하는 프로그램을 만들어보세요. 현재 집필 시점의 환율은 1달러=1207원입니다.

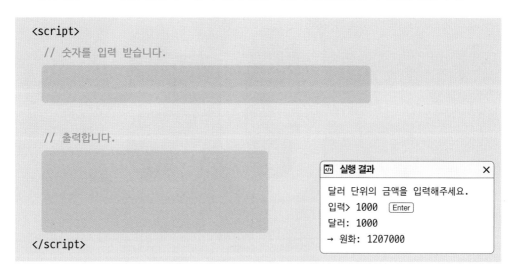

```
<script>
    // 숫자를 입력 받습니다.



    // 출력합니다.



</script>
```

```
╔═ 실행 결과 ──────────────── ✕
║ 달러 단위의 금액을 입력해주세요.
║ 입력> 1000  [Enter]
║ 달러: 1000
║ → 원화: 1207000
```

6. 위의 문제들처럼 데이터를 입력받아 처리하고 출력하는 프로그램에는 어떤 것이 있는지 생각해 보고 3개 정도 적어 보세요. 가능하면 직접 구현해 보세요.

①

②

③

> Hint 6. 앞선 문제에서 다룬 것 외에도 다른 단위 변환, 다른 수식 계산, 다른 환율 변환을 할 수 있습니다.

Chapter

03

세상을 살아가면서 우리는 다양한 선택을 합니다. '점심은 뭘 먹을까?' '이번 휴가 때 어디로 놀러 갈까?' 등 크고 작은 선택의 갈림길에서 어떤 것을 선택할지 고민합니다. 프로그램도 선택의 갈림길에 서는 순간이 있습니다. 바로 조건문을 만날 때입니다. 이번 장에서는 프로그램의 흐름을 변화시킬 수 있는 요소인 조건문을 살펴봅니다.

조건문

- if 조건문의 사용법을 알아봅니다.
- switch 조건문의 사용법을 알아봅니다.
- 조건부 연산자와 짧은 조건문에 대하여 알아봅니다.

03-1 if 조건문

`if 조건문` `else 구문` `중첩 조건문` `if else if 조건문`

조건문은 프로그램의 흐름을 변경할 때 사용합니다. 자바스크립트에서 가장 일반적인 조건문은 if 조건문입니다. 쉬우면서도 많이 사용하는 구문이니 여러 가지 예제를 다뤄보는 것이 좋습니다.

시작하기 전에

지금까지 살펴본 코드들은 모두 위에서 아래로 차례차례 실행되었습니다. **조건문**을 사용하면 조건에 따라 코드를 실행할 수도 있고 실행하지 않을 수도 있습니다. 이처럼 코드가 실행되는 흐름을 변경하는 것을 **조건 분기**라고 부릅니다.

if 조건문은 조건에 따라서 코드를 실행하거나 실행하지 않을 때 사용하는 구문입니다. 이때 조건은 앞에서 배운 **불 자료형**을 의미합니다. **비교 연산자**와 **논리 연산자**를 활용해 조건을 만들고, 이 조건을 사용해 조건 분기를 합니다.

다음 조건들의 결과를 예측해봅시다.

❶	❷	❸
`const x = 10` `x < 100`	`const x = 10` `5 < x && x < 15`	`const x = 10` `5 < x ¦¦ x < 15`

❶ ~ ❸ 모두 true를 출력합니다. 만약 예측한 결과가 틀렸다면 불 자료형을 다시 한 번 자세하게 살펴보기 바랍니다.

if 조건문

자바스크립트에서 가장 일반적인 조건문은 **if 조건문**입니다. 불 표현식의 값이 true면 중괄호 안의 문장을 실행하고 false 면 문장을 무시합니다.

> 불 값이 true일 때 실행되는 문장이 1줄이면 중괄호를 생략할 수 있지만, 여러 문장을 실행해야 할 때는 중괄호로 감싸야 합니다.

```
if(불 값이 나오는 표현식) {
    불 값이 참일 때 실행할 문장
}
```

if 조건문을 사용하는 예제를 만들어보겠습니다.

직접 해보는 손코딩

if 조건문 사용하기 소스 코드 3-1-1.html

```
01 <script>
02   // if 조건문
03   if (273 < 100) {
04     // 표현식 273 < 100이 참일 때 실행합니다.
05     alert('273 < 100 => true')
06   }
07
08   // 프로그램 종료
09   alert('종료')
10 </script>
```

실행 결과 ✕

종료

예제를 실행하면 '종료'가 출력됩니다. 3행의 if 조건문의 불 값이 false이므로 중괄호 안의 문장을 실행하지 않습니다. "당연히 거짓 아닌가요? 그럼 왜 사용해요?"라고 질문할 수 있습니다. 사실 이렇게 당연한 조건을 포함한 조건문은 사용하지 않습니다. 조건문의 기본 형태를 살펴보기 위한 예제입니다.

> 비교 연산자와 논리 연산자를 잘 모르면 이번 장을 공부하기 어려울 수 있으므로 2장을 복습하세요.

현재 시각에 따라 오전과 오후를 구분하는 프로그램을 만들어보겠습니다. 먼저 현재 시각을 구할 수 있어야겠죠? 7장에서 자세히 배울 내용인데 현재 시각을 구하는 코드는 다음과 같습니다.

```
> const date = new Date()
undefined
> date.getFullYear()
2020
> date.getMonth() + 1
6
> date.getDate()
4
> date.getHours()
15
> date.getMinutes()
5
> date.getSeconds()
7
```

> 현재 시각은 실행하는 시간에 따라 다르게 나올 수 있습니다.

자바스크립트를 몰라도 어떤 내용인지 추측할 수 있을 것입니다. 자바스크립트는 월을 0부터 세기 때문에 **getMonth()** 메소드에 1을 더했습니다. 즉 getMonth() 메소드는 0~11 사이의 값을 출력하는데, 일반적으로 월을 셀 때는 1~12를 사용하므로 1을 더해줬습니다.

현재 시각을 구하는 방법을 알면 오전과 오후를 구분할 수 있습니다. 다음 코드는 if 조건문을 2번 사용해 오전에는 '오전입니다'를, 오후에는 '오후입니다'를 출력합니다.

직접 해보는 손코딩

오전과 오후 구분하기 소스 코드 3-1-2.html

```
01 <script>
02    // 변수를 선언합니다.
03    const date = new Date()          ──→ 현재 날짜와 시간을 갖는 객체 생성
04    const hour = date.getHours()     ──→ 현재시간을 0~23 사이의 값으로 출력하는 메소드
05
```

```
06    // if 조건문
07    if (hour < 12) {
08        // 표현식 hour < 12가 참일 때 실행합니다.
09        alert('오전입니다.');
10    }
11
12    if (hour >= 12) {
13        // 표현식 hour >= 12가 참일 때 실행합니다.
14        alert('오후입니다.')
15    }
16 </script>
```

실행 결과   ×

오전입니다.

if 조건문은 쉽고 굉장히 많이 사용하는 구문입니다. 날짜와 시간 구하는 방법을 모두 살펴보았으니 한 단계 더 나아가 30분 이전과 이후를 구분하는 예제, 계절을 구분하는 예제 등을 직접 2~3개 정도 만들어보고 다음 절로 넘어가겠습니다.

오전과 오후를 구분한 출력 결과는 실행 시간에 따라 다르게 나올 수 있습니다.

if else 조건문

앞에서 if 조건문을 2번 사용해 오전과 오후를 구분했습니다. 오전과 오후처럼 서로 반대되는 조건은 일상에 많이 있습니다. 자바스크립트는 좀 더 편리하게 조건문을 사용할 수 있도록 서로 반대되는 상황을 표현하는 구문을 제공합니다. 바로 else 구문입니다.

else 구문은 if 조건문 바로 뒤에 붙여서 사용합니다. 이를 조합한 조건문을 if else 조건문이라고 부르고 기본 형태는 다음과 같습니다.

> if 조건문과 마찬가지로 실행되는 문장이 하나일 때는 중괄호를 생략할 수 있지만, 여러 문장을 실행할 때는 중괄호로 감싸야 합니다.

```
if(불 값이 나오는 표현식) {
    불 값이 참일 때 실행할 문장
} else {
    불 값이 거짓일 때 실행할 문장
}
```

오전과 오후를 구분하는 예제를 if else 조건문으로 구현해보겠습니다.

직접 해보는 손코딩

if else 조건문을 사용해 현재 시간 구하기 소스 코드 3-1-3.html

```
01 <script>
02   // 변수를 선언합니다.
03   const date = new Date()
04   const hour = date.getHours()
05
06   // if 조건문
07   if (hour < 12) {
08     // 표현식 hour < 12가 참일 때 실행합니다.
09     alert('오전입니다.')
10   } else {
11     // 표현식 hour < 12가 거짓일 때 실행합니다.
12     alert('오후입니다.')
13   }
14 </script>
```

실행 결과 ✕
오전입니다.

이렇게 정반대되는 조건을 검사할 때 if else 조건문을 사용하면 if 조건문을 2번 사용하지 않아도 됩니다. 또한 if 조건문의 조건 하나를 처리하는 횟수가 줄어 실제 성능 향상에 조금이나마 도움이 되기도 합니다. 어려운 내용이 아니므로 쉽게 이해할 수 있습니다.

현재 시간은 이 프로그램을 실행하는 시간에 따라 다르게 나올 수 있습니다.

중첩 조건문

조건문 안에 조건문을 중첩해 사용하는 것을 **중첩 조건문**이라고 합니다. 중첩 조건문의 형태는 다음과 같으며 여러 번 중첩하는 것도 가능합니다.

```
if (불 값이 나오는 표현식 1) {
  if (불 값이 나오는 표현식 2) {
    표현식 2가 참일 때 실행할 문장
  } else {
    표현식 2가 거짓일 때 실행할 문장
  }
} else {
  if (불 값이 나오는 표현식 3) {
    표현식 3이 참일 때 실행할 문장
  } else {
    표현식 3이 거짓일 때 실행할 문장
  }
}
```

→ 표현식 1이 참이면 실행

→ 표현식 1이 거짓이면 실행

앞의 예제처럼 오전과 오후가 아니라 아침, 점심, 저녁 시간대로 나눠 출력하는 경우에는 중첩 조건문을 사용하면 편리합니다.

직접 해보는 손코딩

중첩 조건문으로 시간 파악하기 소스코드 3-1-4.html

```
01  <script>
02    // 변수를 선언합니다.
03    const date = new Date()
04    const hour = date.getHours()
05
06    // 중첩 조건문
07    if (hour < 11) {
08      // 표현식 hour < 11이 참일 때 실행합니다.
09      alert('아침 먹을 시간입니다.')
10    } else {
11      // 표현식 hour < 11이 거짓일 때 실행합니다.
12      if (hour < 15) {
13        // 표현식 hour < 15가 참일 때 실행합니다.
14        alert('점심 먹을 시간입니다.')
15      } else {
```

```
16        // 표현식 hour < 15가 거짓일 때 실행합니다.
17        alert('저녁 먹을 시간입니다.')
18      }
19    }
20  </script>
```

```
실행 결과                    ✕

저녁 먹을 시간입니다.
```

if else if 조건문

앞에서 if 조건문은 조건이 한 문장이라면 중괄호를 생략해도 된다고 설명했습니다. 이 개념을 이용해 중첩 조건문에서 중괄호를 생략한 형태가 **if else if 조건문**입니다. 겹치지 않는 3가지 이상의 조건으로 나눌 때 사용하며, 구조는 다음과 같습니다.

```
if (불 표현식) {
  문장
} else if (불 표현식) {
  문장
} else if (불 표현식) {
  문장
} else {
  문장
}
```

중첩 조건문으로 만들었던 예제를 if else if 조건문의 형태로 바꾸는 것은 매우 간단합니다. 한 쌍의 중괄호를 지우면 됩니다. 다음은 앞에서 작성했던 '중첩 조건문으로 시간 파악하기' 예제를 if else if 조건문으로 바꾼 것입니다.

if else if 조건문으로 시간 파악하기 소스 코드 3-1-5.html

```
01 <script>
02   // 변수를 선언합니다.
03   const date = new Date()
04   const hour = date.getHours()
05
06   // if else if 조건문
07   if (hour < 11) {
08     // 표현식 hour < 11이 참일 때 실행합니다.
09     alert('아침 먹을 시간입니다.')
10   } else if (hour < 15) {
11     // 표현식 hour < 11이 거짓이고 표현식 hour < 15가 참일 때 실행합니다.
12     alert('점심 먹을 시간입니다.')
13   } else {
14     // 표현식 hour < 15가 거짓일 때 실행합니다.
15     alert('저녁 먹을 시간입니다.')
16   }
17 </script>
```

실행 결과 ✕

저녁 먹을 시간입니다.

if 조건문과 관련된 내용을 모두 살펴보았습니다. if 조건문은 정말 중요합니다.

확인 문제로 이동해 반드시 여러 문제를 풀어본 후 다음 절로 넘어가세요.

▶ 4가지 키워드로 정리하는 핵심 포인트

- **if 조건문**은 조건에 따라 코드를 실행하거나 실행하지 않도록 하기 위해 사용하는 구문입니다.

- **else 구문**은 if 조건문 뒤에 사용하며, if 조건문이 거짓일 때 사용합니다.

- **중첩 조건문**은 조건문을 중첩해서 사용하는 경우를 의미합니다.

- **if else if 조건문**은 중첩 조건문에서 중괄호를 생략한 형태로, 겹치지 않는 3가지 이상의 조건으로 나눌 때 사용합니다.

▶ 확인 문제

1. 다음 예제 중에서 '참입니다'를 출력하는 것은 몇 번일까요?

①
```
<script>
  const x = 1
  if (x > 4) {
    console.log('참입니다')
  }
</script>
```

②
```
<script>
  const x = 0
  if (x > 4) {
    console.log('참입니다')
  }
</script>
```

③
```
<script>
  const x = 10
  if (x > 4) {
    console.log('참입니다')
  }
</script>
```

2. 사용자로부터 숫자 2개를 입력받아 첫 번째 입력받은 숫자가 큰지, 두 번째 입력받은 숫자가 큰지를 구하는 프로그램을 다음 빈칸을 채워 완성해보세요.

```
<script>
  const a =        (prompt('첫 번째 숫자', ''))
  const b =        (prompt('두 번째 숫자', ''))

  if (       ) {
    alert('첫 번째로 입력한 숫자가 더 큽니다.')
  } else if (       ) {
    alert('두 숫자가 같습니다.')
  } else {
    alert('두 번째로 입력한 숫자가 더 큽니다.')
  }
</script>
```

```
실행 결과                          ×
첫 번째 숫자
입력> 100  Enter
두 번째 숫자
입력> 500  Enter
두 번째로 입력한 숫자가 더 큽니다.
```

3. 중첩 조건문은 2장에서 배운 논리 연산자를 적용해 하나의 if 조건문으로 만들수 있습니다. 빈칸에 어떤 논리 연산자가 들어가야 할까요?

```
if (x > 10) {
  if (x < 20) {
    console.log('조건에 맞습니다.')
  }
}
```

```
if (x > 10      x < 20) {
  console.log('조건에 맞습니다.')
}
```

hint 3. 중요한 문제입니다. 두 조건이 모두 true일 때 코드를 실행해야 한다면 어떤 논리 연산자를 사용해야 할지 생각해보세요. 두 코드의 실행 결과는 ex3-1-3-1.html과 ex3-1-3.html에서 확인해보세요.

4. 사용자에게 숫자를 입력받아 양수, 0, 음수를 구분하는 프로그램을 만들어보세요.

```
<script>
  const a = Number(prompt('숫자를 입력해주세요.', ''))




</script>
```

📄 **실행 결과**   ✕

숫자를 입력해주세요.
입력> -500 [Enter]
입력한 숫자는 음수입니다.

5. 사용자에게 숫자를 입력받아 홀수와 짝수를 구분하는 프로그램을 만들어보세요.

```
<script>
  const a = Number(prompt('숫자를 입력해주세요.', ''))




</script>
```

📄 **실행 결과**   ✕

숫자를 입력해주세요.
입력> 250 [Enter]
입력한 숫자는 짝수입니다.

hint   5. 홀수와 짝수를 어떻게 구분해야 할까요? 직접 만들어본 뒤에 148쪽의 누적 예제를 참고해보세요.

6. 현재가 몇 월인지 확인하고, 계절을 구분하는 프로그램을 만들어보세요.

```
<script>
  const a = Number(prompt('월을 입력해주세요.', ''))




</script>
```

월을 입력해주세요.
입력> 12　[Enter]
겨울입니다.

03-2 switch 조건문과 짧은 조건문

핵심 키워드

`switch 조건문`   `조건부 연산자`   `짧은 조건문`

자바스크립트에는 if 조건문 외에도 조건 분기에 활용할 수 있는 구문이 많습니다.
대표적으로 switch 조건문, 조건부 연산자(삼항 연산자), 논리 연산자를 활용할 짧
은 조건문이 있습니다. 이번 절에서는 이러한 조건문에 대해서 알아보겠습니다.

시작하기 전에

이번 절에서 외워야하는 것은 몇 가지 없지만 활용되는 영역이 고정적인 코드들이 등장합니다. 이해
하기 힘들면 '이런 것이 있구나' 하고 눈도장을 찍은 뒤 넘어가도 괜찮습니다. 이후에 복잡한 애플리
케이션 코드를 분석하다가 '이 코드는 이전에 봤던 것 같은데?' 하고 떠오를 때 자세히 보아도 괜찮습
니다.

다만 03-2절 끝에 나오는 활용 예제와 확인 문제는 조건문 활용과 관련된 범용적인 내용이므로 꼭
짚고 넘어가주세요.

switch 조건문

다음은 switch 조건문의 기본 형태입니다. default 키워드는 생략할 수 있습니다.

```
switch (자료) {
  case 조건A:
    break
  case 조건B:
    break
  default:    ──→ 생략할 수 있어요.
    break
}
```

처음 switch 조건문을 접하면 약간 어려울 수 있습니다. 먼저 switch 조건문으로 홀수와 짝수를 구분하는 예제 코드를 보고 차근차근 설명하겠습니다.

직접 해보는 손코딩

switch 조건문 사용하기 소스 코드 3-2-1.html

```
01 <script>
02   // 변수를 선언합니다.
03   const input = Number(prompt('숫자를 입력하세요.', '숫자'))
04
05   // 조건문
06   switch (input % 2) {    ──→ 나머지 연산자를 사용하여 홀수와 짝수를 구분합니다.
07     case 0:
08       alert('짝수입니다.')
09       break
10     case 1:
11       alert('홀수입니다.')
12       break
13     default:
14       alert('숫자가 아닙니다.')
15       break
16   }
17 </script>
```

실행 결과 1   ✕

숫자를 입력하세요.
입력> 2 Enter
짝수입니다.

실행 결과 2   ✕

숫자를 입력하세요.
입력> 81 Enter
홀수입니다.

break 키워드는 switch 조건문이나 반복문을 빠져나가기 위해 사용하는 키워드입니다. 코드를 읽다가 break 키워드를 만나면 break 키워드를 감싼 switch 조건문이나 반복문을 완전히 빠져나갑니다.

switch 조건문의 괄호 안에는 비교할 값을 입력합니다. 이때 입력한 값을 기준으로 특정 코드를 실행합니다. 만약 입력한 표현식과 case 키워드 옆의 표현식이 같다면 case 키워드 바로 다음에 오는 문장을 실행합니다. 중괄호는 사용하지 않아도 됩니다.

다음은 〈직접 해보는 손코딩〉의 코드를 그림으로 나타낸 것입니다.

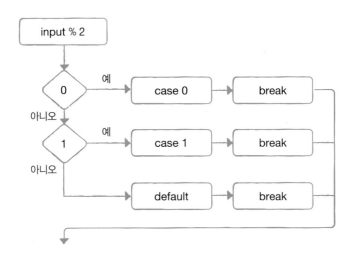

switch 조건문은 특정 값의 조건을 비교할 때 사용합니다. 방금 살펴본 예제는 input % 2가 0 또는 1로 나뉩니다. 이런 경우 외에 사용자에게 값을 입력받을 때도 일반적으로 switch 조건문을 사용합니다.

switch 조건문을 if 조건문으로 변환하기

모든 switch 조건문은 if 조건문으로 바꿀 수 있습니다. 하지만 범위를 조건으로 가지는 if 조건문을 switch 조건문으로 대체하기는 어렵습니다. 그러나 전혀 불가능한 것은 아닙니다.

잘 사용하지는 않지만 코드 분석을 하기에 좋은 코드라서 소개하겠습니다. 이전 절에서 살펴본 예제를 switch 조건문으로 변경하면 다음과 같습니다.

직접 해보는 손코딩

switch 조건문을 if 조건문으로 변환하기   소스 코드 3-2-2.html

```
01 <script>
02   // 변수를 선언합니다.
03   const date = new Date()
04   const hour = date.getHours()
05
06   // 조건문
07   switch (true) {
08     case hour < 11:
09       // 표현식 hour < 11이 참일 때 실행합니다.
10       alert('아침 먹을 시간입니다.')
11       break
12     case hour < 15:
13       // 표현식 hour < 11이 거짓이고 표현식 hour < 15가 참일 때 실행합니다.
14       alert('점심 먹을 시간입니다.')
15       break
16     default:
17       // 위의 모든 것이 거짓일 때 실행합니다.
18       alert('저녁 먹을 시간입니다.')
19       break
20   }
21 </script>
```

> 실행 결과   ✕
>
> 점심 먹을 시간입니다.

조건부 연산자

자바스크립트에는 조건문과 비슷한 역할을 하는 연산자가 있습니다. 바로 **조건부 연산자**이고 기본 형태는 다음과 같습니다.

> 불 표현식 ? 참일 때의 결과 : 거짓일 때의 결과

자바스크립트에서 항을 3개 갖는 연산자는 조건부 연산자가 유일해서 **삼항 연산자**라고 부르기도 합니다. 코드를 살펴보면서 어떤 연산지인지 알아보겠습니다.

조건부 연산자 사용하기 소스 코드 3-2-3.html

```
01 <script>
02   // 변수를 선언합니다.
03   const input = prompt('숫자를 입력해주세요.', '')
04   const number = Number(input)
05
06   // 조건문
07   const result = (number >= 0) ? '0 이상의 숫자입니다.' : '0보다 작은 숫자입니다.'
08   alert(result)
09 </script>
```

(number >= 0)이 true면 이 값이 할당됩니다.

(number >= 0)이 false면 이 값이 할당됩니다.

실행 결과 1	✕
숫자를 입력해주세요. 입력> 24 [Enter] 0 이상의 숫자입니다.	

실행 결과 2	✕
숫자를 입력해주세요. 입력> -75 [Enter] 0보다 작은 숫자입니다.	

위 예제는 입력하는 숫자에 따라 결과가 다르게 나옵니다. 0 이상의 숫자를 입력하면 '0 이상의 숫자입니다.'를, 0보다 작은 숫자를 입력하면 '0보다 작은 숫자입니다.'를 출력합니다.

짧은 조건문

짧은 조건문은 논리 연산자의 특성을 조건문으로 사용하는 것입니다.

논리합 연산자를 사용한 짧은 조건문

표현식을 먼저 살펴보겠습니다. 다음 **논리합 연산자**를 사용한 표현식은 뒤에 어떠한 값이 들어가도 항상 참입니다.

```
true || OOO
```

자바스크립트는 이처럼 참(true)이 확실할 때 추가 연산을 진행하지 않습니다. 즉, 논리합 연산자의 좌변이 참이면 우변을 실행하지 않습니다.

```
> true || console.log('실행될까요?')        ─────→ ①
true

> false || console.log('실행될까요?')       ─────→ ②
실행될까요?        ─────→ 우변을 실행합니다.
undefined
```

문장 ①은 좌변이 참이므로 우변을 무시합니다. 반면 문장 ②의 좌변은 거짓이므로 우변이 참인지 거짓인지 검사합니다. 우변이 실행되어 '실행될까요?'라는 문자열을 출력합니다.

논리합 연산자를 사용한 짧은 조건문을 정리하면 다음과 같습니다.

> 불 표현식 || 불 표현식이 거짓일 때 실행할 문장

논리곱 연산자를 사용한 짧은 조건문

이번에는 **논리곱 연산자**를 사용한 짧은 조건문을 살펴봅시다. 논리곱 연산자는 양변이 모두 참일 때만 참이기 때문에 다음 표현식은 항상 거짓입니다.

> false && ○○○

따라서 논리곱 연산자는 좌변이 거짓이면 우변을 실행하지 않습니다. 다음처럼 정리할 수 있습니다.

> 결과가 거짓인 불 표현식 && 불 표현식이 참일 때 실행할 문장

과거에는 짧은 조건문을 이용한 할당을 많이 사용했습니다. 하지만 다른 조건문 코드와 비교했을 때 이해하기 어려우므로 짧은 조건문을 사용하지 말자는 개발자도 많습니다. 다른 사람이 만든 코드를 분석하다가 만날 수 있으니 간단하게 살펴보았습니다.

> 짧은 조건문을 사용한 할당은 5장의 좀 더 알아보기에서 다룹니다.

짝수와 홀수 구분하기 누적 예제

홀수와 짝수를 구분할 때 어떤 방법을 사용하나요? 일반적으로 끝자리가 0, 2, 4, 6, 8이면 짝수고 1, 3, 5, 7, 9면 홀수라고 배웠습니다. 이를 기반으로 짝수와 홀수를 구분하는 프로그램을 만든다면 다음과 같습니다.

if else 조건문으로 짝수와 홀수 구분하기(1)   소스 코드 3-2-4.html

```
01 <script>
02   // 입력이 문자열이므로 다음과 같은 코드를 사용할 수 있습니다.
03   const 입력 = prompt('정수를 입력해주세요.','')
04   const 끝자리 = 입력[입력.length - 1]
05
06   // 끝자리를 비교합니다.
07   if (끝자리 === "0" ||
08     끝자리 === "2" ||
09     끝자리 === "4" ||
10     끝자리 === "6" ||
11     끝자리 === "8") {
12     alert(`${입력}은 짝수입니다.`)
13   } else {
14     alert(`${입력}은 홀수입니다.`)
15   }
16 </script>
```

실행 결과 1   ✕

정수를 입력해주세요.
입력> 17 [Enter]
17은 홀수입니다.

실행 결과 2   ✕

정수를 입력해주세요.
입력> 38 [Enter]
38은 짝수입니다.

프로그램은 문제없이 짝수와 홀수를 구분해 출력합니다.

많은 초보 개발자들이 (끝자리 === "0" || "2" || "4" || "6" || "8") 와 같은 코드를 사용하기도 하지만, 이는 제대로 실행되지 않습니다. || 연산자는 반드시 위의 예제 코드처럼 사용해야 합니다.

컴퓨터는 모든 것을 숫자로 계산하므로 문자열 연산보다 숫자 연산이 훨씬 빠릅니다. 숫자를 사용하는 형태로 프로그램을 변경하면 다음과 같습니다.

if else 조건문으로 짝수와 홀수 구분하기(2) 소스 코드 3-2-5.html

```
01 <script>
02   const 입력 = prompt('정수를 입력해주세요','')
03   const 숫자 = Number(입력)
04
05   if (숫자 % 2 === 0) {
06     alert(`${입력}은 짝수입니다.`)
07   } else {
08     alert(`${입력}은 홀수입니다.`)
09   }
10 </script>
```

```
🖥 실행 결과 1                          ✕

정수를 입력해주세요.
입력> 17  Enter
17은 홀수입니다.
```

```
🖥 실행 결과 2                          ✕

정수를 입력해주세요.
입력> 38  Enter
38은 짝수입니다.
```

'2로 나눈 나머지가 0이면 짝수, 0이 아니면 홀수'임을 나타내는 코드입니다. 보통 우리는 짝수와 홀수를 구분할 때 끝자리가 0, 2, 4, 6, 8이라면 곧바로 짝수라고 생각하지만, 컴퓨터는 2로 나눈 나머지가 0인지를 확인하는 것이 좋습니다.

'우리가 일반적으로 생각하는 조건'과 '컴퓨터에게 적합한 조건'은 다를 수 있습니다.

일반 사람에게 "컴퓨터에게 적합한 짝수와 홀수 구분 방법을 생각해보세요."라고 했을 때 순간적으로 나머지를 생각하는 사람은 0.000001%에 지나지 않는다고 생각합니다. 그러나 누군가 작성한 코드에서 나머지를 사용한 방법을 보면 '이게 더 적합하구나!', '이런 방법도 있구나!' 하며 기억하고 사용합니다.

따라서 컴퓨터에게 적합한 조건을 찾기 위해 다른 사람의 코드를 보면서 많이 경험해보는 것이 좋으며, 우리가 알고리즘과 자료구조를 공부하는 이유이기도 합니다. 이 책을 끝낸 뒤에 자료구조와 알고리즘 관련 도서도 살펴보기 바랍니다. 알고리즘 대회의 문제들을 풀어보고, 다른 사람들은 어떻게 작성했는지 확인해보면서 어떤 코드를 사용하는 것이 더 효율적인지 알아보는 과정도 중요하다고 생각합니다.

학점을 기반으로 별명 붙여주기 [누적 예제]

인터넷에서 학점을 학생들이 재미있게 표현한 유머를 본 적이 있습니다. 재미삼아 이를 조건문으로 구현하고 출력해보겠습니다.

조건	설명(학생 평가)
4.5	신
4.2~4.5	교수님의 사랑
3.5~4.2	현 체제의 수호자
2.8~3.5	일반인
2.3~2.8	일탈을 꿈꾸는 소시민
1.75~2.3	오락문화의 선구자
1.0~1.75	불가촉천민
0.5~1.0	자벌레
0~0.5	플랑크톤
0	시대를 앞서가는 혁명의 씨앗

코드로 구현하면 다음과 같습니다.

직접 해보는 손코딩

중첩 조건문 사용하기(1) 소스 코드 3-2-6.html

```
01 <script>
02   const score = Number(prompt('학점을 입력해주세요.', '학점'))
03   if (score === 4.5) {
04     alert('신')
05   } else if (4.2 <= score && score < 4.5) {
06     alert('교수님의 사랑')
07   } else if (3.5 <= score && score < 4.2) {
08     alert('현 체제의 수호자')
09   } else if (2.8 <= score && score < 3.5) {
10     alert('일반인')
11   } else if (2.3 <= score && score < 2.8) {
12     alert('일탈을 꿈꾸는 소시민')
13   } else if (1.75 <= score && score < 2.3) {
14     alert('오락문화의 선구자')
```

```
15    } else if (1.0 <= score && score < 1.75) {
16        alert('불가촉천민')
17    } else if (0.5 <= score && score < 1.0) {
18        alert('자벌레')
19    } else if (0 < score && score < 0.5) {
20        alert('플랑크톤')
21    } else {
22        alert('시대를 앞서가는 혁명의 씨앗')
23    }
24 </script>
```

실행 결과 1 ✕

학점을 입력해주세요.
입력> 3.5 [Enter]
현 체제의 수호자

실행 결과 2 ✕

학점을 입력해주세요.
입력> 4.2 [Enter]
교수님의 사랑

초보자들은 보통 위의 코드처럼 구현하는 경우가 많은데, 비효율적인 조건문입니다. if 조건문은 위에서 아래로 흐르고 else 구문은 이전의 조건이 맞지 않을 때 넘어오는 부분입니다. 따라서 앞에서 이미 제외된 조건을 한 번 더 검사할 필요는 없습니다. 다음은 위의 코드를 효율적으로 구성한 것입니다.

직접 해보는 손코딩

중첩 조건문 사용하기(2) 소스 코드 3-2-7.html

```
01 <script>
02    const score = Number(prompt('학점을 입력해주세요.', '학점'))
03    if (score === 4.5) {
04        alert('신')
05    } else if (4.2 <= score) {
06        alert('교수님의 사랑')
07    } else if (3.5 <= score) {
08        alert('현 체제의 수호자')
09    } else if (2.8 <= score) {
10        alert('일반인')
11    } else if (2.3 <= score) {
12        alert('일탈을 꿈꾸는 소시민')
13    } else if (1.75 <= score) {
14        alert('오락문화의 선구자')
15    } else if (1.0 <= score) {
16        alert('불가촉천민')
```

```
17      } else if (0.5 <= score) {
18        alert('자벌레')
19      } else if (0 < score) {
20        alert('플랑크톤')
21      } else {
22        alert('시대를 앞서가는 혁명의 씨앗')
23      }
24    </script>
```

실행 결과 1 ✕

학점을 입력해주세요.
입력> 3.5 [Enter]
현 체제의 수호자

실행 결과 2 ✕

학점을 입력해주세요.
입력> 4.2 [Enter]
교수님의 사랑

조건 비교 부분이 다음과 같이 변경되었습니다. 3행에서 score가 4.5인지는 검사했으므로 이를 생략한 것입니다. 이렇게 조건식을 바꾸면 조건 비교를 절반만 하게 되고 코드도 훨씬 쉽게 읽을 수 있습니다.

| else if (4.2 <= score && score < 4.5) | → | else if (4.2 <= score) |

else if 구문을 사용할 때는 앞 단계에서 비교했던 것을 다음 단계에서 한 번 더 비교하고 있지는 않은지 꼭 확인해야 합니다.

태어난 연도를 입력받아 띠 출력하기 [누적 예제]

사용자에게 태어난 연도를 입력받아 띠를 출력하는 프로그램을 생각해봅시다. 태어난 연도를 12로 나눈 나머지가 0, 1, 2, 3, 4, 5, 6, 7, 8, 9, 10, 11일 때 띠동물은 원숭이, 닭, 개, 돼지, 쥐, 소, 호랑이, 토끼, 용, 뱀, 말, 양입니다. 현재까지 배운 내용만으로 코드를 작성하면 다음과 같습니다.

직접 해보는 손코딩

if else if 조건문 사용해보기 소스 코드 3-2-8.html

```
01  <script>
02    const rawInput = prompt('태어난 해를 입력해주세요.', '')
03    const year = Number(rawInput)
04    const e = year % 12
05
06    let result
07    if (e === 0) { result = '원숭이' }
```

```
08    else if (e === 1)  { result = '닭' }
09    else if (e === 2)  { result = '개' }
10    else if (e === 3)  { result = '돼지' }
11    else if (e === 4)  { result = '쥐' }
12    else if (e === 5)  { result = '소' }
13    else if (e === 6)  { result = '호랑이'}
14    else if (e === 7)  { result = '토끼' }
15    else if (e === 8)  { result = '용' }
16    else if (e === 9)  { result = '뱀' }
17    else if (e === 10) { result = '말' }
18    else if (e === 11) { result = '양' }
19    alert(`${year}년에 태어났다면 ${result} 띠입니다.`)
20  </script>
```

위의 코드는 굉장히 지저분하지만 문제 없이 동작합니다. 프로그래밍 초보자들이 코드를 작성할 때 '코드가 이렇게 지저분하게 만들어질리 없어' 하는 생각에 잘 작성하다가 포기하는 경우가 많습니다. 초보자 단계에서 중요한 것은 일단 무언가를 만드는 것입니다. 코드가 지저분해지는 것은 큰 문제가 아니며 실무에서도 조건문을 이렇게 덕지덕지 연결하는 경우가 많습니다.

위와 같은 비효율적인 코드라도 구현해보면 이후에 다음과 같은 효율적인 코드를 보았을 때 더 기억에 많이 남을 것입니다.

직접 해보는 손코딩

split로 문자열을 잘라 사용하기   소스 코드 3-2-9.html

```
01  <script>
02    const rawInput = prompt('태어난 해를 입력해주세요.','')
03    const year = Number(rawInput)
04    const tti = '원숭이,닭,개,돼지,쥐,소,호랑이,토끼,용,뱀,말,양'.split(',')
05
06    alert(`${year}년에 태어났다면 ${tti[year % 12]} 띠입니다.`)
07  </script>
```

note '문자열A'.split('문자열B') 메소드는 문자열A를 문자열B로 잘라서 배열을 만들어내는 메소드입니다. 배열과 관련된 내용은 04장에서 설명합니다.
위의 코드 '원숭이,닭,개,돼지,쥐,소,호랑이,토끼,용,뱀,말,양'.split(',')에서는 원숭이,닭,개,돼지,쥐,소,호랑이,토끼,용,뱀,말,양을 ','로 잘랐으므로, ['원숭이', '닭', '개', '돼지', '쥐', '소', '호랑이', '토끼', '용', '뱀', '말', '양']라는 배열이 만들어집니다.

▶ 3가지 키워드로 정리하는 핵심 포인트

- switch 조건문은 값에 따라서 조건 분기를 걸어주는 조건문입니다.

- 조건부 연산자는 A ? B : C와 같은 형태로 피연산자 3개를 갖는 연산자입니다. 조건 분기에 사용할 수 있습니다.

- 짧은 조건문은 논리 연산자의 특이한 성질을 사용해서 조건 분기에 활용하는 코드입니다.

▶ 확인 문제

1. 다음 코드가 어떤 형태로 실행될지 예측해보세요.

```
<script>
  const result = (100 > 200)
    ? prompt('값을 입력해주세요', '')
    : confirm('버튼을 클릭해주세요')
  alert(result)
</script>
```

〈/〉 실행 결과	✕

2. [누적 예제: 태어난 연도를 입력받아 띠 출력하기] 예제(152쪽)에서 if 조건문을 switch 조건문으로 변경해서 구현해보세요.

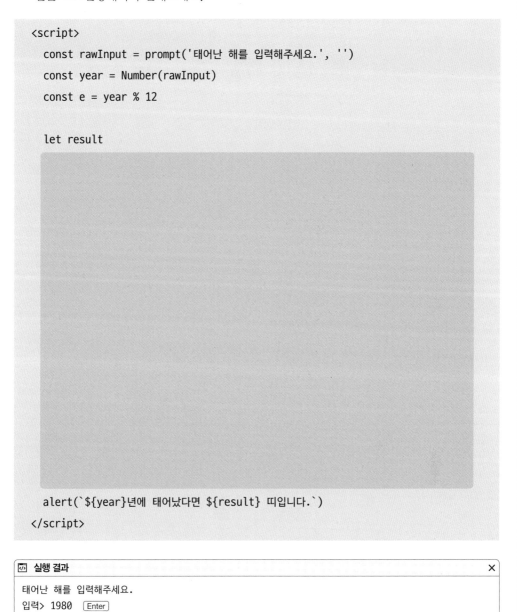

```
<script>
  const rawInput = prompt('태어난 해를 입력해주세요.', '')
  const year = Number(rawInput)
  const e = year % 12


  let result



  alert(`${year}년에 태어났다면 ${result} 띠입니다.`)
</script>
```

⚙ 실행 결과   ✕

태어난 해를 입력해주세요.
입력> 1980 [Enter]
1980년에 태어났다면 원숭이 띠입니다.

3. '태어난 연도를 입력받아 띠 출력하기' 예제(152쪽)에서 동물 이름을 쥐부터 '자, 축, 인, 묘, 진, 사, 오, 미, 신, 유, 술, 해'로 변경하고, 입력한 연도의 '갑, 을, 병, 정, 무, 기, 경, 신, 임, 계'를 계산합니다. 이 둘을 합쳐 다음과 같이 출력하는 프로그램을 만들어보세요.

```
<script>
  const rawInput = prompt('태어난 해를 입력해주세요.', '')
  const year = Number(rawInput)


  let 간


  let 띠


  alert(`${year}년은 ${간}${띠} 년입니다.`)
</script>
```

실행 결과 ✕

태어난 해를 입력해주세요.
입력> 1991 [Enter]
1991년은 신미 년입니다.

hint 3. 연도를 10으로 나눈 나머지가 0, 1, 2, 3, 4, 5, 6, 7, 8, 9일 때 '경, 신, 임, 계, 갑, 을, 병, 정'입니다.

4. 다음 중에서 switch 조건문과 직접적인 관련이 없는 키워드를 고르세요.

① switch

② break

③ default

④ else

5. 다음 중에서 다른 실행 결과를 내는 코드를 고르세요.

① true ? alert('출력A') : alert('출력B')

② false ? alert('출력B') : alert('출력A')

③ true || alert('출력A')

④ true && alert('출력A')

hint 5. 직접 입력해서 실행 결과를 살펴보세요.

04

이번 장에서는 반복문을 살펴봅니다. 반복문은 조건문과 함께 자바스크립트 프로그램을 만들 때 가장 많이 사용하는 구문입니다. 처음 프로그래밍을 공부한다면 어렵게 느껴질 수 있지만, 몇 가지만 이해하면 나머지는 쉽게 풀 수 있습니다.

반복문

학습목표

- 배열에 대해 알아봅니다.

- 파괴적 처리와 비파괴적 처리에 대해 알아봅니다.

- for in 반복문, for of 반복문, for 반복문, while 반복문에 대해 알아봅니다.

04-1 배열

핵심 키워드

배열 요소 비파괴적 처리 파괴적 처리

지금까지 살펴본 숫자, 문자열, 불과 같은 자료는 하나의 값만 가질 수 있어 여러 개의 자료를 저장하려면 변수를 여러 개 선언해야 하는 불편함이 있습니다. 이러한 불편함을 해결하기 위해 나온 것이 배열입니다.

시작하기 전에

배열array은 여러 자료를 묶어서 활용할 수 있는 특수한 자료입니다. 문자열을 알면 조금 더 쉽게 이해할 수 있습니다. 다음 코드의 실행 결과를 예측해보세요. ①과 ②에 무엇이 출력될까요?

```
> const str = '안녕하세요'

> str[2]
   ①
> str[str.length - 1]
   ②
```

코드를 실행하면 '하'와 '요'를 출력합니다. 문자열 인덱스(88쪽 참조)와 length 속성(88쪽 참조)은 배열에서도 똑같이 사용됩니다. 실행 결과를 제대로 예측하지 못했다면 이전의 문자열 부분을 다시 한 번 살펴보기 바랍니다.

str

안	녕	하	세	요
[0]	[1]	[2]	[3]	[4]

↑ str[2]

↑ str[str.length-1]
↓
5

배열 만들기

배열^array^은 여러 개의 변수를 한 번에 선언해 다룰 수 있는 자료형입니다. 배열은 대괄호[...]를 사용해 생성하고 내부의 값을 쉼표(,)로 구분해 입력합니다. 배열 내부에 들어 있는 값을 **요소**^element^라고 합니다. 어떠한 종류의 자료형도 요소가 될 수 있습니다.

```
[요소, 요소, 요소, ... ,요소]
```

간단하게 배열을 만들어 출력해보겠습니다.

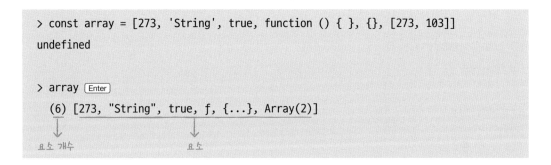

구글 크롬 개발자 도구의 Console에서 코드를 실행할 때 출력된 배열 결과 왼쪽에 드롭 다운 버튼 ▶이 있습니다. 이 버튼을 클릭하면 0번째에 273, 1번째에 "String", 2번째에 true 등의 값을 확인할 수 있습니다.

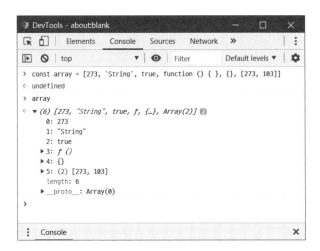

배열 요소에 접근하기

배열의 기본적인 조작은 문자열과 비슷합니다. 각각의 요소에 접근하려면 배열 바로 뒤에 대괄호 [...]를 입력하고 그 안에 숫자를 넣습니다. 자바스크립트는 가장 앞에 있는 요소를 0번째로 표현합니다. 이때 요소의 순서를 인덱스^{index}라고 부릅니다.

> 인덱스는 자주 사용하는 용어이니 꼭 기억해두세요.

```
배열[인덱스]
```

간단하게 배열을 만들어 요소를 출력해보겠습니다.

```
> const numbers = [273, 52, 103, 32]
undefined          ①

> numbers[0]
273
> numbers[1]
52

> numbers[1 + 1]
103          ②
> numbers[1 * 3]
32
```

배열은 여러 개의 요소를 갖기 때문에 일반적으로 ①과 같이 배열 이름을 복수형으로(number → numbers) 짓습니다. 그리고 ②와 같이 numbers[1 + 1], numbers[1 * 3]처럼 대괄호 안에 계산식을 넣을 수도 있습니다.

배열 요소 개수 확인하기

배열 내부에 들어 있는 요소의 개수를 확인할 때는 배열의 length 속성을 사용합니다. 문자열에서 살펴봤던 length 속성과 비슷한 형태로 사용합니다.

```
배열.length
```

실제 코드를 입력하면서 확인해 봅시다.

```
> const fruits = ['배', '사과', '키위', '바나나']    ⟶ 배열 이름을 복수형으로 짓습니다.
undefined

> fruits.length
4            ⟶ 배열 fruits에 4개의 요소가 들어있으므로 4를 출력합니다.

> fruits[fruits.length - 1]
"바나나"       ⟶ fruits[4-1], 배열의 3번째 요소인 "바나나"를 출력합니다.
```

마지막 코드를 보면 fruits[fruits.length − 1]를 사용했습니다. 배열의 마지막 요소를 선택할 때 자주 사용하는 패턴이므로 잘 기억해두세요.

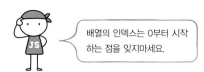

배열의 인덱스는 0부터 시작하는 점을 잊지마세요.

배열 뒷부분에 요소 추가하기

push() 메소드를 사용해 배열 뒷부분에 요소 추가하기

배열 뒷부분에 요소를 추가할 때는 push() 메소드를 사용합니다.

```
배열.push(요소)
```

배열을 만들고 push() 메소드를 사용해서 요소를 추가해보겠습니다.

```
> const todos = ['우유 구매', '업무 메일 확인하기', '필라테스 수업']
undefined

> todos
(3) ["우유 구매", "업무 메일 확인하기", "필라테스 수업"]

> todos.push('저녁 식사 준비하기')
4

> todos.push('피아노 연습하기')
5

> todos
(5) ["우유 구매", "업무 메일 확인하기", "필라테스 수업", "저녁 식사 준비하기", "피아노 연습하기"]
```

push() 메소드로 요소가 추가되어 기존 요소 개수에서 추가된 요소 개수가 출력됩니다.

뒷부분에 2개의 요소가 추가됩니다.

인덱스를 사용해 배열 뒷부분에 요소 추가하기

자바스크립트에서 배열의 길이는 고정이 아닙니다. 다음과 같이 3개의 요소를 가진 배열을 만든 뒤, 10번째 인덱스에 요소를 강제로 추가할 수 있습니다. 이때 4~9번째 인덱스는 아무 것도 없는 empty가 됩니다.

```
> const fruitsA = ['사과', '배', '바나나']
Undefined

> fruitsA[10] = '귤'
"귤"

> fruitsA
(11) ["사과", "배", "바나나", empty × 7, "귤"]
```

배열 10번째 인덱스에 "귤"을 추가합니다.

인덱스로 요소를 추가하는 방법을 활용하면 다음과 같이 length 속성을 사용하여 배열의 마지막 위치에 요소를 추가할 수 있습니다.

```
> const fruitsB = ['사과', '배', '바나나']
Undefined

> fruitsB[fruitsB.length] = '귤'  ─────→ fruitsB의 요소는 3개이므로 fruitsB[3]에 "귤"을 추가합니다.
"귤"

> fruitsB
(4) ["사과", "배", "바나나", "귤"]
```

배열 요소 제거하기

배열에 요소를 추가하는 방법을 알아봤으니 이번에는 배열에서 요소를 제거하는 방법을 알아보겠습니다. 배열 요소를 제거하는 방법은 일반적인 방법은 다음 2가지입니다.

첫째, 인덱스를 기반으로 제거하는 경우

둘째, 값을 기반으로 제거하는 경우

각각을 패턴화해서 살펴보겠습니다.

> 배열 내부에 있는 특정 요소를 제거하는 코드는 많이 사용하므로 패턴을 외워두는 것이 좋습니다.

인덱스로 요소 제거하기

배열의 특정 인덱스에 있는 요소를 제거할 때는 splice() 메소드를 사용합니다. splice() 메소드의 splice라는 영어 단어는 '접합'이라는 의미입니다. '접합'이라는 단어가 왜 요소를 제거할 때 쓰이는지 다음 그림을 보면 쉽게 이해할 수 있습니다.

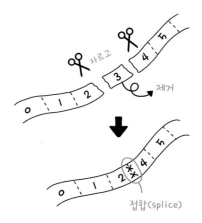

접합(splice)

접합splice은 다양하게 활용됩니다. 165쪽의 그림과 같이 일부를 제거한 뒤 붙이는 것도 접합이고, 중간에 다른 요소를 넣고 붙이는 것도 접합입니다. 즉 splice() 메소드는 요소를 제거할 때뿐만 아니라 요소를 중간에 넣을 때도 사용할 수 있습니다.

요소를 중간에 넣는 것과 관련된 내용은 이후에 살펴보기로 하고, 먼저 인덱스로 요소를 제거하는 방법을 알아보겠습니다.

```
배열.splice(인덱스, 제거할 요소의 개수)
```

splice() 메소드의 2번째 매개변수에는 제거할 요소의 개수를 지정합니다. 만약 1을 지정하면 1개의 요소만 제거한다는 의미입니다.

```
> const itemsA = ['사과', '배', '바나나']
undefined

> itemsA.splice(2, 1)      ──→ 배열의 2번째 인덱스로부터 1개 요소를 제거합니다.
["바나나"]                  ──→ 제거된 요소가 배열로 리턴됩니다.

> itemsA                    ──→ 배열의 값을 확인해보면 요소가 제거된 것을 알 수 있습니다.
(2) ["사과", "배"]
```

값으로 요소 제거하기

값을 기반으로 요소를 제거할 때는 배열 내부에서 특정 값의 위치를 찾는 indexOf() 메소드를 사용해서 값의 위치를 추출한 뒤 splice() 메소드를 사용해 제거합니다.

```
const 인덱스 = 배열.indexOf(요소)
배열.splice(인덱스, 1)
```

참고로 indexOf() 메소드는 배열 내부에 요소가 있을 경우 인덱스를 리턴합니다. 하지만 배열 내부에 요소가 없을 때는 −1을 리턴합니다. 간단하게 코드를 입력하면서 살펴보겠습니다.

```
> const itemsB = ['사과', '배', '바나나']
undefined

> const index = itemsB.indexOf('바나나')
Undefined

> index
2                        ――――――→ 배열 내부에 바나나가 있으므로 해당 요소의 인덱스를 출력합니다.

> itemsB.splice(index, 1)
["바나나"]                 ――――――→ 배열의 2번째 인덱스에 있는 1개의 요소를 제거합니다.

> itemsB
(2) ["사과", "배"]         ――――――→ 배열에서 바나나가 제거됩니다.

> itemsB.indexOf('바나나')
-1                       ――――――→ 바나나는 배열에 없으므로 -1을 출력합니다.
```

➕ 여기서 잠깐 | **문자열의 indexOf() 메소드**

문자열에도 indexOf() 메소드가 있습니다. 이를 사용하면 문자열 내부에서 특정 문자열의 위치를 찾을 수 있습니다.
다음 코드는 '동해물과 백두산이 마르고 닳도록'이라는 문자열 내부에서 '백두산'의 위치를 찾습니다. 백두산의 앞 글자인
'백'의 위치가 5번째 인덱스에 있으므로 5를 출력합니다.

```
> const stringA = "동해물과 백두산이 마르고 닳도록"
undefined

> stringA.indexOf("백두산")
5
```

indexOf() 메소드와 splice() 메소드는 배열 내부 요소를 하나만 제거할 수 있습니다. 배열 내부에서 특정 값을 가진 요소를 모두 제거하고 싶을 때는 04-2에서 배우는 반복문을 사용하거나 5장에서 배우는 filter() 메소드를 사용해야 합니다. 일반적으로 filter() 메소드를 많이 사용하며, 사용 방법은 다음과 같습니다.

```
> const itemsE = ['사과', '배', '바나나', '귤', '귤']
undefined

> itemsE.filter((item) => item !== '귤')
▶ (3) ["사과", "배", "바나나"]
```

> filter() 메소드 사용 방법은 224쪽에서 살펴보겠습니다.

배열의 특정 위치에 요소 추가하기

앞에서 배열 뒷부분에 요소를 추가하는 방법을 살펴보았습니다. 배열의 특정 위치에 요소를 추가하는 코드는 자주 사용하지 않지만, 간혹 사용되는 경우가 있으니 짚고 넘어가겠습니다.

배열의 특정 위치(인덱스)에 요소를 추가할 때는 splice() 메소드를 사용합니다. splice() 메소드의 2번째 매개변수에 0을 입력하면 splice() 메소드는 아무 것도 제거하지 않으며, 3번째 매개변수에 추가하고 싶은 요소를 입력합니다.

> splice() 메소드는 배열의 특정 위치에 요소를 추가할 때도 사용하고, 배열의 요소를 제거할 때도 사용합니다.

다음과 같이 사용합니다.

```
배열.splice(인덱스, 0, 요소)
```

코드를 입력해 살펴보겠습니다.

```
> const itemsD = ["사과", "귤", "바나나", "오렌지"]
undefined

> itemsD.splice(1, 0, "양파")
[]

> itemsD
(5) ["사과", "양파", "귤", "바나나", "오렌지"]  ──→ 1번째 인덱스에 양파가 추가됩니다.
```

자료의 비파괴와 파괴

자바스크립트는 자료 처리를 위해서 다양한 연산자, 함수, 메소드를 제공합니다. 자료 처리 연산자, 함수, 메소드는 크게 **비파괴적 처리**와 **파괴적 처리**로 구분할 수 있습니다. 처리 후 원본의 상태 변화에 따라 구분합니다.

- **비파괴적 처리**: 처리 후에 원본 내용이 변경되지 않습니다.
- **파괴적 처리**: 처리 후에 원본 내용이 변경됩니다.

비파괴적 처리

다음 코드와 실행 결과를 보면서 어떤 의미인지 알아보겠습니다. + 연산자를 사용해 문자열을 연결하는 경우를 생각해봅시다. a와 b를 연결하여 c를 만든 후에 a와 b를 살펴보면 원본 내용이 변하지 않습니다.

```
> const a = '안녕'          ──→ 변수를 선언합니다.
> const b = '하세요'

> const c = a + b           ──→ 문자열을 연결하는 처리를 합니다.

> c
"안녕하세요"

> a
"안녕"
> b                         ──→ 원본 내용이 변경되지 않았습니다.
"하세요"
```

note 필요 없는 출력은 생략했습니다.

파괴적 처리

반면 본문에서 살펴보았던 배열의 메소드들은 원본이 변경됩니다. 간단하게 push() 메소드를 살펴보겠습니다. push() 메소드를 실행한 뒤 array의 값을 보면 원본과 다르다는 것을 알 수 있습니다.

```
> const array = ["사과", "배", "바나나"]          ──→ 변수를 선언합니다.


> array.push("귤")                              ──→ 배열 뒷부분에 요소를 추가하는 처리를 합니다.
4


> array
(4) ["사과", "배", "바나나", "귤"]                ──→ 원본(array) 내용이 변경되었습니다.
```

> note 필요 없는 출력은 생략했습니다.

과거에는 컴퓨터 메모리가 많이 부족했습니다. 그래서 프로그래밍 언어와 라이브러리들은 최대한 메모리를 절약해서 사용하는 방식으로 설계되었습니다.

그나마 결과가 기본 자료형이면 메모리를 조금만 차지하기 때문에 원본과 결과를 모두 메모리에 저장해도 크게 무리가 없었습니다. 하지만 배열처럼 크기가 어느 정도인지 모르는 대상의 원본과 결과를 모두 메모리에 저장하는 것은 위험할 수 있습니다. 그래서 배열과 같이 거대해질 수 있는 자료는 메모리를 절약할 수 있게 대부분 **파괴적 처리**로 이루어졌습니다. 다만 파괴적 처리는 메모리를 절약할 수 있지만, 원본이 사라지기 때문에 위험할 수 있습니다.

따라서 메모리가 여유로운 현대의 프로그래밍 언어와 라이브러리는 자료 보호를 위해서 대부분 **비파괴적 처리**를 합니다.

현재 사용되고 있는 대부분의 프로그래밍 언어는 메모리가 부족했던 과거부터 메모리가 여유로운 현재까지 계속해서 표준이 제정되고 개발되고 있습니다. 초기에 표준화된 것들은 파괴적 처리를 많이 했으나, 최근 표준화된 것들은 비파괴적 처리를 많이 합니다.

아쉽게도 어떠한 처리가 파괴적인지 비파괴적인지를 구분하는 방법은 코드를 여러 번 실행해보면서 외우는 수밖에 없습니다. 이런 이유로 대학교 시험과 회사 면접에서 어떠한 처리인지를 묻는 문제를 많이 출제하니, 개념을 기억해두었다가 프로그램을 만들 때마다 '이건 파괴적 처리구나' 또는 '이건 비파괴적 처리구나'를 생각해보면서 그 쓰임을 익히기 바랍니다.

마무리

▶ 4가지 키워드로 정리하는 핵심 포인트

- 여러 개의 변수를 한 번에 선언해 다룰 수 있는 자료형을 **배열**이라고 합니다.

- 배열 내부에 있는 값을 **요소**라고 합니다.

- **비파괴적 처리**란 처리 후에 원본 내용이 변경되지 않는 처리를 의미합니다.

- **파괴적 처리**란 처리 후에 원본 내용이 변경되는 처리를 의미합니다.

▶ 확인 문제

1. 다음 배열들의 2번째 인덱스에 있는 값을 찾아보세요.

① ["1", "2", "3", "4"]   ⟶   [   ]

② ["사과", "배", "바나나", "귤", "감"]   ⟶   [   ]

③ [52, 273, 32, 103, 57]   ⟶   [   ]

2. 다음 코드의 실행 결과를 예측해보세요.

```html
<script>
  const array = [1, 2, 3, 4]

  console.log(array.length)
  console.log(array.push(5))
</script>
```

┌─ 🖵 실행 결과 ──────────── ✕ ─┐
│   │
│   │
│   │
│   │
│   │
│   │
└────────────────────────────┘

---

hint 2. 코드를 읽으면서 실행 결과를 예측해 본 후 직접 실행해 예측 결과가 맞는지 확인해보세요.

3. 다음 표시된 함수들이 파괴적 처리를 하는지 비파괴적 처리를 하는지 구분해 맞는 것에 O 표 시하세요.

① [파괴적 처리 / 비파괴적 처리]

```
> const strA = "사과,배,바나나,귤"
undefined

> strA.split(",")
(4) ["사과", "배", "바나나", "귤"]

> strA
"사과,배,바나나,귤"
```

② [파괴적 처리 / 비파괴적 처리]

```
> const arrayB = ["사과", "배", "바나나",
"귤"]
undefined

> arrayB.push("감")
5

> arrayB
(5) ["사과", "배", "바나나", "귤", "감"]
```

③ [파괴적 처리 / 비파괴적 처리]

```
> const arrayC = [1, 2, 3, 4, 5]
undefined

> arrayC.map((x) => x * x)
(5) [1, 4, 9, 16, 25]

> arrayC
(5) [1, 2, 3, 4, 5]
```

④ [파괴적 처리 / 비파괴적 처리]

```
> const strD = " 여백이 포함된 메시지    "
undefined

> strD.trim()
"여백이 포함된 메시지"

> strD
" 여백이 포함된 메시지    "
```

hint 3. 아직 배우지 않은 메소드들이 나오지만, 원본이 변하는지 변하지 않는지만 확인하면 됩니다.

04-2 반복문

핵심 키워드

[for in 반복문] [for of 반복문] [for 반복문] [while 반복문] [break] [continue]

컴퓨터가 인간에 비해 월등히 뛰어난 능력이 '반복'입니다. 아무리 반복해도 컴퓨터는 지루해 하지도, 능률이 떨어지지도 않습니다. 컴퓨터에 반복을 지시하는 방법이 바로 반복문입니다.

시작하기 전에

컴퓨터에게 반복 작업을 시키는 것은 간단합니다. 반복 작업 코드를 복사해서 붙여 넣으면 됩니다. 하지만 100번, 1000번 혹은 무한히 반복하고 싶을 때 코드를 계속 붙여 넣는 것은 무리입니다. 이럴 때 활용하는 것이 바로 **반복문**입니다.

1장부터 3장까지 학습하면서 대부분 무리 없이 진행하셨죠? 살펴본 구문도 많지 않고 구조도 단순해서 몇 개의 예제만으로도 쉽게 외우고 익힐 수 있었습니다. 하지만 4장의 반복문부터 5장의 함수까지는 이전에 학습한 것보다 구문도 늘어나고 형태도 복잡해 외우고 익히기가 쉽지 않습니다.

필자도 처음 프로그래밍을 배울 때 반복문이 너무 어려워서 2주 넘게 구문 입력조차 제대로 하지 못했습니다. 하루 이틀 만에 이해하지 못하거나 외우지 못했다고 너무 조급해 하지 마세요. 차근차근 이해하고 반복 학습을 하면 익숙해질 것입니다.

for in 반복문

배열과 함께 사용할 수 있는 반복문은 for in 반복문입니다. for in 반복문은 배열 요소를 하나하나 꺼내서 특정 문장을 실행할 때 사용합니다. for in 반복문의 기본 형태는 다음과 같습니다.

```
for (const 반복 변수 in 배열 또는 객체) {
    문장
}
```

코드를 실제로 작성해보겠습니다.

직접 해보는 손코딩

for in 반복문   소스 코드 4-2-1.html

```
01 <script>
02    const todos = ['우유 구매', '업무 메일 확인하기', '필라테스 수업']
03
04    for (const i in todos) {
05      console.log(`${i}번째 할 일: ${todos[i]}`)
06    }
07 </script>
```

실행 결과 ✕

0번째 할 일: 우유 구매
1번째 할 일: 업무 메일 확인하기
2번째 할 일: 필라테스 수업

for 반복문의 **반복 변수**(위의 코드에서 i)에는 요소의 인덱스들이 들어옵니다. 이를 활용해서 배열 요소에 접근할 수 있습니다.

for in 반복문은 구문 자체로 코드의 양이 어느 정도 있어서 코드를 하나하나 입력하는 것이 힘들 수 있습니다. 이럴 때 코드 블록을 사용해주세요. for를 입력하면 for와 관련된 여러 코드 블록이 나옵니다. 방향키를 사용해 forin 코드 블록으로 이동하고 Enter 또는 Tab 키를 누릅니다.

for in 코드 블록

```
for|
≣∤ for
□ for                          For Loop
□ foreach                 For-Each Loop
□ forin                    For-In Loop
□ forof                    For-Of Loop
[e] FormData
[e] WebGLShaderPrecisionFormat
⊙ webkitConvertPointFromNodeToPage
⊙ webkitConvertPointFromPageToNode
[e] Float32Array
[e] Float64Array
[e] BiquadFilterNode
```

```
For-In Loop(JavaScript 언어 기 ×
본)
for (const key in object) {
    if
(object.hasOwnProperty(key)) {
        const element =
object[key];

    }
}
```

그러면 다음과 같은 코드 블록이 생성됩니다. 본문에서 살펴보았던 기본 형태 이외에도 여러 가지 추가 설명이 붙는 것을 볼 수 있습니다. 일반적으로 추가 코드는 제거하고 사용해도 문제 없습니다.

```javascript
for (const key in object) {
  if (object.hasOwnProperty(key)) {
    const element = object[key];


  }
}
```

note 참고로 for in 반복문은 이런 코드를 추가해서 사용해야 안정적(예상에서 벗어나지 않는 형태)으로 쓸 수 있는 조금 위험한 반복문입니다. 가장 기초적인 반복문이라 먼저 살펴보았지만, 이후에 설명하는 for of 반복문과 for 반복문을 활용하는 것이 좋습니다.

코드 블록 기능 없이도 입력할 수 있게 구문을 외워두는 것이 좋습니다.

for of 반복문

for in 반복문은 반복 변수에 인덱스가 들어갑니다. 그래서 반복문 내부에 요소를 사용하려면 fruits[i]와 같은 형태로 사용하며, 안정성을 위해 몇 가지 코드를 더 추가한다고 했습니다.

그래서 등장한 것이 **for of 반복문**이며, 요소의 값을 반복할 때 안정적으로 사용할 수 있습니다. for of 반복문의 기본 형태는 다음과 같습니다.

```
for (const 반복 변수 of 배열 또는 객체) {
    문장        ───┐
                  └──▶ for in 반복문과 다르게 반복 변수에 요소의 값이 들어갑니다.
}
```

다른 구문들과 마찬가지로 forof 코드 블록이 제공됩니다.

for of 코드 블록

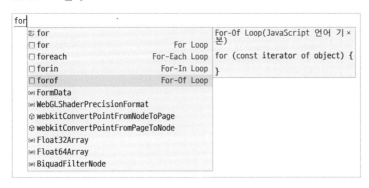

그럼 간단하게 for of 반복문을 사용해보겠습니다.

for of 반복문 (소스 코드 **4-2-2.html**)

```
01  <script>
02    const todos = ['우유 구매', '업무 메일 확인하기', '필라테스 수업']
03    for (const todo of todos) {
04      console.log(`오늘의 할 일: ${todo}`)
05    }
06  </script>
```

> 🖥 **실행 결과**   ✕
> 오늘의 할 일: 우유 구매
> 오늘의 할 일: 업무 메일 확인하기
> 오늘의 할 일: 필라테스 수업

for 반복문

for 반복문의 기본 형태는 다음과 같습니다. 일반적으로 for 반복문은 특정 횟수만큼 반복하고 싶을 때 사용하는 범용적인 반복문입니다.

```
for (let i = 0; i < 반복 횟수; i++) {
    문장 ┌→ 다른 반복문과 다르게 반복 변수를 let 키워드로 선언합니다.
}
```

필자는 처음 프로그래밍을 공부할 때 for 반복문의 형태를 오랜 시간 외우지 못해 애먹었습니다. 한 번에 외우기는 힘들 수 있으니 시간을 갖고 차근차근 학습하기 바랍니다. for 코드 블록은 다음과 같습니다.

for 코드 블록

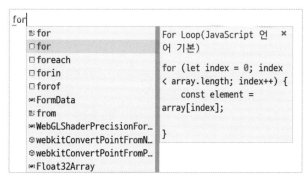

익숙해질 때까지는 코드 블록을 활용해보거나 코드 블록의 내용을 한 번씩 입력해보는 것도 도움이 됩니다.

for 반복문의 가장 기본적인 형태로, 특정 횟수만큼 반복하는 예제를 작성해보겠습니다.

직접 해보는 손코딩

for 반복문 기본 소스 코드 4-2-3.html

```
01 <script>
02   for (let i = 0; i < 5; i++) {
03     console.log(`${i}번째 반복입니다.`)
04   }
05 </script>
```

0부터 시작해서 5 미만이면 반복합니다. → 불 값

실행 결과   ✕

0번째 반복입니다.
1번째 반복입니다.
2번째 반복입니다.
3번째 반복입니다.
4번째 반복입니다.

코드를 실행하면 0부터 4까지 출력하는 모습을 볼 수 있습니다. for 반복문은 i는 0이고, 0부터 5미만까지 1씩 더하면서(++) 반복한다고 읽습니다.

만약 1부터 N까지 하나씩 더하면서(++) 반복하고 싶을 때는 어떻게 해야 할까요? 1부터 100까지 더하는 예제를 for 반복문으로 구현하면 다음과 같습니다.

직접 해보는 손코딩

1부터 N까지 더하기 소스 코드 4-2-4.html

```
01 <script>
02   let output = 0
03   for (let i = 1; i <= 100; i++) {      1부터 100까지 반복합니다.
04     output += i
05   }
06   console.log(`1~100까지 숫자를 모두 더하면 ${output}입니다.`)
07 </script>
```

실행 결과   ✕

1~100까지 숫자를 모두 더하면 5050입니다.

1부터 시작해야 하므로 i를 1로 초기화합니다. i가 100보다 작거나 같을 때까지 반복해야 하므로 <= 100을 사용합니다.

> for 반복문을 조금씩 변형해서 사용할 수 있습니다.

2행과 4행의 코드를 살펴보겠습니다. 변수 output을 0으로 초기화하고, 여기에 i를 더하는 형태입니다. 변수에 초깃값을 주고 반복하면서 어떤 처리를 한 뒤, 출력하는 코드는 고정적으로 사용하는 패턴입니다.

이때 초깃값이 매우 중요합니다. 위 예제를 응용해서 1부터 100까지의 곱을 구하는 예제를 만들어보세요. 이 예제의 코드는 192쪽의 확인 문제에서 확인합니다.

for 반복문과 함께 배열 사용하기

for 반복문은 배열과 조합할 수 있습니다. 보통 배열의 length 속성만큼 반복을 돌리는 형태로 사용합니다.

for 반복문과 배열 소스 코드 4-2-5.html

```
01 <script>
02   const todos = ['우유 구매', '업무 메일 확인하기', '필라테스 수업']
03
04   for (let i = 0; i < todos.length; i++) {
05     console.log(`${i}번째 할 일: ${todos[i]}`)
06   }
07 </script>
```

```
▣ 실행 결과                    ✕
0번째 할 일: 우유 구매
1번째 할 일: 업무 메일 확인하기
2번째 할 일: 필라테스 수업
```

for 반복문은 범용적인 반복문으로 다양한 응용이 가능합니다. 예를 들어 '배열의 length 속성 − 1 부터 0까지 하나씩 빼면서 반복한다'와 같은 형태로 작성하여 반복을 역으로 돌릴 수도 있습니다.

배열의 length 속성을 이용하는 것은 for 반복문에서 많이 사용하는 형태이니 꼭 기억해두세요.

for 반복문으로 배열을 반대로 출력하기 소스 코드 4-2-6.html

```
01 <script>
02   const todos = ['우유 구매', '업무 메일 확인하기', '필라테스 수업']
03
04   for (let i = todos.length - 1; i >= 0; i--) {
05     console.log(`${i}번째 할 일: ${todos[i]}`)
06   }
07 </script>
```

배열의 마지막 요소부터 0까지 하나씩 빼면서 반복합니다.

```
▣ 실행 결과                    ✕
2번째 할 일: 필라테스 수업
1번째 할 일: 업무 메일 확인하기
0번째 할 일: 우유 구매
```

for 반복문의 기본 사용 형태를 모두 알아보았습니다. 이번 절에서 배운 for 반복문의 핵심은 사람이 컴퓨터를 사용하는 대표적인 이유라고 할 수 있는 '엄청난 속도로 엄청난 양의 반복'입니다. for 반복문의 사용 범위 또한 넓어 자주 활용되므로 확인 문제를 통해 다양한 문제들을 접하면서 정확하게 알아두세요.

for 반복문은 빠른 속도로 많은 양을 반복 작업하기 때문에 사용 범위가 넓습니다.

while 반복문

while 반복문은 if 조건문과 형태가 매우 비슷한 반복문입니다. if 조건문과 다른 점은 문장을 한 번만 실행하고 끝나는 것이 아니라 불 표현식이 true면 계속해서 문장을 실행한다는 것입니다.

```
while (불 표현식) {
    문장
}
```

while 반복문의 경우 조건이 변하지 않는다면 무한히 반복 실행하므로 조건을 거짓으로 만들 수 있는 내용이 문장에 포함되어 있어야 합니다. 반복문이 무한 반복되는 것을 **무한 루프**infinite loop라고 합니다.

무한 반복문　소스 코드 4-2-7.html

```
01  <script>
02    let i = 0
03    while (true) {
04      alert(`${i}번째 반복입니다.`)
05      i = i + 1
06    }
07  </script>
```

실행 결과 ✕

89번째 반복입니다.

코드를 실행하면 [확인] 버튼을 클릭할 때마다 경고 창이 계속 뜹니다. 일부 웹 브라우저(인터넷 익스플로러 등)는 웹 브라우저를 강제 종료해야만 경고 창의 무한 지옥에서 벗어날 수 있습니다.

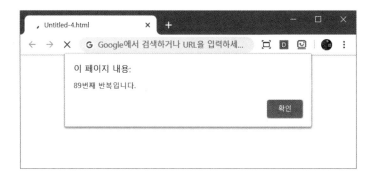

➕ 여기서 잠깐　　**반드시 무한 반복을 벗어나게 코드 구현하기**

다른 프로그래밍 언어에서는 '데이터를 전달받을 때까지 기다린다'와 같은 목적으로 무한 반복문을 사용하기도 합니다. 하지만 자바스크립트는 무한 반복을 사용하면 페이지 전체가 먹통이 되는 문제가 발생하므로 184쪽에서 설명하는 break 구문 등을 활용해서 반드시 무한 반복을 벗어나도록 코드를 구현해야 합니다.

while 반복문의 활용 예제를 좀 더 살펴보겠습니다.

직접 해보는 손코딩

while 반복문 기본　　소스 코드 4-2-8.html

```
01 <script>
02   let i = 0
03   while (confirm('계속 진행하시겠습니까?')) {
04     // 사용자가 [확인] 버튼을 클릭하면 true가 되어 계속 반복합니다.
05     alert(`${i}번째 반복입니다.`)
06     i = i + 1
07   }
08 </script>
```

> 🖵 **실행 결과**　　　　　　✕
>
> 계속 진행하시겠습니까?
> 입력> 확인
> 0번째 반복입니다.
> 입력> 확인
> 계속 진행하시겠습니까?
> ⋯
> 입력> 취소

while 반복문의 조건식에 **confirm()** 함수를 넣었습니다. confirm() 함수를 입력하면 사용자에게 확인을 받는 대화상자가 실행됩니다. 사용자가 [확인] 버튼을 클릭하면 true가 되어 반복문을 계속해서 반복합니다. 반면 사용자가 [취소] 버튼을 클릭하면 false로 바뀌어 반복을 종료합니다.

while 반복문과 함께 배열 사용하기

while 반복문과 for 반복문은 서로 대체해서 사용할 수 있습니다. 예를 들어 배열 요소를 하나씩 출력하는 코드를 while 반복문으로 구현한다면 다음과 같이 구현할 수 있습니다.

배열과 함께 사용하기　<u>소 스 코 드</u>　4-2-9.html

```
01 <script>
02   let i = 0
03   const array = [1, 2, 3, 4, 5]
04
05   while (i < array.length) {
06     console.log(`${i} : ${array[i]}`)
07     i++
08   }
09 </script>
```

🖊 실행 결과	✕
0 : 1	
1 : 2	
2 : 3	
3 : 4	
4 : 5	

하지만 이처럼 횟수를 기준으로 반복할 때는 코드를 간결하게 구현할 수 있는 for 반복문을 사용하는 것이 훨씬 편합니다. while 반복문은 조건에 큰 비중이 있을 때 사용하는 것이 좋습니다. '특정 시간 동안 어떤 데이터를 받을 때까지', '배열에서 어떠한 요소가 완전히 제거될 때까지' 등 조건을 기반으로 사용하는 반복문에 while 반복문을 사용합니다.

아직은 언제 for 반복문을 사용할지 while 반복문을 사용할지 구분하기 어렵습니다. 다양한 코드를 경험하는 것이 답입니다.

break 키워드

break 키워드는 switch 조건문에서 언급했듯이 switch 조건문이나 반복문을 벗어날 때 사용하는 키워드입니다. while 반복문은 조건이 항상 참이므로 무한 반복합니다. 이러한 무한 루프는 break 키워드를 사용해야 벗어날 수 있습니다.

```
while (true) {

} break
```

다음 코드는 몇 번째 반복문인지 경고창을 출력하고 사용자에게 한 번 더 반복 작업을 수행할지 물어보는 예제입니다.

직접 해보는 손코딩

break 키워드 활용　소스 코드　4-2-10.html

```
01 <script>
02   // 반복문
03   for (let i = 0; true; i++) {
04     alert(i + '번째 반복문입니다.')
05
06     // 진행 여부를 물어봅니다.
07     const isContinue = confirm('계속 하시겠습니까?')
08     if (!isContinue) {
09       break
10     }
11   }
12
13   // 프로그램의 종료를 확인합니다.
14   alert('프로그램 종료')
15 </script>
```

```
실행 결과                        ✕
0번째 반복문입니다.
입력> 확인
계속 하시겠습니까?
입력> 확인
1번째 반복문입니다.
입력> 확인
계속 하시겠습니까?
입력> 확인
2번째 반복문입니다.
입력> 확인
계속 하시겠습니까?
입력> 취소
프로그램 종료
```

[확인] 버튼을 클릭하면 confirm() 함수가 true로 변환되므로 논리 부정 연산자를 통해 false로 바꿉니다. 반대로 사용자가 [취소] 버튼을 클릭하면 break 키워드가 실행되어 반복문이 종료됩니다.

continue 키워드

continue 키워드는 반복문 안의 반복 작업을 멈추고 반복문의 처음으로 돌아가 다음 반복 작업을 진행합니다. 설명이 어려울 수 있으니 코드를 실행하면서 살펴봅시다.

직접 해보는 손코딩

continue 키워드 활용(1)　소스 코드 4-2-11.html

```
01 <script>
02   // 반복문
03   for (let i = 0; i < 5; i++) {
04     // 현재 반복 작업을 중지하고 다음 반복 작업을 수행합니다.
05     continue
06     alert(i)
07   }
08 </script>
```

코드를 실행하면 경고창이 출력되지 않습니다. continue 키워드를 만나면 바로 다음 반복 작업으로 넘어가므로 alert() 함수를 실행하지 않습니다.

0부터 10까지 짝수 합을 구하는 코드를 살펴보겠습니다.

직접 해보는 손코딩

continue 키워드 활용(2)　소스 코드 4-2-12.html

```
01 <script>
02   // 변수를 선언합니다.
03   let output = 0
04
05   // 반복문
06   for (let i = 1; i <= 10; i++) {
07     // 조건문
08     if (i % 2 === 1) {
09       // 홀수면 현재 반복을 중지하고 다음 반복을 수행합니다.
10       continue
```

```
11      }
12      output += i
13    }
14
15    // 출력합니다.
16    alert(output)
17 </script>
```

실행 결과 ☒

30

조건문을 사용해서 홀수일 때는 continue 키워드를 만나 바로 다음 반복 작업으로 넘어가므로 짝수합만 구해집니다.

break 키워드나 continue 키워드를 적당히 사용하면 코드가 간결해 보입니다. 하지만 그런 적당한 경우는 드물죠. break 키워드나 continue 키워드는 반복문의 조건식을 적절하게 만들면 필요 없는 구문이기도 합니다. 프로그래밍을 처음 배울 때는 소선식 만드는 게 익숙히지 않아 break 키워드나 continue 키워드가 필요 없는 부분에도 무리하게 사용하는데, 최대한 자제할 수 있도록 주의하기 바랍니다.

중첩 반복문을 사용하는 피라미드 [누적 예제]

중첩 조건문과 마찬가지로 반복문을 여러 겹 중첩해 사용하면 중첩 반복문이라고 부릅니다. 중첩 반복문은 일반적으로 n-차원 처리를 할 때 사용합니다.

[1, 2, 3]처럼 배열이 한 겹으로 감싸진 배열을 1차원 배열, [[1, 2, 3], [4, 5, 6]]처럼 두 겹으로 감싸진 배열을 2차원 배열이라고 부릅니다. 이러한 n-차원의 배열 요소를 모두 확인하려면 일반적으로는 반복문을 n번 중첩해야 합니다.

직접적인 배열 처리가 아니라 출력을 n-차원으로 해야 하는 경우(2차원 그래픽 출력, 3차원 그래픽 출력 등)에도 반복문을 n번 중첩해서 사용해야 합니다.

중첩 반복문 사용하기(1)

중첩 반복문을 공부할 때 사용하는 고전적인 예제로 다음과 같은 피라미드 만들기가 있습니다. 다음과 같은 실행 결과가 나오도록 직접 구현해보기 바랍니다. 반드시 반복문을 사용해주세요.

```
*
**
***
****
*****
******
*******
********
*********
```

Hint! 반복문을 중첩해서 사용하세요!

다음 코드에서 '여기를 작성하세요' 부분을 완성해보세요.

```
<script>
  // 변수를 선언합니다.
  let output = ''

  // 중첩 반복문
  // 여기를 작성하세요.

  // 출력합니다.
  console.log(output)
</script>
```

필자가 처음 프로그래밍을 배울 때 이 예제를 직접 완성하지 못하고 결국 답지를 보았습니다. 5년 정도 후에 함께 일하는 동료들과 이야기를 나누다가 다시 한번 만들어봤는데 그때도 스스로 완성하지 못했습니다. 어려운 문제이니 코드를 작성하지 못해도 크게 낙심하지 마세요!

프로그래밍은 항상 여러 가지 답이 나올 수 있습니다. 일반적인 답은 다음과 같습니다. 반복문을 2번 중첩해 사용했습니다.

직접 해보는 손코딩

중첩 반복문 사용하기(1)　　소스 코드　4-2-13.html

```
01 <script>
02   // 변수를 선언합니다.
03   let output = ''
04
05   // 중첩 반복문
06   for (let i = 1; i < 10; i++) {
07     for (let j = 0; j < i; j++) {
08       output += '*'
09     }
10     output += '\n'
11   }
12
13   // 출력합니다.
14   console.log(output)
15 </script>
```

2개의 for 반복문이 한 번 실행될 때마다 나오는 결과를 직접 적어가며 분석하다 보면 결과가 어떻게 해서 나오게 되는지 알 수 있습니다. 직접 해보기 바랍니다.

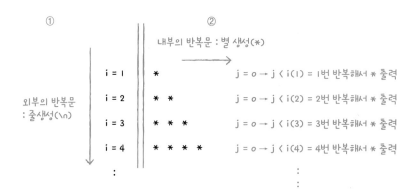

중첩 반복문 사용하기(2)

다음은 앞서 실행했던 예제와 다른 형태의 피라미드 예제입니다. 필자는 이 예제도 프로그래밍을 처음 공부할 당시 며칠을 꼬박 고민하고도 완성하지 못했습니다.

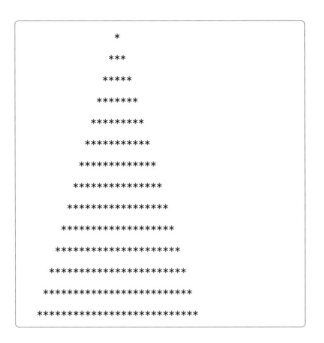

일반적인 답은 다음과 같습니다. 직접 하나씩 분석해보세요.

직접 해보는 손코딩

중첩 반복문 사용하기(2)   소스 코드 4-2-14.html

```
01 <script>
02   // 변수를 선언합니다.
03   let output = ''
04
05   // 반복문
06   for (let i = 1; i < 15; i++) {
07     for (let j = 15; j > i; j--) {
08       output += ' '
09     }
10     for (let k = 0; k < 2 * i - 1; k++) {
11       output += '*'
```

```
12       }
13       output += '\n'
14    }
15
16    // 출력합니다.
17    console.log(output)
18 </script>
```

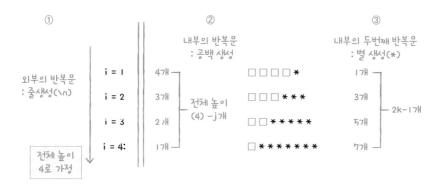

이번 활용 예제를 직접 연습하고 분석하면서 진행했다면 며칠이 지났을지도 모릅니다. 이 책이나 실무에서 이만큼 어려운 반복문은 그다지 많이 사용하지 않습니다. 따라서 이번 예제를 모두 이해했다면 책에 있는 모든 예제를 진행할 실력을 갖춘 것입니다.

마무리

▶ 6가지 키워드로 정리하는 핵심 포인트

- **for in 반복문**은 배열의 인덱스를 기반으로 반복할 때 사용합니다.

- **for of 반복문**은 배열의 값을 기반으로 반복할 때 사용합니다.

- **for 반복문**은 횟수를 기반으로 반복할 때 사용합니다.

- **while 반복문**은 조건을 기반으로 반복할 때 사용합니다.

- **break 키워드**는 switch 조건문이나 반복문을 벗어날 때 사용합니다.

- **continue 키워드**는 반복문 안의 반복 작업을 멈추고 반복문의 처음으로 돌아가 다음 반복 작업을 진행합니다.

▶ 확인 문제

1. 다음 프로그램의 실행 결과를 예측해보세요.

```html
<script>
  const array = ['사과', '배', '귤', '바나나']

  console.log('# for in 반복문')
  for (const i in array) {
    console.log(i)
  }

  console.log('# for of 반복문')
  for (const i of array) {
    console.log(i)
  }
</script>
```

📄 실행 결과	✕

2. 다음 프로그램의 실행 결과를 예측해보세요. 혹시 오류가 발생한다면 어디를 수정해야 할까요?

```
<script>
  const array = []
  for (const i = 0; i < 3; i++) {
    array.push((i + 1) * 3)
  }
  console.log(array)
</script>
```

> 🔲 **실행 결과**　　　　　　　　　　　　　　　　　　　　　　　　　　　　　　　　　　✕
>
>

3. 1부터 100까지의 숫자를 곱한 값을 계산하는 프로그램을 만들어보세요. 그리고 코드를 실행해 나온 결과를 확인해 보세요.

```
<script>
  let output = 1
```

```
  console.log(`1~100의 숫자를 모두 곱하면, ${output}입니다.`)
</script>
```

> 🔲 **실행 결과**　　　　　　　　　　　　　　　　　　　　　　　　　　　　　　　　　　✕
>
>

hint　2. 함정이 숨어있습니다. 직접 실행해볼 것을 추천합니다.

4. 처음에는 조금 어려울 수 있겠지만, 활용 예제의 피라미드를 활용해서 다음과 같은 피라미드를 만들어보세요.

```
<script>
    // 변수를 선언합니다.
    let output = ''
    const size = 5



    // 반복합니다.







    // 출력합니다.
    console.log(output)
</script>
```

⟨/⟩ 실행 결과   ✕

```
    *
   ***
  *****
 *******
*********
 *******
  *****
   ***
    *
```

04-2 | 반복문 **193**

기본편

05

함수는 코드의 집합이며, 모든 프로그래밍 언어에서 매우 중요한 부분입니다. 5장에서는 함수를 직접 만드는 방법을 공부합니다. 처음 프로그래밍 언어를 공부한다면 어렵게 느껴질 수 있습니다. 그러나 함수를 이해하지 못하면 이후 내용을 진행할 수 없으니 어렵다면 2번 정도 읽어주세요. 글로만 읽는 것보다 예제를 작성하고 실행해 보는 것이 이해하는 데 도움이 됩니다.

함수

학습목표

• 함수를 만들고 사용하는 방법을 배웁니다.

• 함수의 기본을 익히기 위한 다양한 예제를 다룹니다.

• 함수를 매개변수로 전달하는 특성을 배웁니다.

함수의 기본 형태

익명 함수　　선언적 함수　　매개변수　　리턴값　　가변 매개변수 함수

전개 연산자　　기본 매개변수

함수는 프로그래밍 문법의 꽃이라고 부를 수 있습니다. 문법의 형태는 조건문과 반복문에 비해 어렵지 않지만 만드는 방법이 다양해 이해가 힘들 수 있는 반면, 이를 활용할 수 있는 가능성은 무궁무진합니다.

시작하기 전에

이번 절에서는 함수의 기본 형태를 알아봅니다. 자바스크립트는 함수를 만드는 방법이 많아서 처음에는 어떤 함수를 언제 활용해야 하는지 이해하기 힘들 수 있습니다. 이런 고민의 답은 "아무 것이나 원하는 대로 사용해도 된다." 입니다.

내부적으로는 약간의 차이가 있을 수 있지만, 코드를 실행하는 데 문제가 없다면 어떤 형태로 사용해도 괜찮습니다. 코드를 작성하는 데 정해진 답은 없습니다. 자신이 편하다고 생각하는 형태로 또는 자신과 함께 일하는 팀의 사람들이 편하다고 생각하는 형태로 활용하세요.

본격적으로 함수를 알아보기 전에 몇 가지 용어를 정리해보겠습니다. 함수를 사용하는 것을 함수 호출, 즉 '함수를 호출하다'고 표현합니다. 함수를 호출할 때는 괄호 내부에 여러 가지 자료를 넣는데, 이러한 자료를 매개변수라고 부릅니다. 그리고 함수를 호출해서 최종적으로 나오는 결과를 리턴값이라고 부릅니다.

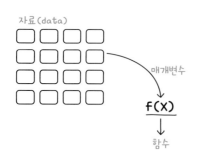

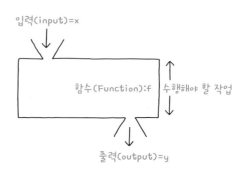

익명 함수

함수는 코드의 집합을 나타내는 자료형이며, 기본 형태는 다음과 같습니다.

```
function () { }
```

함수를 코드의 집합이라고 말하는 이유는 중괄호 {...} 내부에 코드를 넣기 때문입니다.

함수를 사용하면 좋은 점은 다음과 같습니다.

- 반복되는 코드를 한 번만 정의해놓고 필요할 때마다 호출하므로 반복 작업을 피할 수 있습니다.
- 긴 프로그램을 기능별로 나눠 여러 함수로 나누어 작성하면 모듈화로 전체 코드의 가독성이 좋아집니다.
- 기능별(함수별)로 수정이 가능하므로 유지보수가 쉽습니다.

함수를 선언해보고 함수를 출력하면서 그 의미를 살펴보겠습니다.

직접 해보는 손코딩

익명 함수 선언하기　　소스 코드 5-1-1.html

```
01 <script>
02   // 변수를 생성합니다.
03   const 함수 = function () {
04     console.log('함수 내부의 코드입니다 ... 1')
05     console.log('함수 내부의 코드입니다 ... 2')
06     console.log('함수 내부의 코드입니다 ... 3')
07     console.log('')
08   }
09
10   // 함수를 호출합니다.
11   함수()        우리가 만든 함수도 기존의 alert(), prompt() 함수처럼 호출할 수 있습니다.
12   함수()
13
14   // 출력합니다.
15   console.log(typeof 함수)        함수의 자료형을 확인해봅니다.
16   console.log(함수)        함수 자체도 단순한 자료이므로 출력할 수 있습니다.
17 </script>
```

```
함수 내부의 코드입니다 ... 1
함수 내부의 코드입니다 ... 2         →  11행에서 함수를 호출한 결과입니다.
함수 내부의 코드입니다 ... 3            여러 코드의 집합이 한 번에 실행됩니다.

함수 내부의 코드입니다 ... 1
함수 내부의 코드입니다 ... 2         →  12행에서 두 번째 호출했으므로 코드 집합이 한 번 더 실행됩니다.
함수 내부의 코드입니다 ... 3

function                           →  함수의 자료형입니다.
f () {
  console.log('함수 내부의 코드입니다 ... 1')
  console.log('함수 내부의 코드입니다 ... 2')
  console.log('함수 내부의 코드입니다 ... 3')   →  함수를 출력한 결과입니다.
  console.log('')
}
```

함수는 코드의 집합입니다. 그래서 함수를 실행하면 여러 코드를 한 번에 묶어서 실행할 수 있으며, 필요할 때마다 호출하여 반복적으로 사용할 수도 있습니다.

함수의 자료형은 function이며 현재 코드에서 함수를 출력하면 f ( ) { }라고 출력됩니다. 이때 f는 함수를 나타냅니다. 함수를 출력했을 때 별다른 이름이 붙어있지 않은 것을 볼 수 있습니다. 이처럼 이름이 붙어있지 않은 함수를 **익명 함수**anonymous function라고 표현합니다(이름이 붙는 형태는 199쪽에서 설명합니다).

[직접 해보는 손코딩]의 실행 결과를 보면서 기존에 사용하던 함수들의 소스 코드를 볼 수 있겠다는 생각이 들 수도 있습니다. 아쉽게도 모든 웹 브라우저가 내장하고 있는 함수의 소스 코드는 볼 수 없습니다.

```
> console.log(alert)
undefined
ƒ alert() { [native code] }


> console.log(prompt)
undefined
ƒ prompt() { [native code] }      →  함수에 이름이 붙어있습니다.


> console.log(console.log)
undefined
ƒ log() { [native code] }
```

선언적 함수

앞에서 함수 생성 방법을 간단히 살펴봤습니다. 하지만 일반적으로 다음과 같이 이름이 있는 함수를 많이 사용합니다. 이렇게 생성한 함수를 **선언적 함수**라고 합니다.

```
function 함수() {

}
```

조금의 차이는 있지만 선언적 함수는 다음 코드와 같은 기능을 수행합니다. 그 차이에 대해서 235쪽의 〈좀 더 알아보기〉에서 다루겠습니다.

```
let 함수 = function () { };
```

간단하게 선언적 함수를 만들어보겠습니다.

직접 해보는 손코딩

선언적 함수 선언하기　소스 코드　5-1-2.html

```
01 <script>
02   // 함수를 생성합니다.
03   function 함수 () {
04     console.log('함수 내부의 코드입니다 ... 1')
05     console.log('함수 내부의 코드입니다 ... 2')
06     console.log('함수 내부의 코드입니다 ... 3')
07     console.log('')
08   }
09
10   // 함수를 호출합니다.
11   함수()
12   함수()
13
14   // 출력합니다.
15   console.log(typeof 함수)
16   console.log(함수)
17 </script>
```

```
함수 내부의 코드입니다 ... 1
함수 내부의 코드입니다 ... 2
함수 내부의 코드입니다 ... 3

함수 내부의 코드입니다 ... 1
함수 내부의 코드입니다 ... 2
함수 내부의 코드입니다 ... 3

function
ƒ 함수 () {         → 이전과 다르게 함수에 이름이 붙어 있습니다.
  console.log('함수 내부의 코드입니다 ... 1')
  console.log('함수 내부의 코드입니다 ... 2')
  console.log('함수 내부의 코드입니다 ... 3')
  console.log('')
}
```

실행 결과는 앞에서 살펴보았던 익명 함수와 큰 차이가 없는 것을 알 수 있습니다. 한 가지 차이는 함수를 출력했을 때 함수에 이름이 붙어있다는 것뿐입니다.

매개변수와 리턴값

함수를 사용하면서 다음과 같은 그림을 많이 봤을 겁니다. 함수를 호출할 때 괄호 안에 적는 것을 **매개변수**라고 합니다. prompt() 함수를 사용할 때 매개변수로 message를 넣어야 합니다. 그러면 prompt() 함수의 최종 결과는 문자열로 나옵니다. 함수의 최종 결과를 **리턴값**이라고 부릅니다.

prompt() 함수의 매개변수와 리턴값

```
function prompt(message?: string, _default?: string): string
prompt()
```

그런데 앞에서 우리가 만든 '함수'라는 이름의 함수는 입력할 때 괄호 내부에 아무 것도 나오지 않습니다. 모든 함수에 매개변수와 리턴값을 사용하는 것이 아니라 필요한 경우에만 매개변수와 리턴값을 사용합니다.

사용자 정의 함수의 매개변수와 리턴값

```
function 함수(): void
함수()
```

매개변수와 리턴값을 갖는 함수는 다음과 같은 방법으로 만듭니다.

```
function 함수(매개변수, 매개변수, 매개변수) {
  문장
  문장
  return 리턴값
}
```

매개변수와 리턴값은 〈시작하기 전에〉에서도 봤듯이 다음 그림과 같은 형태로 생각할 수 있습니다. 함수에 넣는 input이 **매개변수**이고, 결과로 나오는 output이 **리턴값**입니다. 리턴값은 함수 내부에 **return** 키워드를 입력하고 뒤에 값을 넣어서 생성합니다.

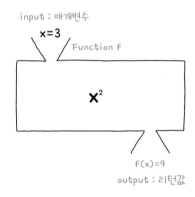

그림에서 살펴본 함수를 만들어보겠습니다. 매개변수로 x를 넣으면 x^2을 리턴하는 함수입니다.

직접 해보는 손코딩

기본 형태의 함수 만들기 소스 코드 5-1-3.html

```
01 <script>
02   // 함수를 선언합니다.
03   function f(x) {
04     return x * x
05   }
06
07   // 함수를 호출합니다.
08   console.log(f(3))
09 </script>
```

실행 결과 ✕

```
9
```

코드를 작성할 때 다음과 같은 보조 기능이 동작하는 것을 확인할 수 있습니다.

매개변수와 리턴값

```
// 함수를 호출 function f(x: any): number
console.log(f())
```

기본적인 함수 예제

함수의 기본 문법은 간단합니다. 하지만 함수를 실제로 활용하려고 하면 눈앞이 깜깜해지면서 어떻게 코드를 작성해야 할지 막막할 것입니다. 간단한 예제를 통해 함수에 익숙해지는 시간을 가져보겠습니다.

윤년을 확인하는 함수 만들기

보통 2월은 28일까지 있지만 몇년에 한 번 29일까지 있기도 합니다. 이런 해를 윤년^{leap year}이라고 부르고 다음과 같은 특징이 있습니다.

- 4로 나누어 떨어지는 해는 윤년이다.
- 하지만 100으로 나누어 떨어지는 해는 윤년이 아니다.
- 하지만 400으로 나누어 떨어지는 해는 윤년이다.

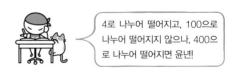
4로 나누어 떨어지고, 100으로 나누어 떨어지지 않으나, 400으로 나누어 떨어지면 윤년!

윤년의 특징을 isLeapYear()라는 이름의 함수로 구현해봅시다. 숫자인 년도를 매개변수로 입력했을 때 윤년이면 true, 윤년이 아니면 false를 리턴해주면 됩니다. 간단한 함수이므로 직접 구현해보고 코드를 살펴보기 바랍니다.

윤년인지 확인하는 함수　소스 코드　5-1-4.html

```
01 <script>
02   function isLeapYear(year) {
03     return (year % 4 === 0) && (year % 100 !== 0) || (year % 400 === 0)
04   }
05
06   console.log(`2020년은 윤년일까? === ${isLeapYear(2020)}`)
07   console.log(`2010년은 윤년일까? === ${isLeapYear(2010)}`)
08   console.log(`2000년은 윤년일까? === ${isLeapYear(2000)}`)
09   console.log(`1900년은 윤년일까? === ${isLeapYear(1900)}`)
10 </script>
```

> **실행 결과**　✕
>
> 2020년은 윤년일까? === true
> 2010년은 윤년일까? === false
> 2000년은 윤년일까? === true
> 1900년은 윤년일까? === false

조건부 연산자를 사용해서 간단하게 한 줄로 isLeapYear() 함수를 구현했습니다. 일반적으로 자바스크립트에서 true 또는 false를 리턴하는 함수는 is○○이라는 이름으로 만드는 편입니다. 이후에 다른 라이브러리를 살펴볼 때 함수 이름만 보고도 불 자료형을 리턴하는지 알 수 있습니다.

A부터 B까지 더하는 함수 만들기

A부터 B까지라는 범위를 지정했을 때 범위 안에 있는 숫자를 모두 더하는 함수를 만들어봅시다. 예를 들어 1부터 5까지 더하라고 하면 매개변수로 1과 5를 입력하고, 리턴값으로 1부터 5까지 더한 값인 15가 나오면 됩니다.

a부터 b까지 더하는 함수   소스 코드 5-1-5.html

```
01 <script>
02   function sumAll(a, b) {
03     let output = 0
04     for (let i = a; i <= b; i++) {
05       output += i
06     }
07     return output
08   }
09
10   console.log(`1부터 100까지의 합: ${sumAll(1, 100)}`)
11   console.log(`1부터 500까지의 합: ${sumAll(1, 500)}`)
12 </script>
```

```
실행 결과                          ✕
1부터 100까지의 합: 5050
1부터 500까지의 합: 125250
```

코드를 실행하면 원하는 값이 정확하게 계산되는 것을 확인할 수 있습니다.

일반적으로 숫자를 계산해서 출력할 때는 이번 예제처럼 다음과 같은 형태의 함수를 사용합니다.

숫자를 계산해서 출력할 때 많이 사용하는 형태이니 잘 기억해두세요.

```
function 함수(매개변수) {
  let output = 초깃값
  처리한다
  return output
}
```

a부터 b까지 더하는 함수를 만들어봤으니 a부터 b까지 곱하는 함수도 만들어보세요. 주의할 점은 초깃값을 0으로 하면 어떤 수를 곱해도 0이 되므로, 어떤 수를 초깃값으로 해야 할지 잘 생각해야 합니다.

최솟값 구하는 함수 만들기

매개변수로 숫자들의 배열을 입력하면 배열 내부에 있는 숫자 중에서 가장 작은 값을 구하는 함수를 만들어보겠습니다. 이번 예제는 기초 알고리즘 시험에 많이 출제되는 문제인데, 처음 접하면 발상이 어려울 수도 있습니다. 코드를 살펴보고 분석해보세요.

최솟값을 구하는 함수 소스 코드 5-1-6.html

```
01 <script>
02   function min(array) {
03     let output = array[0]
04     for (const item of array) {
05       // 현재 output보다 더 작은 item이 있다면
06       if (output > item) {
07         // output의 값을 item으로 변경
08         output = item
09       }
10     }
11     return output
12   }
13
14   const testArray = [52, 273, 32, 103, 275, 24, 57]
15   console.log(`${testArray} 중에서`)
16   console.log(`최솟값 = ${min(testArray)}`)
17 </script>
```

실행 결과 ☒

```
52,273,32,103,275,24,57 중에서
최솟값 = 24
```

변수 output을 배열의 첫 번째 요소로 설정한 뒤, 배열 전체에 반복을 돌려서 output보다 더 작은 값이 있는지 계속해서 확인하는 코드를 사용했습니다.

이번 예제의 코드를 조금만 수정하면 최솟값(min)을 찾는 함수를 최댓값(max)을 찾는 함수로 변경할 수 있습니다. 직접 최댓값을 찾는 함수를 만들어보세요.

지금까지 살펴본 조건문, 반복문, 함수를 활용하면 다양한 알고리즘 시험 문제를 풀어볼 수 있습니다. 처음에는 '이걸 어떻게 생각해내지?' 하는 생각이 들 정도로 어렵게 느껴지겠지만, 대부분 그러니 걱정하지 않아도 됩니다. 100~500문제를 외운다는 마음으로 반복해서 코드를 살펴보고, 입력해보고, 생각해보면 어느 정도 문제를 풀 수 있게 되니 도전해보세요.

나머지 매개변수

205쪽의 최솟값을 구하는 min() 함수는 매개변수로 배열을 받았습니다. 따라서 매개변수를 다음과 같이 입력했습니다.

```
min([52, 273, 32, 103])
min([52, 273, 32, 103, 275, 24, 57])
```

소괄호와 대괄호가 중복되어 이상하게 보일 수 있습니다. 만약 다음과 같이 여러 개의 숫자를 매개변수로 넣어 실행하고 싶다면 어떻게 해야 할까요?

```
min(52, 273, 32, 103)
min(52, 273, 32, 103, 275, 24, 57)
```

매개변수가 2개일 때도 있고, 3개 또는 10개일 때도 있다면 어떻게 구현해야 할까요?

호출할 때 매개변수의 개수가 고정적이지 않은 함수를 **가변 매개변수 함수**라고 부릅니다. 자바스크립트에서 이러한 함수를 구현할 때는 **나머지 매개변수**^{rest parameter}라는 특이한 형태의 문법을 사용합니다. 나머지 매개변수의 기본적인 사용 방법은 다음과 같습니다.

```
function 함수 이름(...나머지 매개변수) { }
```

함수의 매개변수 앞에 마침표 3개(...)를 입력하면 매개변수들이 **배열**로 들어옵니다. 나머지 매개변수의 작동을 확인할 수 있는 간단한 예제를 살펴보겠습니다.

직접 해보는 손코딩

나머지 매개변수를 사용한 배열 만들기 소스 코드 5-1-7.html

```
01 <script>
02   function sample(...items) {
03     console.log(items)
04   }
05
06   sample(1, 2)
```

```
07    sample(1, 2, 3)
08    sample(1, 2, 3, 4)
09 </script>
```

코드를 실행하면 단순하게 sample(1, 2)와 sample(1, 2, 3) 등으로 호출했던 매개변수가 [1, 2]와
[1, 2, 3] 배열 형태로 들어오는 것을 확인할 수 있습니다.

이를 활용하면 이전에 살펴본 min() 함수의 매개변수에 배열을 사용하지 않는 형태로 변경할 수 있
습니다.

직접 해보는 손코딩

나머지 매개변수를 사용한 min() 함수 소스 코드 5-1-8.html

```
01 <script>
02    // 나머지 매개변수를 사용한 함수 만들기
03    function min(...items) {
04      // 매개변수 items는 배열처럼 사용합니다.
05      let output = items[0]
06      for (const item of items) {
07        if (output > item) {
08          output = item
09        }
```

```
10        }
11      return output
12    }
13
14    // 함수 호출하기
15    console.log('min(52, 273, 32, 103, 275, 24, 57)')
16    console.log(`= ${min(52, 273, 32, 103, 275, 24, 57)}`)
17 </script>
```

> 🔲 실행 결과   ✕
>
> min(52, 273, 32, 103, 275, 24, 57)
> = 24

나머지 매개변수와 일반 매개변수 조합하기

나머지 매개변수는 이름 그대로 나머지입니다. 다음 패턴과 같이 일반적인 매개변수와 조합해서 사용할 수 있습니다.

```
function 함수 이름(매개변수, 매개변수, ...나머지 매개변수) { }
```

다음 코드와 같이 (a, b, ...c)를 매개변수로 갖는 함수를 살펴보겠습니다.

 직접 해보는 손코딩

 나머지 매개변수는 항상 마지막에!

나머지 매개변수와 일반 매개변수를 갖는 함수   소스 코드 5-1-9.html

```
01 <script>
02    function sample(a, b, ...c) {
03       console.log(a, b, c)
04    }
05
06    sample(1, 2)
07    sample(1, 2, 3)
08    sample(1, 2, 3, 4)
09 </script>
```

> 🔲 실행 결과 ✕
>
> 1 2 []
> 1 2 [3]
> 1 2 [3, 4]

실행 결과를 보면 알 수 있듯이 함수를 호출할 때 매개변수 a, b가 먼저 들어가고, 남은 것들은 모두 c에 배열 형태로 들어갑니다.

지금까지 살펴보았던 내용을 종합해서 다음 함수를 구현해보세요.

- min(배열) 형태로 매개변수에 배열을 넣으면 배열 내부에서 최솟값을 찾아주는 함수
- min(숫자, 숫자, …) 형태로 매개변수를 넣으면 숫자들 중에서 최솟값을 찾아주는 함수

이를 구현하려면 매개변수로 들어온 자료형이 배열인지 숫자인지 확인할 수 있어야 합니다. 숫자 자료형은 **typeof 연산자**를 사용해서 쉽게 확인할 수 있습니다. 배열에 typeof 연산자를 사용하면 **object(객체)**라는 결과가 나옵니다. 객체와 관련된 내용은 다음 장에서 자세히 다루겠습니다.

물론 간단한 예제에서는 typeof(배열) == 'object'와 같은 형태로 배열인지 확인할 수 있지만, 정확하게 배열인지 확인하려면 Array.isArray() 메소드를 활용해야 합니다. 이 메소드를 활용해 코드를 구현하면 다음과 같습니다.

직접 해보는 손코딩

매개변수의 자료형에 따라 다르게 작동하는 min() 함수 소스 코드 5-1-10.html

```
01 <script>
02   function min(first, ...rests) {
03     // 변수 선언하기
04     let output
05     let items
06
07     // 매개변수의 자료형에 따라 조건 분기하기
08     if (Array.isArray(first)) {
09       output = first[0]
10       items = first
11     } else if (typeof(first) === 'number') {
12       output = first
13       items = rests
14     }
15
16     // 이전 절에서 살펴보았던 최솟값 구하는 공식
17     for (const item of items) {
```

> 어떤 자료가 배열인지 확인할 때는 Array.isArray() 메소드를 사용합니다. 일반적인 typeof 연산자로는 배열을 확인할 수 없으므로 기억해두세요.

```
18        if (output > item) {
19            output = item
20        }
21    }
22    return output
23 }
24
25 console.log(`min(배열): ${min([52, 273, 32, 103, 275, 24, 57])}`)
26 console.log(`min(숫자, ...): ${min(52, 273, 32, 103, 275, 24, 57)}`)
27 </script>
```

```
☞ 실행 결과                                      ✕
min(배열): 24
min(숫자, ...): 24
```

코드가 조금 길어져서 어렵게 느껴질 수도 있지만, 조건문이 하나 추가되었을 뿐 크게 변경된 부분이 없습니다. 차근차근 코드를 읽어보면서 분석해보세요.

전개 연산자

이전 절에서 우리가 만들었던 min() 함수는 매개변수로 배열을 넣는 경우와 숫자를 넣는 경우 모두 대응했습니다. 하지만 다른 사람들이 만든 함수도 모두 그럴 것이라는 보장은 없습니다.

다음과 같이 매개변수로 배열을 입력할 수 없고 숫자를 입력해야 하는 함수가 있다고 합시다.

```
min(52, 273, 32, 103)
min(52, 273, 32, 103, 275, 24, 57)
```

이때 배열 자료형으로 읽어들였다면 위와 같은 형태의 min() 함수를 어떻게 호출할 수 있을까요?

```
const array = [1, 2, 3, 4]
```

기본적으로는 다음과 같이 배열 요소를 하나하나 전개해서 입력하는 방법밖에 생각할 수 없습니다.

```
min(array[0], array[1], array[2], array[3])
```

이런 상황에 대비하고자 자바스크립트는 배열을 전개해서 함수의 매개변수로 전달해주는 **전개 연산자**spread operator를 제공합니다. 전개 연산자는 다음과 같이 배열 앞에 마침표 3개(...)를 붙이는 형태로 사용합니다.

> 함수 이름(...배열)

전개 연산자는 다양한 곳에 활용할 수 있습니다. 이번 절에서는 함수를 호출할 때 매개변수로 전개 연산자를 사용한 간단한 예제를 살펴보겠습니다. 다음 코드는 전개 연산자를 사용해서 매개변수를 전달하고, 전달받은 매개변수를 단순하게 나머지 매개변수로 출력하는 예제입니다.

직접 해보는 손코딩

전개 연산자의 활용　소스 코드 5-1-11.html

```
01 <script>
02   // 단순하게 매개변수를 모두 출력하는 함수
03   function sample(...items) {
04     console.log(items)
05   }
06
07   // 전개 연산자 사용 여부 비교하기
08   const array = [1, 2, 3, 4]
09
10   console.log('# 전개 연산자를 사용하지 않은 경우')
11   sample(array)
12   console.log('# 전개 연산자를 사용한 경우')
13   sample(...array)
14 </script>
```

```
🖥 실행 결과                                              ✕
# 전개 연산자를 사용하지 않은 경우
[Array(4)]  ──→ 4개의 요소가 있는 배열이 들어왔습니다.

# 전개 연산자를 사용한 경우
[1, 2, 3, 4]  ──→ 숫자가 하나하나 들어왔습니다.
```

실행 결과를 보면 전개 연산자를 사용하지 않은 경우에는 배열이 매개변수로 들어오고, 전개 연산자를 사용한 경우에는 숫자가 하나하나 전개되어 매개변수로 들어오는 것을 볼 수 있습니다.

기본 매개변수

함수의 매개변수로 항상 비슷한 값을 입력하는 경우가 있습니다. 항상 같은 매개변수를 여러 번 반복해서 입력하는 것이 귀찮게 느껴질 수 있습니다. 이러한 경우에는 매개변수에 기본값을 지정하는 **기본 매개변수**를 사용합니다. 기본 매개변수는 다음과 같은 패턴으로 만듭니다.

> 함수 이름(매개변수, 매개변수=기본값, 매개변수=기본값)

매개변수는 왼쪽부터 입력하므로 다음과 같이 함수를 작성하면 기본 매개변수의 의미가 없습니다. b에 값을 전달하기 위해서는 a에 값을 채워야 하기 때문입니다.

> function sample(a=기본값, b) {}

기본 매개변수는 오른쪽 매개변수에 사용합니다.

매개변수로 시급과 시간을 입력받아 급여를 계산하는 함수를 만들어보겠습니다.

- 함수 이름: earnings
- 매개변수: name(이름), wage(시급), hours(시간)
- 함수의 역할: 이름, 시급, 시간을 출력하고, 시급과 시간을 곱한 최종 급여 출력

만약 wage와 hours를 입력하지 않고 실행하면 wage에 최저 임금이 들어가고, hours에 법정근로시간 1주일 40시간이 기본 매개변수로 입력되게 만들어보겠습니다.

직접 해보는 손코딩

기본 매개변수의 활용 소스 코드 5-1-12.html

```
01 <script>
02   function earnings (name, wage=8590, hours=40) {
03     console.log(`# ${name} 님의 급여 정보`)
04     console.log(`- 시급: ${wage}원`)
05     console.log(`- 근무 시간: ${hours}시간`)
06     console.log(`- 급여: ${wage * hours}원`)
07     console.log('')
08   }
09
10   // 최저 임금으로 최대한 일하는 경우
```

```
11    earnings('구름')

12

13    // 시급 1만원으로 최대한 일하는 경우

14    earnings('별', 10000)

15

16    // 시급 1만원으로 52시간 일한 경우

17    earnings('인성', 10000, 52)

18 </script>
```

기본 매개변수는 값이라면 무엇이든지 넣을 수 있습니다. 이전에 만들었던 isLeapYear() 함수를 수정해서 매개변수를 입력하지 않은 경우 자동으로 올해가 윤년인지 확인하는 함수로 변경해보겠습니다.

직접 해보는 손코딩

기본 매개변수를 추가한 윤년 함수   소스 코드 5-1-13.html

```
01 <script>
02   function isLeapYear(year=new Date().getFullYear()) {
03     console.log(`매개변수 year: ${year}`)    ──→ 기본값을 이렇게 넣을 수도 있습니다.
04     return (year % 4 === 0) && (year % 100 !== 0) || (year % 400 === 0)
05   }
06
07   console.log(`올해는 윤년일까? === ${isLeapYear()}`)
08 </script>
```

📟 실행 결과   ✕

매개변수 year: 2020
올해는 윤년일까? === true

구 버전 자바스크립트에서 가변 매개변수 함수 구현하기

구 버전의 자바스크립트에서 가변 매개변수 함수를 구현할 때는 배열 내부에서 사용할 수 있는 특수한 변수인 arguments를 활용합니다. arguments는 매개변수와 관련된 여러 정보를 확인할 수 있고 배열과 비슷하게 사용할 수 있습니다.

> 직접 해보는 손코딩

arguments를 사용한 가변 매개변수 함수 〔소스 코드 5-1-14.html〕

```
01 <script>
02   function sample() {
03     console.log(arguments)
04     for (let i = 0; i < arguments.length; i++) {
05       console.log(`${i}번째 요소: ${arguments[i]}`)
06     }
07   }
08
09   sample(1, 2)
10   sample(1, 2, 3)
11   sample(1, 2, 3, 4)
12 </script>
```

실행 결과 ☒

```
Arguments(2) [1, 2, callee: ƒ, Symbol(Symbol.iterator): ƒ]
0번째 요소: 1
1번째 요소: 2
Arguments(3) [1, 2, 3, callee: ƒ, Symbol(Symbol.iterator): ƒ]
0번째 요소: 1
1번째 요소: 2
2번째 요소: 3
Arguments(4) [1, 2, 3, 4, callee: ƒ, Symbol(Symbol.iterator): ƒ]
0번째 요소: 1
1번째 요소: 2
2번째 요소: 3
3번째 요소: 4
```

실행 결과를 보면 arguments는 내부에 callee: f와 Symbol(Symbol.iterator): f라는 특이한 값이 있습니다. 배열과 비슷한 자료형이지만 배열은 아닙니다. 일반적인 배열처럼 활용하면 여러 위험을 내포하게 됩니다. 따라서 가변 매개변수 함수를 더 편리하게 만들 수 있는 나머지 매개변수가 최신 버전의 자바스크립트에 추가된 것입니다.

<table>
<tr><td>좀 더
알아보기 ❷</td><td>구 버전 자바스크립트에서 전개 연산자 구현하기</td></tr>
</table>

전개 연산자는 최신 버전의 자바스크립트에 추가된 기능입니다. 구 버전의 자바스크립트에서는 다음과 같이 apply() 함수를 사용한 굉장히 특이한 패턴의 코드를 사용했습니다. 이 코드는 용도를 모르면 아예 이해할 수가 없습니다.

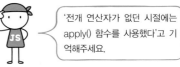

'전개 연산자가 없던 시절에는 apply() 함수를 사용했다'고 기억해주세요.

직접 해보는 손코딩

전개 연산자가 없던 구 버전에서 apply() 함수 사용하기 소스 코드 5-1-15.html

```
01 <script>
02   // 단순하게 매개변수를 모두 출력하는 함수
03   function sample(...items) {
04     console.log(items)
05   }
06
07   // 전개 연산자 사용 여부 비교하기
08   const array = [1, 2, 3, 4]
09   console.log(sample.apply(null, array))
10 </script>
```

> 🖥 실행 결과 ✕
> [1, 2, 3, 4]

구 버전 자바스크립트에서 기본 매개변수 구현하기

함수의 매개변수에 바로 값을 입력하는 기본 매개변수는 최신 자바스크립트에서 추가된 기능입니다. 구 버전의 자바스크립트에서는 일반적으로 다음과 같은 코드를 사용해서 기본 매개변수를 구현했습니다.

```
function earnings (wage, hours) {
  wage = typeof(wage) != undefined ? wage : 8590
  hours = typeof(hours) != undefined ? hours : 52
  return wage * hours
}
```

매개변수로 들어오는 값이 false 또는 false로 변환되는 값(0, 빈 문자열 등)이 아니라는 게 확실하다면 다음과 같이 짧은 조건문을 사용해서 기본 매개변수를 구현할 수 있습니다.

```
function earnings (wage, hours) {
  wage = wage || 8590
  hours = hours || 52
  return wage * hours
}
```

인터넷에는 구 버전의 자바스크립트로 작성된 참고 자료가 많습니다. 구 버전에 대한 것을 기억해두면 다른 사람이 작성한 코드가 어떤 목적으로 작성했는지 쉽게 알 수 있습니다.

고정적으로 사용되는 코드이므로 꼭 기억해 두세요.

▶ 7가지 키워드로 정리하는 핵심 포인트

- **익명 함수**란 이름이 없는 함수로 function () {} 형태로 만듭니다.

- **선언적 함수**란 이름이 있는 함수로 function 함수 이름 () {} 형태로 만듭니다.

- 함수의 괄호 안에 넣는 변수를 **매개변수**라고 합니다. 매개변수를 통해 함수는 외부의 정보를 입력받을 수 있습니다.

- 함수의 최종적인 결과를 **리턴값**이라고 합니다. 함수 내부에 return 키워드를 입력하고 뒤에 값을 넣어서 생성합니다.

- **가변 매개변수 함수**란 매개변수의 개수가 고정되어 있지 않은 함수를 의미합니다. 나머지 매개 변수(...)를 활용해서 만듭니다.

- **전개 연산자**란 배열을 함수의 매개변수로써 전개하고 싶을 때 사용합니다.

- **기본 매개변수**란 매개변수에 기본값이 들어가게 하고 싶을 때 사용하는 매개변수입니다.

▶ 확인 문제

1. A부터 B까지 범위를 지정했을 때 범위 안의 숫자를 모두 곱하는 함수를 만들어보세요.

```
<script>




  console.log(multiplyAll(1, 2))
  console.log(multiplyAll(1, 3))
</script>
```

📄 실행 결과	✕
2	
6	

2. 다음 과정에 따라 최대값을 찾는 max() 함수를 만들어보세요.

• 매개변수로 max([1, 2, 3, 4])와 같은 배열을 받는 max() 함수를 만들어보세요.

①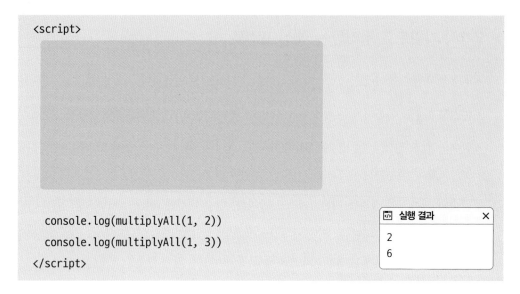
```
<script>
  const max =                      {
    let output = array[0]




    return output
  }


  console.log(max([1, 2, 3, 4]))
</script>
```

> hint 1. 본문의 sumAll() 함수를 응용하세요. 초깃값을 무엇으로 해야 할지 생각해보세요.
>
>   2. 본문의 min() 함수를 응용하세요.

- 매개변수로 max(1, 2, 3, 4)와 같이 숫자를 받는 max() 함수를 만들어보세요.

②
```
<script>
  const max =                         {
    let output = array[0]




    return output
  }

  console.log(max(1, 2, 3, 4))
</script>
```

- max([1, 2, 3, 4]) 형태와 max(1, 2, 3, 4) 형태를 모두 입력할 수 있는 max() 함수를 만들어보세요.

③
```
<script>
  const max =                           {
    let output
    let items




    return output
  }

  console.log(`max(배열): ${max([1,2,3,4])}`)
  console.log(`max(숫자, ...): ${max(1,2,3,4)}`)
</script>
```

함수 고급

콜백 함수   화살표 함수   즉시 호출 함수   엄격 모드

자바스크립트에서 함수는 자료이므로 변수에 할당할 수 있고, 함수를 함수의 매개
변수로 전달해서 활용할 수 있습니다. 이번 절에서는 함수를 매개변수로 전달하는
특성을 자세하게 살펴보겠습니다.

시작하기 전에

다른 프로그래밍 언어는 함수를 지정된 위치에서 만들어야 하지만, 자바스크립트는 '함수도 하나의
자료'라는 개념을 가지고 있어서 중간에 만들 수 있습니다. 이는 2010년 전후에 등장한 **비동기 프로
그래밍**을 이끌었습니다. 자바스크립트의 익명 함수는 문법적 가치를 크게 인정받아 다른 프로그래밍
언어로 전파되었습니다. **람다** 또는 **익명 함수**라는 이름으로 기본 문법에 포함되었습니다.

2000년대 초반 필자가 프로그래밍을 배울 때 사람들이 농담 반 진담 반으로 쓸모 없어 곧 사라질 프
로그래밍으로 자바스크립트를 꼽았는데, 그 이유는 느려서 일반적인 애플리케이션 개발이 불가능하
고, 프로그래밍 언어 문법의 핵심이라고 할 수 있는 변수와 함수 등이 너무 유연해서 제대로 활용할
수 없다는 것이었습니다. 하지만 자바스크립트 속도는 크롬 웹 브라우저가 등장한 이후 급속도로 빨
라졌고, 비동기 프로그래밍 등장으로 문법적 가치를 인정받아 지금까지 사용되고 있다는 건 매우 아
이러니합니다.

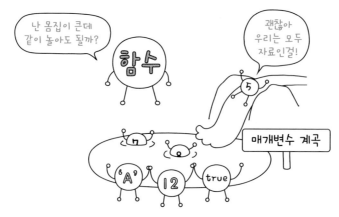

콜백 함수

자바스크립트는 함수도 하나의 자료형이므로 매개변수로 전달할 수 있습니다. 이렇게 매개변수로 전달하는 함수를 **콜백**^{callback} **함수**라고 합니다.

다른 프로그래밍 언어에서 찾아보기 힘든 개념이므로 처음 접한다면 어렵게 느껴질 수 있습니다. 코드를 살펴보면서 콜백 함수가 무엇인지 이해해보겠습니다.

> 직접 해보는 손코딩

콜백 함수(1): 선언적 함수 사용하기 〔소스 코드 5-2-1.html〕

```
01 <script>
02    // 함수를 선언합니다.
03    function callThreeTimes (callback) {
04      for (let i = 0; i < 3; i++) {
05        callback(i)      ———▶ callback이라는 매개변수는 함수이므로 호출할 수 있습니다.
06      }
07    }
08
09    function print (i) {
10      console.log(`${i}번째 함수 호출`)
11    }
12
13    // 함수를 호출합니다.
14    callThreeTimes(print)
15 </script>
```

실행 결과 ✕
```
0번째 함수 호출
1번째 함수 호출
2번째 함수 호출
```

callThreeTimes() 함수는 함수를 매개변수로 받아 해당 함수를 3번 호출합니다. callThreeTimes() 함수의 callback 매개변수에 print() 함수를 전달했습니다. 그리고 callThreeTimes() 함수 내부에서는 callback(i) 형태로 함수를 호출하고 있습니다. 따라서 매개변수로 전달했던 print() 함수가 print(0), print(1), print(2)로 차례차례 호출되어 실행 결과와 같은 결과를 냅니다.

> 매개변수를 통해 함수를 받고, 그 함수를 통해 결과값을 호출합니다.

이전 예제의 선언적 함수를 익명 함수로 변경한다면 다음과 같이 코드를 구성할 수 있습니다. 처음 보면 익숙하지 않을 수 있지만, 많이 사용되는 형태이므로 익숙해질 때까지 코드를 여러 번 입력해보세요.

콜백 함수(2): 익명 함수 사용하기　소스 코드　5-2-2.html

```html
01 <script>
02   // 함수를 선언합니다.
03   function callThreeTimes(callback) {
04     for (let i = 0; i < 3; i++) {
05       callback(i)
06     }
07   }
08
09   // 함수를 호출합니다.
10   callThreeTimes(function (i) {
11     console.log(`${i}번째 함수 호출`)
12   })
13 </script>
```

→ 익명 함수 사용하기

실행 결과
```
0번째 함수 호출
1번째 함수 호출
2번째 함수 호출
```

자바스크립트가 기본적으로 제공하는 함수 중에도 콜백 함수를 활용하는 함수가 많습니다. 어떠한 형태로 콜백 함수를 활용하는지 알아보겠습니다.

콜백 함수를 활용하는 함수: forEach()

콜백 함수를 활용하는 가장 기본적인 함수는 forEach() 메소드입니다. forEach() 메소드는 배열이 갖고 있는 함수(메소드)로써 단순하게 배열 내부의 요소를 사용해서 콜백 함수를 호출해줍니다.

배열이 갖고 있는 메소드 중에서 콜백 함수를 활용하는 메소드는 다음과 같은 형태의 콜백 함수를 사용합니다.

```
function (value, index, array) { }
```

배열의 forEach() 메소드 소스 코드 5-2-3.html

```
01 <script>
02   const numbers = [273, 52, 103, 32, 57]
03
04   numbers.forEach(function (value, index, array) {
05     console.log(`${index}번째 요소 : ${value}`)
06   })
07 </script>
```

매개변수로 value, index, array를 갖는 콜백 함수를 사용합니다.

```
실행 결과                    ×
0번째 요소 : 273
1번째 요소 : 52
2번째 요소 : 103
3번째 요소 : 32
4번째 요소 : 57
```

콜백 함수를 활용하는 함수: map()

map() 메소드도 배열이 갖고 있는 함수입니다. map() 메소드는 콜백 함수에서 리턴한 값들을 기반으로 새로운 배열을 만드는 함수입니다.

다음 코드에서는 콜백 함수 내부에서 value * value를 하고 있으므로 모든 배열의 요소를 제곱한 새로운 배열을 만듭니다.

배열의 map() 메소드 소스 코드 5-2-4.html

```
01 <script>
02   // 배열을 선언합니다.
03   let numbers = [273, 52, 103, 32, 57]
04
05   // 배열의 모든 값을 제곱합니다.
06   numbers = numbers.map(function (value, index, array) {
07     return value * value
08   })
09
10   // 출력합니다.
11   numbers.forEach(console.log)
12 </script>
```

매개변수로 value, index, array를 갖는 콜백 함수를 사용합니다.

매개변수로 console.log 메소드 자체를 넘겼습니다.

```
실행 결과                    ×
74529 0 Array(5)
2704 1 Array(5)
10609 2 Array(5)
1024 3 Array(5)
3249 4 Array(5)
```

223쪽의 [직접 해보는 손코딩]에서는 forEach(), map() 함수의 완전한 형태를 보여드리고자 콜백 함수에 매개변수를 value, index, array로 3개를 모두 입력했지만, 일반적으로는 value만 또는 value와 index만 사용하는 경우가 많습니다. 콜백 함수의 매개변수는 모두 입력할 필요 없고, 사용하고자 하는 위치의 것만 순서에 맞춰 입력하면 됩니다. [직접 해보는 손코딩]에서는 map() 함수 내부에서 value만 이용하므로 value만 입력해도 됩니다.

소스 코드 5-2-4-1.html

```
<script>
  // 배열을 선언합니다.
  let numbers = [273, 52, 103, 32, 57]

  // 배열의 모든 값을 제곱합니다.
  numbers = numbers.map(function (value) {
  return value * value          함수 내부에서 value만 사용하므로 value만
  })                            매개변수로 넣습니다.

  // 출력합니다.
  numbers.forEach(console.log)
</script>
```

콜백 함수를 활용하는 함수: filter()

filter() 메소드도 배열이 갖고 있는 함수입니다. filter() 메소드는 콜백 함수에서 리턴하는 값이 true 인 것들만 모아서 새로운 배열을 만드는 함수입니다.

직접 해보는 손코딩

배열의 filter() 메소드   소스 코드 5-2-5.html

```
01 <script>
02   const numbers = [0, 1, 2, 3, 4, 5]
03   const evenNumbers = numbers.filter(function (value) {
04     return value % 2 === 0
05   })
06
07   console.log(`원래 배열: ${numbers}`)
08   console.log(`짝수만 추출: ${evenNumbers}`)
09 </script>
```

실행 결과   ✕
원래 배열: 0,1,2,3,4,5
짝수만 추출: 0,2,4

function(value, index, array) {} 형태의 콜백 함수를 사용하는 것이 기본이지만, value만 활용하므로 value만 매개변수로 넣었습니다. 4행을 보면 value % 2 === 0을 사용했으므로 짝수만 모은 새로운 배열을 만들어 리턴합니다.

화살표 함수

앞에서 살펴본 map(), filter() 함수처럼 단순한 형태의 콜백 함수를 쉽게 입력하고자 **화살표**[arrow] **함수**라는 함수 생성 방법이 있습니다. 화살표 함수는 function 키워드 대신 화살표(=>)를 사용하며, 다음과 같은 형태로 생성하는 간단한 함수입니다.

```
(매개변수) => {

}
```

화살표 함수는 다음과 같이 간편하게 사용할 수 있습니다.

```
(매개변수) => 리턴값
```

내부에서 **this** 키워드가 지칭하는 대상이 다르다는 등의 미세한 차이가 있습니다. 아직 this 키워드에 대해서 배우지 않았으므로 현 단계에서는 '콜백 함수에 활용하는 function () {}의 간단한 사용 형태'라고만 기억해주세요. 차이에 대해서는 06장에서 설명하겠습니다.

예를 들어 이전의 map() 함수의 콜백 함수로 화살표 함수를 넣는다면 다음과 같이 코드를 작성합니다.

```
> const array = [0, 1, 2, 3, 4, 5, 6, 7, 8, 9]
undefined

> array.map((value) => value * value)
(10) [0, 1, 4, 9, 16, 25, 36, 49, 64, 81]
```

이전에 살펴보았던 filter(), map(), forEach() 메소드를 화살표 함수와 함께 사용해보겠습니다. 다음 코드에서는 filter(), map(), forEach() 메소드를 연속적으로 사용했습니다.

배열의 메소드와 화살표 함수 소스 코드 5-2-6.html

```
01 <script>
02   // 배열을 선언합니다.
03   let numbers = [0, 1, 2, 3, 4, 5, 6, 7, 8, 9]
04
05   // 배열의 메소드를 연속적으로 사용합니다.
06   numbers
07     .filter((value) => value % 2 === 0 )
08     .map((value) => value * value)
09     .forEach((value) => {
10       console.log(value)
11     })
12 </script>
```

메소드 체이닝했습니다.

실행 결과 ✕
```
0
4
16
36
64
```

위의 코드를 처음 보면 이상하게 보일 수도 있지만, filter() 메소드는 배열을 리턴하므로 map() 메소드를 적용할 수 있고, map() 메소드도 배열을 리턴하므로 forEach() 메소드를 적용할 수 있습니다. 이렇게 어떤 메소드가 리턴하는 값을 기반으로 해서 함수를 줄줄이 사용하는 것을 **메소드 체이닝** method chaining이라고 부릅니다.

> 메소드 체이닝은 자주 사용되는 기술이므로 꼭 기억해두세요.

타이머 함수

자바스크립트에는 다음과 같이 특정 시간마다 또는 특정 시간 이후에 콜백 함수를 호출할 수 있는 **타이머**timer **함수**들이 있습니다. 이 함수를 사용하면 시간과 관련된 처리를 할 수 있습니다.

함수 이름	설명
setTimeout(함수, 시간)	특정 시간 후에 함수를 한 번 호출합니다.
setInterval(함수, 시간)	특정 시간마다 함수를 호출합니다.

어떻게 사용하는지 간단하게 코드를 살펴보겠습니다.

타이머 걸기 소스 코드 5-2-7.html

```
01 <script>
02   setTimeout(() => {
03     console.log('1초 후에 실행됩니다')
04   }, 1 * 1000)
05
06   let count = 0
07   setInterval(() => {
08     console.log(`1초마다 실행됩니다(${count}번째)`)
09     count++
10   }, 1 * 1000)
11 </script>
```

실행 결과 ☒

1초 후에 실행됩니다
1초마다 실행됩니다(0번째)
1초마다 실행됩니다(1번째)
1초마다 실행됩니다(2번째)
1초마다 실행됩니다(3번째)
...계속...

웹 브라우저를 강제
종료해 멈춥니다.

setTimeout() 함수와 setInterval() 함수를 사용해서 특정 시간 후에 코드를 호출합니다. 코드를 실행하면 1초 후에 setTimeout() 함수의 콜백 함수가 실행되고, 1초마다 setInterval() 함수의 콜백 함수가 실행되는 것을 볼 수 있습니다.

4행을 보면 2번째 매개변수에 시간을 밀리 초 단위로 입력했습니다. 1초라는 것을 쉽게 볼 수 있도록 1 * 1000을 입력했는데, 그냥 1000으로 입력해도 됩니다.

타이머를 종료하고 싶을 때는 clearTimeout() 함수와 clearInterval() 함수를 사용합니다.

함수 이름	설명
clearTimeout(타이머_ID)	setTimeout() 함수로 설정한 타이머를 제거합니다.
clearInterval(타이머_ID)	setInterval() 함수로 설정한 타이머를 제거합니다.

이 함수들의 매개변수에는 타이머 ID라는 것을 넣는데, **타이머 ID**는 setTimeout() 함수와 setInterval() 함수를 호출할 때 리턴값으로 나오는 숫자입니다.

타이머 취소하기 소스 코드 5-2-8.html

```
01 <script>
02   let id
03   let count = 0
04   id = setInterval(() => {
05     console.log(`1초마다 실행됩니다(${count}번째)`)
06     count++
07   }, 1 * 1000)
08
09   setTimeout(() => {
10     console.log('타이머를 종료합니다.')
11     clearInterval(id)
12   }, 5 * 1000)
13 </script>
```

실행 결과 ✕

```
1초마다 실행됩니다(0번째)
1초마다 실행됩니다(1번째)
1초마다 실행됩니다(2번째)
1초마다 실행됩니다(3번째)
1초마다 실행됩니다(4번째)
타이머를 종료합니다.
```

setInterval() 함수를 사용해서 1초마다 메시지를 출력하고, setTimeout() 함수를 사용해서 5초 후에 타이머를 종료합니다.

setTimeout 함수는 이름만 알면 사용할 수 있는 코드라 쉽게 이해하셨죠?

지금까지 함수와 관련된 기본적인 내용을 모두 살펴보았습니다. 함수를 실제로 사용해보면 그 활용이 무궁무진하다는 것을 알 수 있습니다. 지금까지 배운 내용들은 확실하게 이해하고 기억해주세요.

즉시 호출 함수

여러 웹 사이트의 자바스크립트 코드를 보면 다음과 같이 익명 함수를 생성하고 곧바로 **즉시 호출**하는 패턴을 많이 볼 수 있습니다. 이런 코드는 왜 사용하는 것일까요?

함수 즉시 호출하기

```
(function () { })()
```

일반적으로 자바스크립트는 HTML 페이지 내부에서 사용할 때 script 태그를 여러 개 사용하고 코드를 입력합니다. 예를 들어 카카오 페이지(www.kakaocorp.com) 소스 코드를 보면 다음과 같이 script 태그를 여러 번 사용한 것을 볼 수 있습니다.

> 외부에서 라이브러리를 가져오는 내용은 06장의 마지막 부분에서 살펴보겠습니다.

```
<!--[if lte IE 8]>
<script src="//m1.daumcdn.net/svc/original/U03/cssjs/sizzle/sizzle-1.10.7.min.
js"></script>
<script src="//m1.daumcdn.net/svc/original/U0301/cssjs/JSON-js/fc535e9cc8/json2.
min.js"></script>
<![endif]-->
<!--[if lt IE 9]>
<script src="//m1.daumcdn.net/svc/original/U03/cssjs/sizzle/sizzle-1.10.7.min.
js"></script>
<script src="//m1.daumcdn.net/svc/original/U0301/cssjs/JSON-js/fc535e9cc8/json2.
min.js"></script>
<script src="//m1.daumcdn.net/svc/original/U03/cssjs/html5shiv/html5shiv-
3.7.0.min.js"></script>
<![endif]-->
  /* 생략 */
<script src="https://developers.kakao.com/sdk/js/kakao.min.js"></script>
<!-- New Tiara SDK -->
<script type="text/javascript" src="//t1.daumcdn.net/tiara/js/v1/tiara.min.js"></
script>
<script type="text/javascript" src="/resources/common/tiaraTracker.js"></script>
```

이렇게 코드가 여러 곳에서 사용되면 변수 이름이 충돌할 가능성이 높습니다. 예를 들어 다음 코드를 살펴봅시다. 다른 곳에서 가져온 코드에도 pi라는 이름이 있고, 내가 만든 코드에도 pi라는 이름이 있다면 어떻게 될까요?

직접 해보는 손코딩

이름 충돌 문제 발생 소스 코드 5-2-9.html

```
01 <!-- 다른 곳에서 가져온 자바스크립트 코드 -->
02 <script>
03   let pi = 3.14
04   console.log(`파이 값은 ${pi}입니다.`)
05 </script>
06
07 <!-- 내가 만든 자바스크립트 코드 -->
08 <script>
09   let pi = 3.141592
10   console.log(`파이 값은 ${pi}입니다.`)
11 </script>
```

> **실행 결과** ✕
>
> 파이 값은 3.14입니다.
> ⊗ Uncaught SyntaxError: Identifier 'pi' has already been declared

식별자가 이미 사용되고 있다는 오류를 발생하면서 〈!-- 내가 만든 자바스크립트 코드 --〉라는 부분이 실행되지 않습니다.

변수가 존재하는 범위를 어려운 말로 **스코프**scope라고 부르는데, 이 스코프는 같은 단계에 있을 경우 무조건 충돌이 일어납니다. 자바스크립트에서 이러한 스코프 단계를 변경하는 방법은 중괄호를 사용해서 블록을 만들거나, 함수를 생성해서 블록을 만드는 방법입니다.

블록과 함수 블록을 사용해 이름 충돌 문제 해결하기 소스 코드 5-2-10.html

```
01 <!-- 다른 곳에서 가져온 자바스크립트 코드 -->
02 <script>
03   let pi = 3.14
04   console.log(`파이 값은 ${pi}입니다.`)
05
06   // 블록을 사용한 스코프 생성
07   {
08     let pi = 3.141592
09     console.log(`파이 값은 ${pi}입니다.`)
10   }
11   console.log(`파이 값은 ${pi}입니다.`)
12
13   // 함수 블록을 사용한 스코프 생성
14   function sample() {
15     let pi = 3.141592
16     console.log(`파이 값은 ${pi}입니다.`)
17   }
18   sample()
19   console.log(`파이 값은 ${pi}입니다.`)
20 </script>
```

다른 블록에 속하므로 변수
이름 충돌이 발생하지 않습니다.

```
🔲 실행 결과                            ✕
파이 값은 3.14입니다.
파이 값은 3.141592입니다.
파이 값은 3.14입니다.
파이 값은 3.141592입니다.
파이 값은 3.14입니다.
```

코드를 실행하면 블록 내부에서는 변수 pi를 출력했을 때 3.141592가 나오고, 블록 외부에서는 3.14가 출력되는 것을 확인할 수 있습니다. 이름 충돌이 발생하지 않습니다.

이렇게 블록 내부에서 같은 이름으로 변수를 선언하면 변수가 외부 변수와 충돌하지 않고 외부 변수를 가립니다. 내부 블록에서는 내부 블록에서 선언한 변수만 볼 수 있습니다. 이렇게 블록이 다른 경우 내부 변수가 외부 변수를 가리는 현상을 조금 어려운 표현으로 **섀도잉**shadowing이라고 부릅니다.

즉시 호출 함수 문제 해결하기

블록을 사용하는 방법과 함수 블록을 사용해 변수 충돌을 막는 방법 모두 최신 자바스크립트를 지원하는 웹 브라우저에서는 사용할 수 있습니다. 하지만 구 버전의 자바스크립트에서 변수를 선언할 때 사용하던 **var** 키워드는 함수 블록을 사용하는 경우에만 변수 충돌을 막을 수 있습니다.

지금도 구 버전의 자바스크립트를 지원하는 웹 브라우저(인터넷 익스플로러)에 대응해야 하는 경우가 많고, Babel 등 최신 버전의 자바스크립트를 구 버전의 자바스크립트로 변경해주는 **트랜스파일러**(465쪽)도 단순한 블록으로 함수 충돌을 막는 코드는 제대로 변환해주지 못합니다.

그래서 많은 개발자들이 함수 블록을 사용해 이런 문제를 해결합니다. 충돌 문제를 해결하기 위해 사용하는 것이므로 함수를 만들자마자 즉시 호출할 수 있도록 다음과 같이 작성합니다.

직접 해보는 손코딩

즉시 호출 함수를 사용한 문제 해결   소스 코드 5-2-11.html

```
01 <!-- 다른 곳에서 가져온 자바스크립트 코드 -->
02 <script>
03   let pi = 3.14
04   console.log(`파이 값은 ${pi}입니다.`)
05 </script>
06 <!-- 내가 만든 자바스크립트 코드 -->
07 <script>
08   (function () {
09     let pi = 3.141592
10     console.log(`파이 값은 ${pi}입니다.`)
11   })()
12 </script>
```

즉시 호출 함수를 사용해 변수 이름 충돌 문제를 해결합니다.

```
🖥 실행 결과                    ✕
파이 값은 3.14입니다.
파이 값은 3.141592입니다.
```

엄격 모드

여러 자바스크립트 코드를 보면 블록의 가장 위쪽에 'use strict'라는 문자열이 등장하는 것을 볼 수 있습니다. 이는 **엄격 모드**strict mode라고 부르는 기능으로 자바스크립트는 이러한 문자열을 읽어들인 순간부터 코드를 엄격하게 검사합니다.

```
<script>
  'use strict'
  문장
  문장
</script>
```

다음 코드를 살펴보겠습니다. data라는 변수를 let 키워드 등으로 선언하지 않고 곧바로 사용합니다. 일반적인 자바스크립트 코드에서는 문제없이 실행됩니다.

선언 없이 변수 사용 소스 코드 5-2.12.html

```
01 <script>
02   data = 10
03   console.log(data)
04 </script>
```

실행 결과 ✕

```
10
```

하지만 엄격 모드에서는 이러한 코드를 사용할 수 없습니다. 변수를 let 키워드 등으로 선언하지 않았는데 사용했다고 곧바로 오류가 발생합니다.

엄격 모드에서 선언 없이 변수 사용 소스 코드 5-2-13.html

```
01 <script>
02   'use strict'
03   data = 10
04   console.log(data)
05 </script>
```

실행 결과 ✕

ⓧ Uncaught ReferenceError: data is not defined

자바스크립트는 오류를 어느 정도 무시하고 넘어가는 것들이 있습니다. 그래서 편하게 코딩할 수 있지만 실수로 이어지기도 합니다. 일반적으로 엄격 모드를 사용하는 것이 좋습니다. 엄격 모드에서 발생하는 오류에 대해서는 모질라 엄격 모드 문서()를 참고하기 바랍니다.

> 엄격하다는 기준은 시간에 따라 변합니다. 자바스크립트의 엄격 모드도 시간에 따라 기준이 계속 변하므로 주의하세요.

모질라 엄격 모드 문서

URL https://developer.mozilla.org/ko/docs/Web/JavaScript/Reference/Strict_mode

즉시 호출 함수를 만들고, 이 블록의 가장 위쪽에서 엄격 모드를 적용하는 경우가 많습니다. 이렇게 하면 해당 블록 내부에만 엄격 모드가 적용됩니다.

엄격 모드의 일반적인 사용 패턴은 다음과 같습니다.

```
<script>
  (function () {
    'use strict'
    문장
    문장
  })()
</script>
```

엄격 모드를 모르면 'use strict'라는 코드를 이해할 수 없습니다. 따라서 여러 자바스크립트 코드를 읽을 수 있도록 꼭 기억해두세요.

익명 함수와 선언적 함수의 차이

while 반복문과 for 반복문은 2가지 모두 많이 사용되지만, 사용하는 상황이 조금씩 다릅니다. while 반복문은 조건을 중심으로 반복할 때, for 반복문은 횟수를 중심으로 또는 배열 등을 중심으로 반복할 때 사용합니다.

그런데 익명 함수와 선언적 함수는 사용하는 상황이 비슷합니다. 기본적으로는 혼자 개발할 때는 자신이 편하다고 생각하는 것을 사용하고, 다른 사람들과 함께 개발할 때는 모두가 편하다고 생각하는 것을 사용하면 됩니다. 다만 최근에는 많은 개발자가 안전 등의 이유로 익명 함수를 선호하는 편입니다. 왜 익명 함수가 더 안전하다고 하는지, 어떤 차이가 있기에 그러는지 간단하게 알아보겠습니다.

익명 함수의 사용

익명 함수는 순차적인 코드 실행에서 코드가 해당 줄을 읽을 때 생성됩니다. 따라서 다음과 같은 코드가 있다면 위에서 아래로 차례대로 코드가 실행되면서 익명 함수라는 변수에 '2번째 익명 함수입니다.'를 호출하는 함수가 할당됩니다.

직접 해보는 손코딩

익명 함수 호출 소스 코드 5-2-14.html

```
01 <script>
02   // 변수를 선언합니다.
03   let 익명함수
04
05   // 익명 함수를 2번 생성합니다.
06   익명함수 = function () {
07     console.log('1번째 익명 함수입니다.')
08   }
09   익명함수 = function () {
10     console.log('2번째 익명 함수입니다.')
11   }
12
```

```
13    // 익명 함수를 호출합니다.
14    익명함수()
15  </script>
```

선언적 함수의 사용

선언적 함수는 순차적인 코드 실행이 일어나기 전에 생성됩니다. 따라서 선언적 함수는 같은 블록이라면 어디에서 함수를 호출해도 상관없습니다. 다음 코드와 같이 선언적 함수를 생성하기 전에 함수를 호출해도 함수가 이미 생성된 상태이므로 아무 문제 없이 실행됩니다.

직접 해보는 손코딩

선언적 함수 호출 소스 코드 5-2-15.html

```
01  <script>
02    // 선언적 함수를 호출합니다.
03    선언적함수()  ──→ 선언적 함수를 생성하는 코드 앞에 입력합니다.
04
05    // 선언적 함수를 2번 생성합니다.
06    function 선언적함수 () {
07      console.log('1번째 선언적 함수입니다.')
08    }
09    function 선언적함수 () {
10      console.log('2번째 선언적 함수입니다.')
11    }
12  </script>
```

또한 선언적 함수도 입력한 순서대로 생성되고 같은 이름이라면 덮어쓰므로 코드를 실행했을 때 "2번째 선언적 함수입니다."를 출력하는 모습을 볼 수 있습니다.

선언적 함수와 익명 함수의 조합

2가지 상황이 조합된 경우에는 어떻게 될까요? 선언적 함수는 먼저 생성되고, 이후에 순차적인 코드 진행을 시작하면서 익명 함수를 생성합니다. 따라서 다음과 같은 코드를 작성하면 코드의 순서와 관계 없이 "익명 함수입니다."라는 글자를 출력합니다.

선언적 함수와 익명 함수의 조합　소스 코드　5-2-16.html

```
01 <script>
02   // 익명 함수를 생성합니다.
03   함수 = function () {
04     console.log('익명 함수입니다.')
05   }
06
07   // 선언적 함수를 생성하고 할당합니다.
08   function 함수 () {
09     console.log('선언적 함수입니다.')
10   }
11
12   // 함수를 호출합니다.
13   함수()
14 </script>
```

실행 결과　×
```
익명 함수입니다.
```

익명 함수는 우리가 코드를 읽을 때와 같은 순서로 함수가 선언되지만, 선언적 함수는 우리가 코드를 읽는 순서와 다른 순서로 함수가 선언됩니다. 함수를 같은 이름으로 덮어쓰는 것은 굉장히 위험한 일입니다. 그래서 안전하게 사용할 수 있는 익명 함수를 더 선호하는 것입니다.

블록이 다른 경우에 선언적 함수의 사용

선언적 함수는 어떤 코드 블록(script 태그 또는 함수 등으로 구분되는 공간)을 읽어들일 때 먼저 생성됩니다. 다음 코드의 실행 결과를 예측해봅시다.

블록이 다른 경우 선언적 함수의 사용　　소스 코드 5-2-17.html

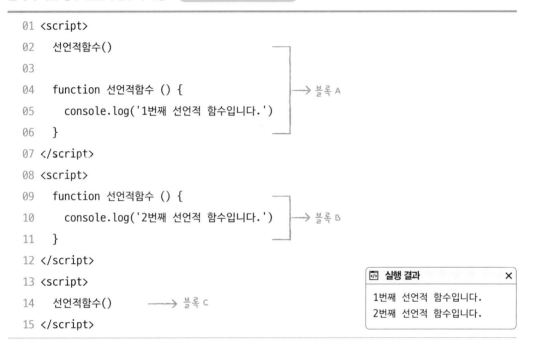

```
01 <script>
02    선언적함수()
03
04    function 선언적함수 () {
05       console.log('1번째 선언적 함수입니다.')
06    }                                          → 블록 A
07 </script>
08 <script>
09    function 선언적함수 () {
10       console.log('2번째 선언적 함수입니다.')
11    }                                          → 블록 B
12 </script>
13 <script>
14    선언적함수()          ── → 블록 C
15 </script>
```

실행 결과　　✕

```
1번째 선언적 함수입니다.
2번째 선언적 함수입니다.
```

이처럼 블록이 나뉘어진 경우에는 선언적 함수의 실행 흐름을 예측하는 것이 훨씬 힘들어집니다.

다른 프로그래밍 언어들은 일반적으로 선언적 함수 형태로 함수를 많이 사용하지만, 자바스크립트는 이처럼 블록이 예상하지 못하게 나뉘는 문제 등이 발생할 수 있어 안전을 위해 익명 함수를 더 많이 사용하는 편입니다.

과거 자바스크립트는 var이라는 키워드를 사용해서 변수를 선언했습니다. var 키워드는 이전 코드 처럼 덮어쓰는 문제가 발생합니다. 하지만 현대의 자바스크립트는 let 키워드와 const 키워드를 사용해서 변수와 상수를 선언합니다. 그리고 이러한 키워드들은 위험을 원천적으로 차단하기 위해서 오류를 발생시킵니다.

직접 해보는 손코딩

let 사용의 의미   소스 코드 5-2-18.html

```
01 <script>
02   // 익명 함수를 생성합니다.
03   let 함수 = function () {
04     console.log('익명 함수입니다.')
05   }
06
07   // 선언적 함수를 생성하고 할당합니다.
08   function 함수 () {
09     console.log('선언적 함수입니다.')
10   }
11
12   // 함수를 호출합니다.
13   함수()
14 </script>
```

실행 결과   ✕

ⓧ Uncaught SyntaxError: Identifier '함수' has already been declared

따라서 한 가지로 통일해서 사용하는 것이 오류의 위험을 줄일 수 있고, 통일한다면 익명 함수로 통일해서 사용하는 것이 안전을 위해서 더 편한 선택입니다.

▶ 4가지 키워드로 정리하는 핵심 포인트

- **콜백 함수**란 매개변수로 전달하는 함수를 의미합니다.

- **화살표 함수**란 익명 함수를 간단하게 사용하기 위한 목적으로 만들어진 함수 생성 문법입니다. () => {} 형태로 함수를 만들고, 리턴값만을 가지는 함수라면 () => 값 형태로 사용할 수 있습니다.

- **즉시 호출 함수**란 변수의 이름 충돌을 막기 위해서 코드를 안전하게 사용하는 방법입니다.

- 자바스크립트의 문법 오류를 더 발생시키는 **엄격 모드**는 실수를 줄일 수 있는 방법입니다. 'use strict'라는 문자열을 블록 가장 위쪽에 배치해서 사용할 수 있습니다.

▶ 확인 문제

1. filter 함수의 콜백 함수 부분을 채워서 ① 홀수만 추출, ② 100 이하의 수만 추출, ③ 5로 나눈 나머지가 0인 수만 추출해주세요. 그리고 코드의 실행 결과를 적어보세요.

```html
<script>
  // 변수를 선언합니다.
  let numbers = [273, 25, 75, 52, 103, 32, 57, 24, 76]

  // 처리합니다.




  // 출력합니다.
  console.log(numbers)
</script>
```

🖥 실행 결과	✕

2. 이전에 반복문 부분에서 살펴보았던 다음과 같은 코드를 배열의 forEach 메소드를 사용하는 형태로 변경해주세요.

```
<script>
  const array = ['사과', '배', '귤', '바나나']

  console.log('# for in 반복문')
  for (const i in array) {
    console.log(i)
  }

  console.log('# for of 반복문')
  for (const i of array) {
    console.log(i)
  }
</script>
```

다음과 같은 실행 결과가 나오면 됩니다.

> ▦ **실행 결과**   ✕
>
> ```
> # for in 반복문
> 0
> 1
> 2
> 3
> # for of 반복문
> 사과
> 배
> 귤
> 바나나
> ```

hint 1. 화살표 함수를 사용하면 간단하게 구현할 수 있습니다.

여러 변수를 한꺼번에 모아 사용하는 자료형으로 배열이 있습니다. 배열은 객체입니다. 이 장에서는 객체가 무엇이기에 배열이 객체로 나오는지 차근차근 살펴보겠습니다.

객체

학습목표

- 객체를 생성하고 관리하는 방법을 배웁니다.
- 객체와 관련된 기본적인 문법을 익힙니다.

06-1 객체의 기본

요소　속성　메소드　this　동적 속성 추가/제거

이번 절에서는 객체를 생성하고 관리하는 기본적인 내용을 배웁니다. 객체를 배우는 동안에는 언제 활용하는지 감이 안 잡힐 수 있는데, 매우 유용하고 많이 활용되는 기능이므로 선언하는 것부터 확실하게 기억하고 있어야 합니다.

시작하기 전에

객체object란 추상적 의미로, 프로그래밍을 많이 해보지 않은 입문자 입장에서는 개념잡기가 어려울 수 있습니다. 객체는 한 마디로 정의하면 '실제로 존재하는 사물'을 의미하고 '이름name과 값value으로 구성'된 속성property을 가진 자바스크립트의 기본 데이터 타입으로 이야기할 수 있습니다. 이전에 살펴봤던 배열array도 객체라고 할 수 있는데, 예를 들면 다음과 같습니다.

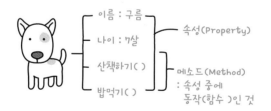

객체

자바스크립트에서 여러 자료를 다룰 때는 **객체**object를 사용합니다. 이전에 살펴보았던 **배열**array도 여러 자료를 다룰 수 있습니다. 그렇게 할 수 있던 이유는 배열도 객체이기 때문입니다.

배열을 typeof로 실행해보면 어떤 자료형이 나올까요? 실제로 코드를 입력하고 실행해보세요. object라는 문자열이 출력됩니다.

```
> typeof ([])
"object"        ———→ 객체를 의미하는 object를 출력합니다.
```

이때 출력한 object가 바로 이 장의 주제인 **객체**object입니다.

객체를 살펴보기 전에 배열과 관련된 기본적인 내용을 간략하게 복습하겠습니다. 배열은 다음과 같이 선언합니다.

```
<script>
  const array = ['사과', '바나나', '망고', '딸기']
</script>
```

배열에는 **인덱스**index와 **요소**element가 있습니다. 각각의 요소를 사용하려면 다음처럼 배열 이름 뒤에 인덱스로 접근합니다.

```
array[0]   ———→ 사과
array[2]   ———→ 망고
```

배열의 인덱스와 요소는 다음과 같이 표로 나타낼 수 있습니다.

인덱스	요소
0	사과
1	바나나
2	망고
3	딸기

배열은 객체를 기반으로 만들어졌으므로 배열과 객체는 상당히 비슷합니다. 다른 점이 있다면 배열은 요소에 접근할 때 인덱스를 사용하지만, 객체는 키key를 사용합니다. 우선 객체를 만들어 서로 비교해가며 무엇이 비슷한지 살펴보겠습니다.

객체는 중괄호{...}로 생성하며, 다음과 같은 형태의 자료를 쉼표(,)로 연결해서 입력합니다.

> 키: 값

객체를 선언해보겠습니다.

```
<script>
  const product = {
    제품명: '7D 건조 망고',        ──────→ 키와 값 뒤에 쉼표(,)를 넣어 구분합니다.
    유형: '당절임',
    성분: '망고, 설탕, 메타중아황산나트륨, 치자황색소',
    원산지: '필리핀'
  }
</script>
```

위에서 생성한 객체를 표로 나타내면 다음과 같습니다.

키	속성
제품명	7D 건조 망고
유형	당절임
성분	망고, 설탕, 메타중아황산나트륨, 치자황색소
원산지	필리핀

배열과 비슷하다는 것을 알 수 있습니다. 객체의 요소에 접근하는 것도 배열과 비슷합니다.

다음과 같이 객체 뒤에 대괄호[...]를 사용하고 키를 입력하면 객체의 요소에 접근할 수 있습니다.

```
product['제품명']      ──────→ '7D 건조 망고'
product['유형']        ──────→ '당절임'
product['성분']        ──────→ '망고, 설탕, 메타중아황산나트륨, 치자황색소'
product['원산지']      ──────→ '필리핀'
```

객체는 위와 같이 대괄호[...]를 사용하는 방법 이외에 온점(.)을 사용할 수도 있습니다.

```
product.제품명           ──────→  '7D 건조 망고'
product.유형             ──────→  '당절임'
product.성분             ──────→  '망고, 설탕, 메타중아황산나트륨, 치자황색소'
product.원산지           ──────→  '필리핀'
```

온점을 사용하면 다음 그림처럼 보조 기능을 활용할 수 있어 더 많이 사용합니다.

```
<script>
  const product = {
    제품명: '7D 건조 망고',
    유형: '당절임',
    성분: '망고, 설탕, 메타중아황산나트륨, 치자황색소',
    원산지: '필리핀'
  }

  product.│
</script>  ⊘ 성분                        (property) 성분: string
           ⊘ 원산지
           ⊘ 유형
           ⊘ 제품명
           ≡ product
```

✚ 여기서 잠깐 | **식별자로 사용할 수 없는 단어를 키로 사용할 경우**

객체를 생성할 때 키(key)는 식별자와 문자열을 모두 사용할 수 있습니다. 대부분의 개발자가 식별자를 키로 사용하지만,
식별자로 사용할 수 없는 단어를 키로 사용할 때는 문자열을 사용해야 합니다.

그리고 식별자가 아닌 문자열을 키로 사용했을 때는 무조건 대괄호[...]를 사용해야 객체의 요소에 접근할 수 있습니다.

```
<script>
  const object = {
    "with space": 273,          ──┐       식별자로 사용할 수 없는 단어를 키로
    "with ~!@# $%^&*()_+": 52  ──┘──→    사용할 때는 문자열을 사용합니다.
  }

  // 객체의 요소에 접근합니다.
  object["with space"]          ──┐       식별자로 사용할 수 없는 키에 접근할
  object["with ~!@# $%^&*()_+"] ──┘──→   때는 대괄호를 사용합니다.
</script>
```

속성과 메소드

배열 내부에 있는 값을 요소^{element}라고 합니다. 반면 객체 내부에 있는 값은 속성^{property}이라고 합니다. 배열의 요소와 마찬가지로 객체의 속성도 모든 형태의 자료형을 가질 수 있습니다.

```
const object = {
  number: 273,
  string: '구름',
  boolean: true,
  array: [52, 273, 103, 32],

  method: function () { }
}
```

속성과 메소드 구분하기

객체의 속성 중 함수 자료형인 속성을 특별히 메소드^{method}라고 부릅니다. 다음 코드에서 객체 person은 name 속성과 eat 속성을 가지고 있는데, eat 속성처럼 입력값을 받아 무언가 한 다음 결과를 도출해내는 함수 자료형을 특별히 eat() 메소드라고 부릅니다.

```
<script>
  const pet = {
    name: '구름',
    eat: function (food) { }
  }

  // 메소드를 호출합니다.
  pet.eat()
</script>
```

요소와 속성을 표현하는 방법은 다르지만 내부적으로 의미는 큰 차이가 없습니다.

note 기본적으로 화살표 함수는 메소드로 사용하지 않습니다. 이유는 252쪽의 〈좀 더 알아보기〉에서 살펴봅니다.

메소드 내부에서 this 키워드 사용하기

메소드 내에서 자기 자신이 가진 속성을 출력하고 싶을 때는 자신이 가진 속성임을 분명하게 표시해야 합니다. 자기 자신이 가진 속성이라는 것을 표시할 때는 this 키워드를 사용합니다.

메소드 내부에서의 this 키워드 소스 코드 6-1-1.html

```
01 <script>
02   // 변수를 선언합니다.
03   const pet = {
04     name: '구름',
05     eat: function (food) {
06       alert(this.name + '은/는 ' + food + '을/를 먹습니다.')
07     }
08   }
09
10   // 메소드를 호출합니다.
11   pet.eat('밥')
12 </script>
```

this 키워드를 사용해 자신이 가진
속성에 접근할 수 있습니다.

> 🖥 실행 결과   ✕
>
> 구름은/는 밥을/를 먹습니다.

동적으로 객체 속성 추가/제거

객체를 처음 생성한 후에 속성을 추가하거나 제거하는 것을 '동적으로 속성을 추가한다' 또는 '동적으로 속성을 제거한다'고 표현합니다.

동적으로 객체 속성 추가하기

다음과 같이 객체를 생성한 후 속성을 지정하고 값을 입력하면 됩니다. 다음 손코딩에서 JSON.stringify() 메소드를 사용했는데 이 함수는 06-2절에서 자세히 살펴보겠습니다. 일단 객체를 콘솔 출력에서 쉽게 볼 수 있는 방법이라고 기억해주세요.

동적으로 객체 속성 추가하기 소스 코드 6-1-2.html

```
01 <script>
02    // 객체를 선언합니다.
03    const student = {}
04    student.이름 = '윤인성'
05    student.취미 = '악기'
06    student.장래희망 = '생명공학자'
07
08    // 출력합니다.
09    console.log(JSON.stringify(student, null, 2))
10 </script>
```

실행 결과 ✕
```
{
  "이름": "윤인성",
  "취미": "악기",
  "장래희망": "생명공학자"
}
```

동적으로 객체 속성 제거하기

객체의 속성을 제거할 때는 delete 키워드를 사용하고 형태는 다음과 같습니다.

```
delete 객체.속성
```

사용법은 간단하므로 코드를 살펴보겠습니다.

동적으로 객체 속성 제거하기 소스 코드 6-1-3.html

```
01 <script>
02    // 객체를 선언합니다.
03    const student = {}
04    student.이름 = '윤인성'
05    student.취미 = '악기'
06    student.장래희망 = '생명공학자'
07
```

```
08    // 객체의 속성을 제거합니다.
09    delete student.장래희망
10
11    // 출력합니다.
12    console.log(JSON.stringify(student, null, 2))
13  </script>
```

실행 결과 ✕
```
{
  "이름": "윤인성",
  "취미": "악기"
}
```

코드를 실행하면 '장래희망'이라는 속성이 제거된 것을 확인할 수 있습니다.

메소드 간단 선언 구문

function () {} 형태로 메소드를 선언할 수 있다고 배웠습니다. 최신 버전의 자바스크립트에서는 메소드를 조금 더 쉽게 선언할 수 있는 전용 구문이 있습니다.

다음처럼 메소드를 선언할 수 있으며, 실행 결과는 6-1-4.html 코드와 같습니다.

직접 해보는 손코딩

메소드 선언 구문   소스 코드 6-1-4.html

```
01  <script>
02    // 변수를 선언합니다.
03    const pet = {
04      name: '구름',
05      eat (food) {
06        alert(this.name + '은/는 ' + food + '을/를 먹습니다.')
07      }
08    }
09
10    // 메소드를 호출합니다.
11    pet.eat('밥')
12  </script>
```

실행 결과 ✕
```
구름은/는 밥을/를 먹습니다
```

화살표 함수를 사용한 메소드

function () {} 형태로 선언하는 **익명 함수**와 () => {} 형태로 선언하는 **화살표 함수**는 객체의 메소드로 사용될 때 this 키워드를 다루는 방식이 다릅니다.

직접 해보는 손코딩

this 키워드의 차이   소스 코드 6-1-5.html

```
01 <script>
02   // 변수를 선언합니다.
03   const test = {
04     a: function () {          ──→ 익명 함수로 선언
05       console.log(this)
06     },
07     b: () => {                ──→ 화살표 함수로 선언
08       console.log(this)
09     }
10   }
11
12   // 메소드를 호출합니다.
13   test.a()
14   test.b()
15 </script>
```

🖥 실행 결과   ✕

{a: ƒ, b: ƒ} ──→ 현재 코드에서 test 객체를 출력합니다.
Window {postMessage: ƒ, blur: ƒ, focus: ƒ, close: ƒ, parent: Window, …}──┐
                                                                         ↓
                                              window 객체를 출력합니다.

크롬 개발자 도구에서 실행 결과를 확인할 때 출력 왼쪽에 있는 드롭 다운 버튼을 클릭해보면 this 키워드가 나타내는 것이 조금 다르다는 것을 더 확실하게 알 수 있습니다.

window 객체는 웹 브라우저 자체를 나타내는 '웹 브라우저에서 실행하는 자바스크립트의 핵심 객체'라고 생각하면 됩니다. 이처럼 메소드 내부에서 this 키워드를 사용할 때 의미가 달라지므로 화살표 함수를 메소드로 사용하지 않는 편입니다.

> 메소드를 만들 때 특별한 이유가 있지 않은 한 화살표 함수를 사용하지 않습니다.

간단하게 설명하고자 '기본적으로 this 키워드가 window 객체를 나타낸다'라고 설명했지만, 상황에 따라 또 다른 객체를 나타낼 수도 있습니다.

▶ 5가지 키워드로 정리하는 핵심 포인트

- **요소**란 배열 내부에 있는 값을 말합니다.

- **속성**은 객체 내부에 있는 값을 의미합니다.

- **메소드**는 속성 중에 함수 자료형인 것을 의미합니다.

- **this** 키워드는 객체 내부의 메소드에서 객체 자신을 나타내는 키워드입니다.

- 객체 생성 이후에 속성을 추가하거나 제거하는 것을 **동적 속성 추가, 동적 속성 제거**라고 합니다.

▶ 확인 문제

1. 다음과 같은 대상을 자바스크립트 객체로 선언해주세요. 자료형은 알맞다고 생각하는 것(문자열, 숫자, 불 등)으로 지정해주세요.

속성 이름	속성 값
name	혼자 공부하는 파이썬
price	18000
publisher	한빛미디어

2. 다음 중 객체에 동적으로 속성을 추가하는 문법을 고르세요.

① add 객체[속성] = 값

② 객체.add('속성', 값)

③ 객체[속성] = 값

④ 객체[속성] add 값

3. 다음 중 객체에 동적으로 속성을 제거하는 문법을 고르세요.

① delete 객체[속성]

② 객체.delete('속성')

③ delete 객체 from 속성

④ delete 속성 from 객체

4. 다음 코드에서 메소드라고 부를 수 있는 속성에 동그라미 표시하세요. 그리고 코드의 실행 결과를 예측해 보세요.

```
<script>
  const object = {
    ko: '빵',
    en: 'bread',
    ja: 'パン',
    fr: 'pain',
    es: 'pan',
    lang: {
      ko: '한국어',
      en: '영어',
      ja: '일본어',
      fr: '프랑스어',
      es: '스페인어'
    },
    print: function (lang) {
      console.log(`${this.ko}는 ${this.lang[lang]}로 ${this[lang]}입니다.`)
    }
  }

  object.print('es')
</script>
```

🖾 실행 결과	✕

06-2 객체의 속성과 메소드 사용하기

핵심 키워드

기본 자료형   객체 자료형   기본 자료형의 승급   prototype

현대 프로그래밍 언어는 모두 객체 지향이라는 패러다임을 기반으로 합니다. 그래서 모든 개발이 객체로 이루어집니다. 다음 장부터 본격적으로 객체를 사용해서 애플리케이션을 개발하므로 이번 절에서 객체와 관련된 기본적인 문법들을 확실하게 익히도록 합시다.

시작하기 전에

자바스크립트에서 사용하는 자료는 크게 **기본 자료형**primitives과 **객체 자료형**object으로 구분할 수 있으며, 다음 그림과 같이 나타낼 수 있습니다.

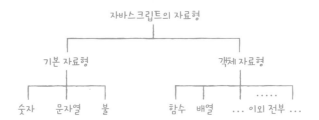

유연함의 대명사인 자바스크립트는 기본 자료형이 객체 자료형이 될 수도 있습니다. 어떤 경우에 그렇게 되는지 알아보고, 이를 활용하는 prototype 객체를 알아보겠습니다.

그리고 자바스크립트의 기본적인 객체들이 갖고 있는 속성과 메소드를 살펴보겠습니다. 마지막으로 외부 자바스크립트를 읽어들이고 사용하는 방법을 알아보겠습니다.

객체 자료형

속성과 메소드를 가질 수 있는 모든 것은 **객체**입니다. 예를 들면 **배열**도 객체입니다. 다음과 같이 a라는 이름의 배열을 선언하고 배열에 속성을 지정한 후 확인해보면 배열이 속성을 가질 수 있다는 것을 알 수 있습니다.

```
> const a = []
undefined

> a.sample = 10
10

> a.sample
10
```

함수도 객체입니다. 다음과 같이 함수 b를 선언하고 함수에 속성을 지정한 후 확인해보면 함수가 속성을 가질 수 있다는 것을 알 수 있습니다.

```
> function b () { }
undefined

> b.sample = 10
10

> b.sample
10
```

그래서 typeof 연산자를 사용해서 배열의 자료형을 확인해보면 "object"라고 객체가 출력됩니다. 배열인지 확인하려면 Array.isArray() 메소드를 사용합니다(Array도 메소드를 갖고 있으므로 객체입니다).

```
> typeof a
"object"

> Array.isArray(a)
true
```

함수는 '실행이 가능한 객체'라는 특이한 자료로 typeof 연산자를 사용해서 자료형을 확인하면 "function"을 출력합니다. 함수는 객체의 특성을 완벽하게 가지고 있으므로 자바스크립트에서는 함수를 **일급 객체**first-class object 또는 first-class citizen에 속한다고 표현하기도 합니다.

```
> typeof b
"function"
```

기본 자료형

자바스크립트에서는 실체가 있는 것(undefined와 null 등이 아닌 것) 중에 객체가 아닌 것을 **기본 자료형**primitive types 또는 primitives이라고 부릅니다. **숫자, 문자열, 불**이 바로 기본 자료형입니다.

이러한 자료형은 객체가 아니므로 속성을 가질 수 없습니다. 예를 들어 숫자에 속성을 추가해보겠습니다.

```
> const c = 273
undefined

> c.sample = 10
10

> c.sample
undefined         ———→ 속성을 만들 수 있는 것처럼 보이지만 실제로 속성이 만들어지지 않습니다.
```

c.sample = 10은 속성을 추가하는 것처럼 보이지만, 그 다음 코드를 보면 c.sample이 undefined로 나오므로 속성이 추가되지 않았다는 것을 알 수 있습니다. 문자열과 불 자료형도 기본 자료형이므로 같은 결과가 나옵니다.

```
> const d = '안녕하세요'
undefined

> d.sample = 10
10
```

```
> d.sample
undefined

> const e = true
undefined
                            ──→ 속성이 추가되지 않습니다.
> e.sample = 10
10

> e.sample
undefined
```

기본 자료형을 객체로 선언하기

자바스크립트는 기본 자료형을 객체로 선언하는 방법을 제공합니다. 2장에서 살펴보았던 숫자, 문자열, 불 등으로 자료형을 변환하는 함수(Number, String, Boolean)는 다음과 같이 사용합니다.

```
const 객체 = new 객체 자료형 이름()
```

이렇게 사용하면 **숫자 객체**, **문자열 객체**, **불 객체**를 생성할 수 있습니다.

```
new Number(10)
new String('안녕하세요')
new Boolean(true)
```

단순한 기본 자료형이 아니므로 이전과 다르게 속성을 가집니다. 다음과 같이 new Number()를 사용해서 숫자를 생성하면 숫자와 관련된 연산자도 모두 활용할 수 있으며, 속성과 메소드를 활용할 수 있습니다.

```
> const f = new Number(273)
undefined

> typeof f
"object"

> f.sample = 10
10

> f.sample
10 ┐
   └──→ 속성을 가질 수 있습니다.

> f
Number {273, sample: 10} ┐
                          └──→ 콘솔에서 단순하게 f를 출력하면 객체 형태로 출력합니다.

> f + 0
273 ┐
    ├──→ 숫자와 똑같이 활용할 수 있고 valueOf() 메소드를
    │    사용해서 값을 추출할 수도 있습니다.
> f.valueOf()
273 ┘
```

➕ 여기서 잠깐　　**new 키워드를 사용하지 않을 때 주의할 점**

new 키워드를 사용하지 않으면 함수가 자료형 변환 기능으로 작동합니다. 중요하므로 꼭 기억해두세요.

```
> const g = Number(273)
undefined

> typeof g ──→ 객체가 아닙니다.
"number"
```

기본 자료형의 일시적 승급

이전에 문자열의 length 속성을 사용해본 적이 있으므로 지금까지의 설명을 들으면서 약간 이상하다고 생각한 독자도 있을 것입니다. 또한 문자열 자료형 등을 생성하고 뒤에 온점을 찍으면 다음 그림과 같이 자동 완성 기능으로 메소드들이 나옵니다.

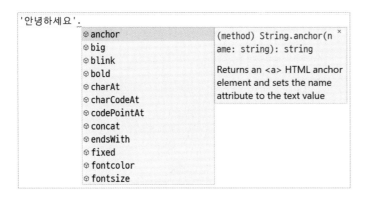

실행도 가능합니다.

```
> '안녕하세요'.anchor('greeting')
"<a name="greeting">안녕하세요</a>"


> '안녕하세요'.bold()
"<b>안녕하세요</b>"
```

원래 기본 자료형은 속성과 메소드를 가질 수 없습니다. 그런데 어떻게 이렇게 당당하게 가지고 있는 것일까요?

자바스크립트는 사용의 편리성을 위해서 기본 자료형의 속성과 메소드를 호출할 때(기본 자료형 뒤에 온점을 찍고 무언가 하려고 하면) 일시적으로 기본 자료형을 객체로 승급시킵니다. 그래서 속성과 메소드를 사용할 수 있는 것입니다.

이러한 승급은 일시적입니다. 따라서 sample 속성에 기본 자료형이 추가되는 것처럼 보였지만, 실제로는 추가되지 않는 현상이 일어난 것입니다.

```
> const h = '안녕하세요'
undefined

> h.sample = 10 ──┐
10             └───→ 일시적으로 객체로 승급되어 sample 속성을 추가할 수 있습니다.

> h.sample ──┐
undefined  └───→ 일시적으로 승급된 것이라 추가했던 sample 속성은 이미 사라졌습니다.
```

다음 그림과 같이 승급 때 잠시 속성이라는 새 옷을 입었다가 바로 뺏긴다고 생각하면 쉽습니다.

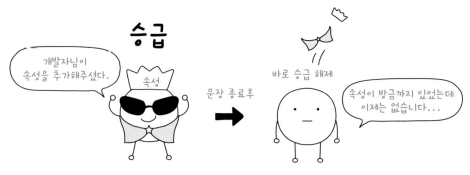

기본 자료형 소속의 문자열씨

따라서 기본 자료형의 경우 속성과 메소드를 사용할 수는 있지만, 속성과 메소드를 추가로 가질 수는 없다고 생각하면 됩니다.

프로토타입으로 메소드 추가하기

그렇다면 승급 때 일시적으로 입는 새 옷 자체를 변경하면 어떨까요? 숫자 객체 전체에 어떤 속성과 메소드를 추가할 수 있다면 기본 자료형 숫자도 속성과 메소드를 사용할 수 있습니다.

어떤 객체의 **prototype**이라는 속성이 바로 객체 전용 옷(틀)이라고 할 수 있습니다. prototype 객체에 속성과 메소드를 추가하면 모든 객체(와 기본 자료형)에서 해당 속성과 메소드를 사용할 수 있습니다.

```
객체 자료형 이름.prototype.메소드 이름 = function () {


}
```

예를 들어 다음과 같이 sample이라는 속성을 추가해봅시다. Number.prototype에 sample이라
는 속성을 추가하면 기본 자료형 숫자 뒤에 온점을 찍고 해당 속성을 활용할 수 있습니다.

```
> Number.prototype.sample = 10
10


> const i = 273
undefined


> i.sample ──┐
10           └──→ sample 속성을 갖고 있습니다.
```

모든 숫자 자료형이 어떤 값을 공유할 필요는 없으므로, 일반적으로 프로토타입에 속성을 추가하지
않습니다. 하지만 프로토타입에 메소드를 추가하면 다양하게 활용할 수 있습니다.

몇 가지 예를 살펴보겠습니다.

최신 자바스크립트에는 **제곱 연산자**(**)가 있습니다. 이를 사용하면 숫자를 n제곱할 수 있습니다.

```
> 2 ** 2
4


> 2 ** 3
8


> 2 ** 4
16
```

이를 활용해서 숫자 자료형에 n제곱하는 메소드를 추가해보겠습니다.

프로토타입으로 숫자 메소드 추가하기 소스 코드 6-2-1.html

```
01 <script>
02   // power() 메소드를 추가합니다.
03   Number.prototype.power = function (n = 2) {
04     return this.valueOf() ** n
05   }
06
07   // Number 객체의 power() 메소드를 사용합니다.
09   const a = 12
10   console.log('a.power():', a.power())
11   console.log('a.power(3):', a.power(3))
12   console.log('a.power(4):', a.power(4))
13 </script>
```

```
실행 결과                    ✕
a.power(): 144
a.power(3): 1728
a.power(4): 20736
```

코드에서 this.valueOf()로 숫자 값을 꺼냈습니다. 그냥 this ** n을 해도 아무 문제 없이 계산됩니다. 하지만 객체 내부에서 값을 꺼내 쓰는 것임을 명확하게 하기 위해서 4행처럼 **valueOf()** 메소드를 사용하는 것이 일반적입니다.

이렇게 프로토타입에 메소드를 추가하면 이를 활용해서 숫자를 제곱할 수 있습니다. 함수를 생성할 때 기본 매개변수도 사용했습니다.

조금 더 실용적인 예제를 살펴보겠습니다.

자바스크립트에서 문자열 내부에 어떤 문자열이 있는지, 배열 내부에 어떤 자료가 있는지 확인할 때는 indexOf() 메소드를 사용합니다. 문자열의 indexOf() 메소드를 사용하는 예를 살펴보겠습니다.

다음 코드는 문자열 '안녕하세요' 내부에 '안녕', '하세', '없는 문자열'이 있는지 확인합니다. 있으면 해당 문자열이 시작하는 위치(인덱스)를 출력하고, 없으면 −1을 출력합니다.

```
> const j = '안녕하세요'
undefined

> j.indexOf('안녕')
0

> j.indexOf('하세')
2
```
문자열 내에 있는 문자열이라면 그 인덱스를 출력합니다.

```
> j.indexOf('없는 문자열')
-1
```
문자열 내에 없는 문자열이라면 −1을 출력합니다.

배열의 indexOf() 메소드도 마찬가지로 작동합니다.

```
> const k = [1, 2, 3]
undefined

> k.indexOf(2)
1

> k.indexOf(3)
2

> k.indexOf(100)
-1
```

따라서 "문자열.indexOf(문자열) >= 0" 등의 코드를 사용하면 문자열 내부에 어떤 문자열이 포함되어 있는지 true 또는 false로 얻을 수 있습니다. 이를 그냥 "문자열.contain(문자열)"했을 때 true 또는 false를 리턴하는 형태로 변경하면 나름 편리하게 사용할 수 있습니다.

contain() 메소드를 코드로 구현하면 다음과 같습니다.

프로토타입으로 문자열 메소드 추가하기 소스 코드 6-2-2.html

```
01 <script>
02    // contain() 메소드를 추가합니다.
03    String.prototype.contain = function (data) {
04      return this.indexOf(data) >= 0
05    }
06
07    Array.prototype.contain = function (data) {
08      return this.indexOf(data) >= 0
09    }
10
11    // String 객체의 contain() 메소드를 사용합니다.
12    const a = '안녕하세요'
13    console.log('안녕 in 안녕하세요:', a.contain('안녕'))
14    console.log('없는데 in 안녕하세요:', a.contain('없는데'))
15
16    // Array 객체의 contain() 메소드를 사용합니다.
17    const b = [273, 32, 103, 57, 52]
18    console.log('273 in [273, 32, 103, 57, 52]:', b.contain(273))
19    console.log('0 in [273, 32, 103, 57, 52]:', b.contain(0))
20 </script>
```

실행 결과 ✕

```
안녕 in 안녕하세요: true
없는데 in 안녕하세요: false
273 in [273, 32, 103, 57, 52]: true
0 in [273, 32, 103, 57, 52]: false
```

Number 객체

기본 자료형과 연결된 객체에서 자주 사용하는 것만 기능적으로 살펴보겠습니다. 먼저 Number 객체의 기본 메소드입니다.

숫자 N번째 자릿수까지 출력하기: toFixed()

Number 객체에서 자주 사용하는 메소드는 **toFixed()** 메소드입니다. 소수점 이하 몇 자리까지만 출력하고 싶을 때 사용합니다. 소수점 아래 2자리까지 출력하고 싶다면 toFixed(2), 3자리까지 출력하고 싶다면 toFixed(3) 형태로 사용합니다.

```
> const l = 123.456789
undefined

> l.toFixed(2)
"123.46"

> l.toFixed(3)
"123.457"

> l.toFixed(4)
"123.4568"
```

NaN과 Infinity 확인하기: isNaN(), isFinite()

어떤 숫자가 NaN(Not a Number)인지 또는 Infinity(무한)인지 확인할 때는 Number.isNaN() 메소드와 Number.isFinite() 메소드를 사용합니다. 이 메소드들은 숫자 자료 뒤에 온점을 찍고 사용하는 것이 아니라 Number 뒤에 점을 찍고 사용합니다.

일단 NaN을 확인해봅시다. NaN과 비교하면 모든 값이 false로 나오므로 **isNaN()** 메소드를 사용해야 NaN인지 확인할 수 있습니다.

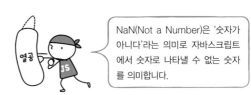

NaN(Not a Number)은 '숫자가 아니다'라는 의미로 자바스크립트에서 숫자로 나타낼 수 없는 숫자를 의미합니다.

```
> const m = Number('숫자로 변환할 수 없는 경우')
undefined

> m
NaN          → NaN을 생성합니다.

> m === NaN
false        → NaN과 비교해서는 NaN인지 확인할 수 없습니다.

> Number.isNaN(m)
true
```

Infinity를 사용해보겠습니다.

> Infinity는 숫자를 0으로 나누는 것과 같이 무한대 숫자를 의미합니다.

```
> const n = 10 / 0
undefined
> n
Infinity     ──→ 양의 무한대를 생성합니다.

> const o = -10 / 0
undefined
> o
-Infinity    ──→ 음의 무한대를 생성합니다.

> Number.isFinite(n)
false
             ──→ isFinite(유한한 숫자인가?)가 false로 나옵니다.
> Number.isFinite(o)
false

> Number.isFinite(1)
true
             ──→ 일반적인 숫자는 셀 수 있으므로 true가 나옵니다.
> Number.isFinite(10)
true
```

무한대 숫자는 양의 무한대 숫자와 음의 무한대 숫자로 나뉩니다. isFinite() 메소드가 false인 경우는 양의 무한대 숫자와 음의 무한대 숫자 2가지 경우입니다.

참고로 NaN과 다르게 무한대 값은 비교 연산자로 비교할 수 있습니다.

```
> n === Infinity || n === -Infinity
true
```

이외에도 Number 객체와 관련된 메소드들이 몇 가지 더 있지만 많이 사용되지는 않습니다. 추가로 알아보고 싶다면 다음 링크를 참고해주세요.

모질라 Number 객체의 속성과 메소드
URL https://developer.mozilla.org/ko/docs/Web/JavaScript/Reference/Global_Objects/Number

String 객체

이어서 String 객체의 기본 메소드를 살펴보겠습니다.

문자열 양쪽 끝의 공백 없애기: trim()

페이스북, 트위터, 카카오톡과 같은 소셜 네트워크 서비스를 사용하다 보면 문자열 앞뒤에 공백을 넣고 댓글을 입력하거나 메시지를 보냈는데, 앞뒤 공백이 사라진 상태로 전송된 경험이 있습니다.

사용자의 실수 또는 악의적인 목적으로 문자열 앞뒤에 공백이 추가되는 경우가 많으므로 이런 것들을 미리 제거하는 것입니다. 이러한 기능을 trim이라고 부릅니다. 문자열의 trim() 메소드를 사용하면 문자열 앞뒤 공백(띄어쓰기, 줄바꿈 등)을 제거할 수 있습니다.

```
> const stringA = `
메시지를 입력하다보니 앞에 줄바꿈도 들어가고`
undefined
> const stringB = `    앞과 뒤에 공백도 들어가고    `
undefined
```

```
> stringA
"
메시지를 입력하다보니 앞에 줄바꿈도 들어가고"
> stringB
"   앞과 뒤에 공백도 들어가고     "

> stringA.trim()
"메시지를 입력하다보니 앞에 줄바꿈도 들어가고"
> stringB.trim()
"앞과 뒤에 공백도 들어가고"
```

→ 문자열 앞뒤 공백이 제거됩니다.

문자열을 특정 기호로 자르기: split()

알고리즘 대회 문제를 풀거나 웹 페이지에서 데이터를 긁으면 다음과 같이 쉼표(또는 다른 것)로 구분된 문자열을 읽어서 분해해야 하는 경우가 있습니다.

```
일자,달러,엔,유로
02,1141.8,1097.46,1262.37
03,1148.7,1111.36,1274.65
04,1140.6,1107.81,1266.58
...생략...
```

이런 경우에는 split() 메소드를 사용합니다. **split()** 메소드는 문자열을 매개변수(다른 문자열)로 잘라서 배열을 만들어 리턴하는 메소드입니다.

```
> let input = `
일자,달러,엔,유로
02,1141.8,1097.46,1262.37
03,1148.7,1111.36,1274.65
04,1140.6,1107.81,1266.58
07,1143.4,1099.58,1267.8
08,1141.6,1091.97,1261.07
`
undefined
```

```
> input = input.trim()
"일자,달러,엔,유로
02,1141.8,1097.46,1262.37
03,1148.7,1111.36,1274.65
04,1140.6,1107.81,1266.58
07,1143.4,1099.58,1267.8
08,1141.6,1091.97,1261.07"
```

→ 앞뒤 공백을 제거합니다.

```
> input = input.split('\n')
["일자,달러,엔,유로", "02,1141.8,1097.46,1262.37", "03,1148.7,1111.36,1274.65",
"04,1140.6,1107.81,1266.58", "07,1143.4,1099.58,1267.8",
"08,1141.6,1091.97,1261.07"]
```

줄바꿈으로 자릅니다. ←

```
> input = input.map((line) => line.split(','))
[Array(4), Array(4), Array(4), Array(4), Array(4), Array(4)]
```

→ 배열 내부의 문자
열들을 쉼표로
자릅니다.

```
> JSON.stringify(input, null, 2)
"[
 [
  "일자",
  "달러",
  "엔",
  "유로"
 ],
 [
  "02",
  "1141.8",
  "1097.46",
  "1262.37"
 ],
 [
  "03",
  "1148.7",
  "1111.36",
  "1274.65"
 ],
```

→ 크롬 개발자 도구에서는 드롭다운 바를 내려서
어떤 값이 들어있는지 쉽게 확인할 수 있지만,
책에서는 드롭다운을 따로 내릴 수 없어
JSON.stringify()라는 메소드를 사용해서
쉽게 볼 수 있게 했습니다.

```
  [
    "04",
    "1140.6",
    "1107.81",
    "1266.58"
  ],
  [
    "07",
    "1143.4",
    "1099.58",
    "1267.8"
  ],
  [
    "08",
    "1141.6",
    "1091.97",
    "1261.07"
  ]
  ]"
```

이외에도 String 객체의 중요 속성은 앞에서 살펴본 length 속성, 중요 메소드는 indexOf() 메소드 등이 있습니다. 더 많은 메소드는 모질라 문서를 참고하세요.

모질라 String 객체의 속성과 메소드
URL https://developer.mozilla.org/ko/docs/Web/JavaScript/Reference/Global_Objects/String

JSON 객체

기본 자료형과 관련된 객체 외 자바스크립트가 기본적으로 제공하는 내장 객체를 몇 가지 살펴봅시다.

인터넷에서 문자열로 데이터를 주고 받을 때는 CSV, XML, CSON 등의 다양한 자료 표현 방식을 사용할 수 있습니다. 현재 가장 많이 사용되는 자료 표현 방식은 JSON 객체입니다.

JSON은 JavaScript Object Notation의 약자로 자바스크립트의 객체처럼 자료를 표현하는 방식 입니다.

다음은 JSON을 사용하여 '책'을 표현한 것입니다.

하나의 자료 예

```
{
    "name": "혼자 공부하는 파이썬",
    "price": 18000,
    "publisher": "한빛미디어"
}
```

여러 개의 자료 예

```
[{
    "name": "혼자 공부하는 파이썬",
    "price": 18000,
    "publisher": "한빛미디어"
}, {
    "name": "HTML5 웹 프로그래밍 입문",
    "price": 26000,
    "publisher": "한빛아카데미"
}]
```

JSON이라는 용어를 처음 들으면 어려운 말처럼 느껴지는데, 자바스크립트 배열과 객체를 활용해 어떤 자료를 표현하는 형식일 뿐입니다. 지금까지 살펴보았던 배열과 객체로 '책'을 표현한 것이므로 쉽게 이해할 수 있을 것이라 생각합니다. 다만 JSON 형식은 약간의 추가 규칙이 있습니다.

- 값을 표현할 때는 문자열, 숫자, 불 자료형만 사용할 수 있습니다(함수 등은 사용 불가).
- 문자열은 반드시 큰따옴표로 만들어야 합니다.
- 키key에도 반드시 따옴표를 붙여야 합니다.

대부분의 프로그래밍 언어는 JSON 형식의 문자열을 읽어들이는 기능이 있습니다. 그래서 네트워크를 통해서 각각의 프로그래밍 언어로 만든 애플리케이션들이 데이터를 교환할 때 활용합니다. 자바스크립트 객체를 JSON 문자열로 변환할 때는 JSON.stringify() 메소드를 사용합니다.

직접 해보는 손코딩

JSON.stringify() 메소드   소스 코드 6-2-3.html

```
01 <script>
02    // 자료를 생성합니다.
03    const data = [{
04      name: '혼자 공부하는 파이썬',
05      price: 18000,
06      publisher: '한빛미디어'
07    }, {
08      name: 'HTML5 웹 프로그래밍 입문',
09      price: 26000,
10      publisher: '한빛아카데미'
11    }]
12
13    // 자료를 JSON으로 변환합니다.
14    console.log(JSON.stringify(data))
15    console.log(JSON.stringify(data, null, 2))
16 </script>
```

2번째 매개변수는 객체에서 어떤 속성만 선택해서 추출하고 싶을 때 사용하나 거의 사용하지 않으며, 일반적으로 null(아무 것도 없음)을 넣습니다.

들여쓰기 2칸으로 설정합니다.

JSON.stringify() 메소드를 출력하면 다음과 같습니다.

실행 결과   ✕

```
[{"name":"혼자 공부하는 파이썬","price":18000,"publisher":"한빛미디어"},{"name":"HTML5 웹 프로그
래밍 입문","price":26000,"publisher":"한빛아카데미"}]
[
  {
    "name": "혼자 공부하는 파이썬",
    "price": 18000,
    "publisher": "한빛미디어"
  },
  {
    "name": "HTML5 웹 프로그래밍 입문",
    "price": 26000,
    "publisher": "한빛아카데미"
  }
]
```

매개변수를 하나만 넣으면 한 줄로 변환됩니다. 일반적으로 이렇게 사용합니다.

들여쓰기 2칸이 추가되었습니다.

JSON 문자열을 자바스크립트 객체로 전개할 때는 **JSON.parse()** 메소드를 사용합니다. 매개변수에 JSON 형식의 문자열을 넣어주면 됩니다.

JSON.parse() 메소드 소스 코드 6-2-4.html

```
01 <script>
02    // 자료를 생성합니다.
03    const data = [{
04       name: '혼자 공부하는 파이썬',
05       price: 18000,
06       publisher: '한빛미디어'
07    }, {
08       name: 'HTML5 웹 프로그래밍 입문',
09       price: 26000,
10       publisher: '한빛아카데미'
11    }]
12
13    // 자료를 JSON으로 변환합니다.
14    const json = JSON.stringify(data)
15    console.log(json)
16
17    // JSON 문자열을 다시 자바스크립트 객체로 변환합니다.
18    console.log(JSON.parse(json))
19 </script>
```

JSON.Stringify() 메소드를 출력하면 다음과 같습니다.

```
🖥 실행 결과                                                                    ✕

[{"name":"혼자 공부하는 파이썬","price":18000,"publisher":"한빛미디어"},{"name":"HTML5 웹 프로그
래밍 입문","price":26000,"publisher":"한빛아카데미"}]

Array(2)
  0: {name: '혼자 공부하는 파이썬', price: 18000, publisher: '한빛미디어'}
  1: {name: "HTML5 웹 프로그래밍 입문", price: 26000, publisher: "한빛아카데미"}
  length: 2
  __proto__: Array(0)
```

JSON 객체의 메소드는 2가지뿐입니다. 추가적인 내용이 궁금하다면 다음 문서를 살펴보세요.

모질라 JSON 객체의 속성과 메소드
URL https://developer.mozilla.org/ko/docs/Web/JavaScript/Reference/Global_Objects/JSON

이 책의 457쪽에서 지금 배운 내용을 활용해서 데이터를 저장하고 읽어 들이는 기능을 구현합니다.

Math 객체

수학과 관련된 기본적인 연산을 할 때는 **Math** 객체를 사용합니다. Math 객체 속성으로는 pi, e와 같은 수학 상수가 있습니다. 메소드로는 Math.sin(), Math.cos(), Math.tan()와 같은 삼각함수도 있습니다.

```
> Math.PI
3.141592653589793

> Math.E
2.718281828459045
```

이 책은 수학적인 내용을 크게 활용하지 않으므로 자세히 설명하지는 않습니다. 삼각함수, 역삼각함수, 로그함수 등을 활용해야 한다면 다음 링크를 참고하세요.

모질라 Math 객체의 속성과 메소드
URL https://developer.mozilla.org/ko/docs/Web/JavaScript/Reference/Global_Objects/Math

Math 객체의 메소드 중에서 많이 사용하는 '랜덤한 숫자 만들기'에 대해 살펴보겠습니다.

랜덤한 숫자를 생성할 때는 **Math.random()** 메소드를 사용합니다. Math.random() 메소드는 0 이상, 1 미만의 랜덤한 숫자를 생성합니다. 0 <= 결과 < 1의 범위만 생성하므로 그 이상의 범위에서 랜덤한 숫자를 구하려면 다양한 처리를 해야 합니다. 정리하면 다음과 같습니다.

Math.random() 메소드   소스 코드 6-2-5.html

```
01 <script>
02    const num = Math.random()
03
04    console.log('# 랜덤한 숫자')
05    console.log('0-1 사이의 랜덤한 숫자:', num)        ———→ 0 <= 결과 < 1의 범위를 갖습니다.
06    console.log('')
07
08    console.log('# 랜덤한 숫자 범위 확대')
09    console.log('0~10 사이의 랜덤한 숫자:', num * 10)   ———→ 0 <= 결과 < 10의 범위를 갖습니다.
10    console.log('0~50 사이의 랜덤한 숫자:', num * 50)
11    console.log('')
12
13    console.log('# 랜덤한 숫자 범위 이동')
14    console.log('-5~5 사이의 랜덤한 숫자:', num * 10 - 5)    ———→ -5 <= 결과 < 5의 범위를
15    console.log('-25~25 사이의 랜덤한 숫자:', num * 50 - 25)         갖습니다.
16    console.log('')
17
18    console.log('# 랜덤한 정수 숫자')
19    console.log('-5~5 사이의 랜덤한 정수 숫자:', Math.floor(num * 10 - 5))
20    console.log('-25~25 사이의 랜덤한 정수 숫자:', Math.floor(num * 50 - 25))
21 </script>
```

▦ 실행 결과(1)   ✕

```
# 랜덤한 숫자
0-1 사이의 랜덤한 숫자: 0.07432212812757388

# 랜덤한 숫자 범위 확대
0~10 사이의 랜덤한 숫자: 0.7432212812757388
0~50 사이의 랜덤한 숫자: 3.716106406378694

# 랜덤한 숫자 범위 이동
-5~5 사이의 랜덤한 숫자: -4.256778718724261
-25~25 사이의 랜덤한 숫자: -21.283893593621308

# 랜덤한 정수 숫자
-5~5 사이의 랜덤한 정수 숫자: -5
-25~25 사이의 랜덤한 정수 숫자: -22
```

코드를 실행할 때마다 랜덤한 숫자가 다르므로 결과 역시 다르게 나옵니다. 여러 번 실행해보면서 어떠한 형태로 결과가 나오는지 확인해보세요.

외부 script 파일 읽어들이기

지금까지는 HTML 페이지 내부에 script 태그를 만들고 자바스크립트 코드를 입력했습니다. 때문에 간단한 프로그램은 그렇게 만들 수 있지만, 프로그램의 규모가 커지면 파일 하나가 너무 방대해지기 때문에 파일을 분리하는 게 좋습니다. 파일을 어떻게 분리할 수 있는지 살펴보겠습니다.

일단 별도의 자바스크립트 파일을 만들어야 합니다. 비주얼 스튜디오 코드에서 main.html과 test.js라는 이름으로 파일을 생성해서 같은 폴더에 넣어주세요. 확장자가 js인 파일이 바로 읽어들일 외부 자바스크립트 파일입니다.

main.html

test.js

외부 자바스크립트 파일을 읽어들일 때도 script 태그를 사용합니다. 그리고 src 속성에 읽어들일 파일의 경로를 입력하면 됩니다. 간단한 프로그램을 만들고 실행해보겠습니다.

외부 script 파일 읽어들이기(1) 소스 코드 `main.html`

```
01 <!DOCTYPE html>
02 <html>
03 <head>
04   <title></title>
05   <script src="test.js"></script>
06   <script>
07     console.log('# main.html의 script 태그')
08     console.log('sample 값:', sample)
09   </script>
10 </head>
11 <body>
12
13 </body>
14 </html>
```

외부 script 파일 읽어들이기(2) 소스 코드 `test.js`

```
01 console.log('# test.js 파일')
02 const sample = 10
```

HTML 파일은 위에서 아래로 태그를 읽어들이면서 차근차근 적절한 처리를 합니다.

실행 결과 ✕

```
# test.js 파일
# main.html의 script 태그
sample 값: 10
```

main.html 파일에서 5행의 외부 자바스크립트를 읽어들이는 script 태그(⟨script src="test.js"⟩⟨/script⟩)가 6~9행의 코드가 적혀 있는 script 태그보다 위에 있으므로 먼저 실행된 것입니다.

Lodash 라이브러리

내가 만든 외부 자바스크립트 파일을 읽어들일 수도 있지만, 다른 사람이 만든 외부 자바스크립트 파일을 사용할 수도 있습니다. 다른 사람들이 만든 다양한 함수와 클래스를 묶어서 제공해주는 것을 **외부 라이브러리**라고 부릅니다. 지금까지 배운 내용을 기반으로 외부 라이브러리를 살펴보면 다양한 것들을 만들 수 있습니다. 그럼 간단한 유틸리티 라이브러리를 살펴보겠습니다.

유틸리티 라이브러리는 개발할 때 보조적으로 사용하는 함수들을 제공해주는 라이브러리입니다. underscore, Lodash 등 다양한 라이브러리가 있는데, 최근 많이 사용되는 **Lodash 라이브러리**를 사용해보겠습니다.

`note` underscore는 _ 기호를 의미합니다. Lodash는 Low Dash를 줄인 것이며, 마찬가지로 _ 기호를 의미하는 말입니다. 왜 _ 기호를 의미하는지는 잠시 뒤의 예제를 보면 알 수 있습니다.

Lodash 라이브러리는 다음 링크에서 확인할 수 있습니다.

lodash 라이브러리 다운로드 페이지
`URL` https://lodash.com

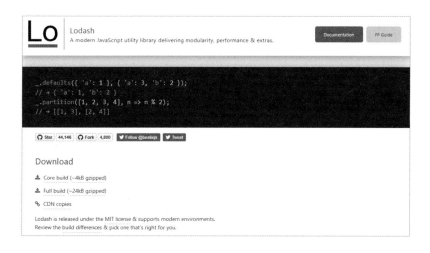

Lodash 사이트 다운로드 페이지에서 [Full Build]를 클릭하면 웹 브라우저에 따라 다음과 같은 2가지 상황이 발생합니다.

- **곧바로 파일 다운로드가 될 경우**: 다운로드한 파일을 HTML 파일과 같은 위치에 놓고 읽어들입니다.
- **파일 내용이 출력될 경우**: 마우스 오른쪽 버튼을 클릭하고 [다른 이름으로 저장]을 선택한 뒤 HTML 파일과 같은 위치에 놓고 다운로드합니다.

여기서는 다른 방법으로 파일을 읽어들여보겠습니다. 다운로드 페이지에서 [CDN copies]를 클릭합니다. 그러면 다음 페이지로 이동합니다.

Lodash CDN 링크 페이지
URL https://www.jsdelivr.com/package/npm/lodash

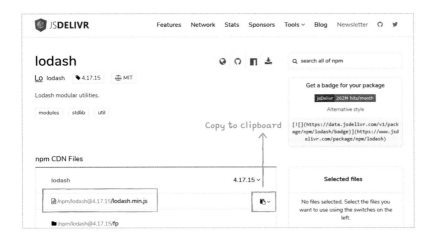

[lodash.min.js] 오른쪽에 있는 [Copy to Clipboard] 아이콘을 클릭하면 CDN 링크가 복사됩니다. 다음과 같이 링크를 script 태그의 src 속성에 입력하면 라이브러리를 읽어들일 수 있습니다.

```
<!DOCTYPE html>
<html>
<head>
  <title></title>
  <script src="https://cdn.jsdelivr.net/npm/lodash@4.17.15/lodash.min.js">
  </script>
  <script>

  </script>
</head>
<body>

</body>
</html>
```

앞의 설명에서 2가지를 짚고 넘어가야 할 것이 있습니다.

첫째, CDN이란 콘텐츠 전송 네트워크라는 의미입니다.

일반적으로 어떤 사이트는 어떤 특정한 지역의 서버에 위치합니다. 예를 들어 서울시 홈페이지는 우리나라에 서버가 존재하고, 미국 국무부 홈페이지는 미국에 서버가 존재합니다. 그렇기 때문에 한국에서 미국 국무부 홈페이지의 데이터를 전송받으면 속도가 느립니다. 또한 여러 사정(미국 국무부 홈페이지 서버가 있던 곳에 산사태가 일어나서 전기가 끊기는 경우 등)에 의해서 데이터를 아예 받을 수 없는 경우도 있습니다.

만약 전 세계 여러 지역에 전송할 데이터를 창고처럼 준비해두고 사용자가 데이터를 요청했을 때 가장 가까운 지역에서 데이터를 전송해준다면 훨씬 빠르게 데이터를 전송할 수 있습니다. 또한 가까운 지역에 문제가 있으면 그 다음으로 가까운 지역에서 데이터를 전송하면 데이터를 받을 수 없는 문제도 해결할 수 있습니다. 이런 통신 네트워크를 CDN이라고 부릅니다. CDN은 Contents Delivery Network의 약자입니다. Lodash 라이브러리를 CDN 링크로 사용한다는 것은 이러한 곳으로부터 Lodash 파일을 읽어들여서 사용한다는 것입니다.

둘째, min 버전입니다.

min 버전의 자바스크립트 파일은 자바스크립트 코드를 **집핑**^{zipping}한 파일을 의미합니다. 일반적으로 기본적인 자바스크립트 라이브러리 파일은 다음과 같습니다.

Lodash Full 버전

```
/**
 * @license
 * Lodash <https://lodash.com/>
 * Copyright OpenJS Foundation and other contributors <https://openjsf.org/>
 * Released under MIT license <https://lodash.com/license>
 * Based on Underscore.js 1.8.3 <http://underscorejs.org/LICENSE>
 * Copyright Jeremy Ashkenas, DocumentCloud and Investigative Reporters & Editors
 */
;(function() {

  /** Used as a safe reference for `undefined` in pre-ES5 environments. */
  var undefined;
  /** Used as the semantic version number. */
```

```
    var VERSION = '4.17.15';

    /** Used as the size to enable large array optimizations. */
    var LARGE_ARRAY_SIZE = 200;

    /** Error message constants. */
    var CORE_ERROR_TEXT = 'Unsupported core-js use. Try https://npms.io/
search?q=ponyfill.',
        FUNC_ERROR_TEXT = 'Expected a function';
```

라이브러리와 관련된 소개가 앞에 들어가고 자바스크립트 코드가 나옵니다. 그런데 이러한 데이터를 CDN으로 전송하는 경우 데이터의 용량을 줄이고자 다음과 같이 소개를 줄이고 모든 코드를 응축합니다. 이렇게 코드를 응축 하는 것을 **집핑**^{zipping}이라고 부릅니다.

Lodash min 버전

```
/**
 * @license
 * Lodash lodash.com/license | Underscore.js 1.8.3 underscorejs.org/LICENSE
 */
;(function(){function n(n,t,r){switch(r.length){case 0:return n.call(t);case
1:return n.call(t,r[0]);case 2:return n.call(t,r[0],r[1]);case 3:return
n.call(t,r[0],r[1],r[2])}return n.apply(t,r)}function t(n,t,r,e){for(var u=-
1,i=null==n?0:n.length;++u<i;){var o=n[u];t(e,o,r(o),n)}return e}function r(n,t)
{for(var r=-1,e=null==n?0:n.length;++r<e&&false!==t(n[r],r,n););return n}function
e(n,t){for(var r=null==n?0:n.length;r--&&false!==t(n[r],r,n););return n}function
u(n,t){for(var r=-1,e=null==n?0:n.length;++r<e;)if(!t(n[r],r,n))return false;
```

따라서 CDN과 함께 min 버전의 파일을 사용하면 script 태그의 src 속성에 그냥 링크를 입력해도 해당 파일을 매우 빠르게 다운로드받아서 사용할 수 있습니다. 그래서 CDN을 사용할 수만 있다면 일반적으로 CDN을 사용해서 라이브러리를 읽어들입니다.

그럼 이제 읽어들인 Lodash 라이브러리를 사용해보겠습니다. Lodash는 많은 함수(메소드)를 제공해줍니다. 공식 홈페이지 오른쪽 상단에 있는 [Documentation]을 클릭하면 문서 페이지로 이동할 수 있습니다.

Lodash 라이브러리의 문서
URL https://lodash.com/docs/4.17.15

문서를 보면 수많은 함수를 어떻게 사용하는지 그리고 어떤 결과가 나오는지를 확인할 수 있습니다. 문서를 한번 쭉 읽어보는 것을 추천합니다.

> 영어를 못해도 사용하는 형태와 결과를 보면 어떤 식으로 사용하는지 알 수 있어요.

Lodash 라이브러리에서 유용하게 활용할 수 있는 **sortBy()** 메소드를 사용해보겠습니다.

Lodash 라이브러리는 _라는 이름의 객체 안에 수 많은 메소드를 담고 있습니다. _라는 이름 때문에 조금 당황할 수도 있습니다. 자바스크립트는 _와 $ 기호를 식별자로 사용할 수 있는데, 이때 _ 기호를 사용해서 식별자를 만들었을 뿐입니다.

sortBy() 메소드는 배열을 어떤 것으로 정렬할지 지정하면, 지정한 것을 기반으로 배열을 정렬해서 리턴해주는 메소드입니다. 다음과 같은 형태로 사용합니다.

_.sortBy() 메소드 소스 코드 6-2-6.html

```
01 <script src="https://cdn.jsdelivr.net/npm/lodash@4.17.15/lodash.min.js">
02 </script>
03 <script>
04   // 데이터를 생성합니다.
05   const books = [{
06     name: '혼자 공부하는 파이썬',
07     price: 18000,
08     publisher: '한빛미디어'
09   }, {
10     name: 'HTML5 웹 프로그래밍 입문',
11     price: 26000,
12     publisher: '한빛아카데미'
13   }, {
14     name: '머신러닝 딥러닝 실전 개발 입문',
15     price: 30000,
16     publisher: '위키북스'
17   }, {
18     name: '딥러닝을 위한 수학',
19     price: 25000,
20     publisher: '위키북스'
21   }]
22
23   // 가격으로 정렬한 뒤 출력합니다.
24   const output = _.sortBy(books, (book) => book.price)
25   console.log(JSON.stringify(output, null, 2))
26 </script>
```

코드를 실행하면 가격(price)으로 정렬한 결과를 출력합니다.

```
[
  {
    "name": "혼자 공부하는 파이썬",
    "price": 18000,
    "publisher": "한빛미디어"
  },
  {
    "name": "딥러닝을 위한 수학",
    "price": 25000,
    "publisher": "위키북스"
  },
  {
    "name": "HTML5 웹 프로그래밍 입문",
    "price": 26000,
    "publisher": "한빛아카데미"
  },
  {
    "name": "머신러닝 딥러닝 실전 개발 입문",
    "price": 30000,
    "publisher": "위키북스"
  }
]
```

Lodash 라이브러리는 이외에도 다양한 기능이 있습니다.

Luxon와 date-fns처럼 날짜와 시간을 쉽게 다루는 라이브러리, Handsontable처럼 웹 페이지에 스프레드시트를 출력하는 라이브러리도 사용해볼 수 있습니다. D3.js와 ChartJS처럼 그래프를 그릴 수 있는 라이브러리, Three.js처럼 3차원 그래픽을 다루는 라이브러리도 있습니다.

라이브러리를 많이 살펴볼수록 자바스크립트로 할 수 있는 폭이 넓어집니다. 또한 라이브러리 코드를 읽어보면 코드를 잘 만드는 사람들이 어떤 식으로 작성하는지도 알 수 있습니다. 구글에서 "popular javascript library 2020"으로 검색하면 다양한 라이브러리들이 나오므로 살펴보기 바랍니다.

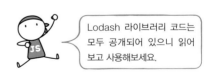

Lodash 라이브러리 코드는 모두 공개되어 있으니 읽어 보고 사용해보세요.

▶ 4가지 키워드로 정리하는 핵심 포인트

- 실체가 있는 것 중에서 객체가 아닌 것을 **기본 자료형**이라고 하며, 숫자, 문자열, 불이 대표적인 예입니다.

- 객체를 기반으로 하는 자료형을 **객체 자료형**이라고 하며, new 키워드를 활용해서 생성합니다.

- **기본 자료형의 승급**이란 기본 자료형이 일시적으로 객체 자료형으로 변화하는 것을 의미합니다.

- prototype 객체란 객체의 틀을 의미하며, 이곳에 속성과 메소드를 추가하면 해당 객체 전체에서 사용할 수 있습니다.

▶ 확인 문제

1. 다음 코드의 실행 결과를 예측해보세요. 예측과 다른 결과가 나온다면 왜 그런지 생각해보세요.

```
<script>
  const num = 52000
  num.원 = function () {
    return this.valueOf() + '원'
  }

  console.log(num.원())
</script>
```

실행 결과 ✕

---

hint 1. num은 기본 자료형입니다.

2. 다음 코드의 실행 결과를 예측해보세요.

```
<script>
  function printLang(code) {
    return printLang._lang[code]
  }
  printLang._lang = {
    ko: '한국어',
    en: '영어',
    ja: '일본어',
    fr: '프랑스어',
    es: '스페인어'
  }

  console.log('printLang("ko"):', printLang('ko'))
  console.log('printLang("en"):', printLang('en'))
</script>
```

> ⟨/⟩ **실행 결과**   ✕

3. 모질라 문서에서 Math 객체와 관련된 내용을 읽고 사인 90도의 값을 구해보세요. 참고로 사인 90도는 1입니다. 아주 단순하게 생각해서 구현하면 0.8939966636005579라는 결과가 나옵니다. 0.8939966636005579가 나왔다면 왜 그런지, 그리고 이를 어떻게 해야 제대로 사용할 수 있는지 구글 검색 등을 활용해서 알아보고 코드를 수정하세요.

```
<script>
  // 변수를 선언합니다.
  const degree = 90


  // 출력합니다.



</script>
```

4. 다음 중 어떤 종류의 객체들이 모두 공유하는 속성과 메소드를 추가할 때 사용하는 객체의 이름을 골라주세요.

① classProp   ② prototype

③ sample   ④ frame

5. 본문에서는 Lodash 라이브러리의 _.sortBy() 메소드를 살펴보았습니다. _.orderBy() 메소드도 한번 살펴보고 어떤 형태로 사용해야 하는지 직접 예제를 작성해보세요. 그리고 다음과 같은 배열을 이름(name)으로 오름차순 정렬해주세요.

```
<script>
  const books = [{
    name: '혼자 공부하는 파이썬',
    price: 18000,
    publisher: '한빛미디어'
  }, {
    name: 'HTML5 웹 프로그래밍 입문',
    price: 26000,
    publisher: '한빛아카데미'
  }, {
    name: '머신러닝 딥러닝 실전 개발 입문',
    price: 30000,
    publisher: '위키북스'
  }, {
    name: '딥러닝을 위한 수학',
    price: 25000,
    publisher: '위키북스'
  }]

</script>
```

핵심 키워드　　　속성 존재 여부 확인　　다중 할당　　얕은 복사(참조 복사)　　깊은 복사

이번 절은 자바스크립트를 활용해서 리액트, 뷰 프레임워크 등을 개발할 때 사용하는 내용입니다. 현재 단계에서는 꽤 어려울 수 있지만 "이런 문법도 있구나" 정도로 알아두면 관련된 내용이 나왔을 때 당황하지 않을 수 있습니다.

시작하기 전에

이번 절에서 설명할 내용은 객체와 관련된 고급에 속하는 내용입니다. 다 배우고 나도 "이걸 언제 어떻게 활용해야 하지?"라는 생각이 가득할 내용들입니다. 그러나 자바스크립트를 공부하는 과정에서 계속 만나게 될 내용이므로, 개념만이라도 확실하게 이해하고 기억해두세요. 이후에 관련된 부분을 만나면 "그때 어디서 살펴봤지"하며 되돌아와 다시 공부하면 처음보다 훨씬 쉽게 이해할 수 있을 것입니다.

속성 존재 여부 확인

객체 내부에 어떤 속성이 있는지 확인해보는 코드는 굉장히 자주 사용하는 코드입니다. 내가 직접 코드를 작성할 때도, 남이 만든 코드를 이해할 때도 필요하므로 간단하게 살펴보겠습니다.

객체에 없는 속성에 접근하면 undefined 자료형이 나옵니다. 따라서 조건문으로 undefined인지 아닌지 확인하면 속성 존재 여부를 확인할 수 있습니다.

직접 해보는 손코딩

속성 존재 여부 확인하기 소스 코드 6-3-1.html

```
01 <script>
02   // 객체를 생성합니다.
03   const object = {
04     name: '혼자 공부하는 파이썬',
05     price: 18000,
06     publisher: '한빛미디어'
07   }
08
09   // 객체 내부에 속성이 있는지 확인합니다.
10   if (object.name !== undefined) {
11     console.log('name 속성이 있습니다.')
12   } else {
13     console.log('name 속성이 없습니다.')
14   }
15
16   if (object.author !== undefined) {
17     console.log('author 속성이 있습니다.')
18   } else {
19     console.log('author 속성이 없습니다.')
20   }
21 </script>
```

실행 결과 ✕

```
name 속성이 있습니다.
author 속성이 없습니다.
```

간단한 코드이지만, 개발자들은 일반적으로 더 간단하게 검사하려고 다음과 같이 사용하기도 합니다. 객체의 특정 속성이 false로 변환될 수 있는 값(0, false, 빈 문자열 등)이 아닐 때와 같은 전제가 있어야 안전하게 사용할 수 있는 코드입니다.

```
// 객체 내부에 속성이 있는지 확인합니다.
if (object.name) {
  console.log('name 속성이 있습니다.')
} else {
  console.log('name 속성이 없습니다.')
}

if (object.author) {
  console.log('author 속성이 있습니다.')
} else {
  console.log('author 속성이 없습니다.')
}
```

더 짧게 사용한다면 다음과 같은 짧은 조건문을 사용할 수도 있습니다.

```
// 객체 내부에 속성이 있는지 확인합니다.
object.name || console.log('name 속성이 없습니다.')
object.author || console.log('author 속성이 없습니다.')
```

이러한 내용을 활용해서 객체의 기본 속성을 지정하는 경우도 많습니다. 객체의 속성이 있는지 확인하고 있다면 해당 속성을, 없다면 별도의 문자열을 지정하는 코드입니다.

기본 속성 지정하기 소스 코드 6-3-2.html

```
01 <script>
02    // 객체를 생성합니다.
03    const object = {
04        name: '혼자 공부하는 파이썬',
05        price: 18000,
06        publisher: '한빛미디어'
07    }
08
09    // 객체의 기본 속성을 지정합니다.
10    object.name = object.name !== undefined ? object.name : '제목 미정'
11    object.author = object.author !== undefined ? object.author : '저자 미상'
12
13    // 객체를 출력합니다.
14    console.log(JSON.stringify(object, null, 2))
15 </script>
```

실행 결과 ✕

```
{
    "name": "혼자 공부하는 파이썬",
    "price": 18000,
    "publisher": "한빛미디어",
    "author": "저자 미상"
}
```

author 속성이 없었으므로,
기본 속성이 적용됩니다.

이전과 마찬가지로 속성이 false로 변환될 수 있는 값이 들어오지 않을 것이라는 전제가 있으면 다음과 같은 짧은 조건문으로도 구현할 수 있습니다. 실제로 많은 개발자들이 이런 코드를 많이 활용합니다. 꼭 기억해주세요.

```
// 객체의 기본 속성을 지정합니다.
object.name = object.name ||'제목 미정'
object.author = object.author || '저자 미상'
```

배열 기반의 다중 할당

최신 자바스크립트부터 배열과 비슷한 작성 방법으로 한 번에 여러 개의 변수에 값을 할당하는 다중 할당 기능이 추가되었습니다.

다중 할당

> [식별자, 식별자, 식별자, ...] = 배열

다중 할당 구문은 구문 설명만으로는 어떻게 사용하는지 알기 어려우므로 코드와 실행 결과로 살펴보겠습니다.

```
> let [a, b] = [1, 2]        ──→ a = 1, b = 2가 할당됩니다.
undefined
> console.log(a, b)
1, 2
undefined

> [a, b] = [b, a]        ──→ a에 b가 할당되고, b에 a가 할당되므로 값이 서로 교환됩니다.
(2) [2, 1]
> console.log(a, b)
2, 1
undefined
```

할당 연산자(=) 왼쪽에 식별자(변수 또는 상수)의 배열을 넣고, 오른쪽에 배열을 위치시키면 배열의 위치에 맞게 값들이 할당됩니다. 처음에 [a, b] = [1, 2]라고 할당했으므로 a에 1이 할당되고, b에 2가 할당됩니다. 이때 let [a, b] 형태로 선언했으므로 a와 b는 변수가 됩니다.

참고로 (1) 배열의 크기는 같을 필요도 없고, (2) const 키워드로도 사용할 수 있습니다.

다음 코드를 살펴보겠습니다. 배열의 길이가 5인 arrayA의 값을 [a, b, c]에 할당합니다. 이렇게 하면 앞의 3개만 할당됩니다.

```
> let arrayA = [1, 2, 3, 4, 5]
undefined
> const [a, b, c] = arrayA
undefined
> console.log(a, b, c)
1 2 3  ────→ 앞에 있는 3개의 값만 할당되었습니다.
undefined
```

배열 기반의 다중 할당은 자주 사용되는 내용은 아닙니다. 하지만 이어서 살펴보는 객체 기반의 다중 할당은 많이 사용되는 기능이므로 익숙해질 수 있도록 잘 살펴보시기 바랍니다.

객체 기반의 다중 할당

최신 자바스크립트에서는 객체 내부에 있는 속성을 꺼내서 변수로 할당할 때 다음과 같은 코드를 사용할 수 있습니다.

객체 속성 꺼내서 다중 할당하기

```
{ 속성 이름, 속성 이름 } = 객체
{ 식별자=속성 이름, 식별자=속성 이름 } = 객체
```

패턴만 보면 이해하기 어려우므로 코드를 실행하면서 살펴보겠습니다. 다음 코드는 객체 내부의 name 속성과 price 속성을 꺼내서 변수에 할당하는 코드입니다.

객체 속성 꺼내서 다중 할당하기 소스 코드 6-3-3.html

```
01  <script>
02    // 객체를 생성합니다.
03    const object = {
04      name: '혼자 공부하는 파이썬',
05      price: 18000,
06      publisher: '한빛미디어'
07    }
08
```

```
09    // 객체에서 변수를 추출합니다.          → name 속성과 price 속성을 그대로 꺼냅니다.
10    const { name, price } = object
11    console.log('# 속성 이름 그대로 꺼내서 출력하기')
12    console.log(name, price)
13    console.log('')                    name 속성을 a라는 이름으로,
                                         price 속성을 b라는 이름으로
14                                       꺼냅니다.
15    const { a=name, b=price } = object
16    console.log('# 다른 이름으로 속성 꺼내서 출력하기')
17    console.log(a, b)
18  </script>
```

> **실행 결과** ✕
>
> # 속성 이름 그대로 꺼내서 출력하기
> 혼자 공부하는 파이썬 18000
>
> # 다른 이름으로 속성 꺼내서 출력하기
> 혼자 공부하는 파이썬 18000

다중 할당 구문을 이해하고 있어야 이후에 import 구문 등을 복잡하게 사용할 때도 쉽게 활용할 수 있습니다. 초급 단계에서는 거의 사용되지 않지만, 점점 더 복잡한 애플리케이션을 개발할 때는 무조건 활용하는 코드이므로 꼭 기억해두세요.

배열 전개 연산자

배열과 객체는 할당할 때 **얕은 복사**라는 것이 이루어집니다. 얕은 복사가 무엇인지 코드를 살펴보겠습니다.

다음 코드는 '물건_200301'라는 배열을 '물건_200302'로 복사하는 코드입니다. 복사한 뒤에는 '물건_200302'에 push() 메소드를 호출해서 자료를 추가했습니다. 그런 다음 '물건_200301'과 '물건_200302'를 출력하면 어떤 값을 출력할까요?

얕은 복사 이해하기   소스 코드 6-3-4.html

```
01  <script>
02    // 사야 하는 물건 목록
03    const 물건_200301 = ['우유', '식빵']
04    const 물건_200302 = 물건_200301
05    물건_200302.push('고구마')
06    물건_200302.push('토마토')
07
```

```
08    // 출력
09    console.log(물건_200301)
10    console.log(물건_200302)
11  </script>
```

특이하게도 같은 값이 나옵니다. 배열은 복사해도 다른 이름이 붙을 뿐입니다. 이렇게 복사했을 때 다른 이름이 붙을 뿐인 것을 **얕은 복사**(참조 복사)라고 부릅니다.

참조 복사와 관련된 자세한 내용은 메모리의 구조와 자바스크립트가 자료를 저장하는 방식을 이해해야 확실하게 알 수 있습니다. 다만 이 책의 범위를 넘어가므로 이 정도만 설명하겠습니다.

얕은 복사의 반대말은 **깊은 복사**입니다. 깊은 복사라면 복사한 두 배열이 완전히 독립적으로 작동합니다. 자바스크립트 개발에서는 깊은 복사를 '클론(clone)을 만드는 것'이라고 표현하기도 합니다. 과거에는 깊은 복사를 하려고 반복문을 활용한 긴 코드를 사용하기도 했으나, 최신 자바스크립트에서는 **전개 연산자**를 사용해 다음과 같이 입력하기만 하면 됩니다.

전개 연산자를 사용한 배열 복사

```
[...배열]
```

이렇게 하면 이전과 다르게 두 배열이 독립적으로 작동합니다.

직접 해보는 손코딩

전개 연산자를 사용해 배열 복사하기   소스 코드 6-3-5.html

```
01  <script>
02    // 사야 하는 물건 목록
03    const 물건_200301 = ['우유', '식빵']
04    const 물건_200302 = [...물건_200301]
05    물건_200302.push('고구마')        → 전개 연산자를 사용해서 배열을 복사합니다.
06    물건_200302.push('토마토')
07
08    // 출력
09    console.log(물건_200301)
10    console.log(물건_200302)
11  </script>
```

위와 같이 복사한 뒤에 자료를 추가하는 코드도 많이 사용되므로 다음과 같은 패턴으로 쉽게 작성할 수 있습니다. 전개 연산자로 배열을 전개하고 뒤에 자료를 추가합니다.

전개 연산자를 사용한 배열 요소 추가

```
[...배열, 자료, 자료, 자료]
```

다음 코드와 같이 자료를 앞에 추가할 수도 있습니다.

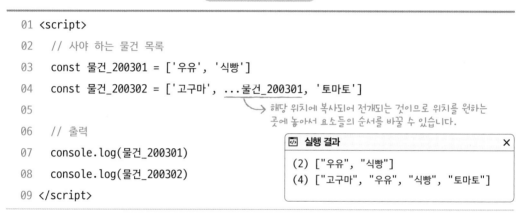

직접 해보는 손코딩

전개 연산자로 배열 전개하고 자료 추가하기　　소스 코드　6-3-6.html

```
01 <script>
02    // 사야 하는 물건 목록
03    const 물건_200301 = ['우유', '식빵']
04    const 물건_200302 = ['고구마', ...물건_200301, '토마토']
05
06    // 출력
07    console.log(물건_200301)
08    console.log(물건_200302)
09 </script>
```

→ 해당 위치에 복사되어 전개되는 것이므로 위치를 원하는 곳에 놓아서 요소들의 순서를 바꿀 수 있습니다.

실행 결과　　　　　　　　　　　　　　　　✕
```
(2) ["우유", "식빵"]
(4) ["고구마", "우유", "식빵", "토마토"]
```

전개 연산자를 입력한 곳에 배열이 전개되어 들어가는 것뿐이므로 다음과 같이 배열을 여러 번 전개할 수도 있습니다. 또한 다른 2개 이상의 배열을 붙일 때도 활용할 수 있습니다.

```
> const a = ['우유', '식빵']
undefined
> const b = ['고구마', '토마토']
undefined

> [...a, ...b]
(4) ["우유", "식빵", "고구마", "토마토"]
> [...b, ...a]
(4) ["고구마", "토마토", "우유", "식빵"]
```

객체 전개 연산자

마찬가지로 객체도 깊은 복사를 할 때 전개 연산자를 사용할 수 있습니다. 사용 방법은 이전과 같습니다.

전개 연산자를 사용한 객체 복사

{...객체}

먼저 얕은 복사하는 예를 살펴보겠습니다. 다음 코드에서는 구름을 별에 복사하고 별 이름과 나이를 수정했는데, 구름 이름과 나이까지 수정되는 것을 볼 수 있습니다.

얕은 복사로 객체 복사하기 소스 코드 6-3-7.html

```
01 <script>
02   const 구름 = {
03     이름: '구름',
04     나이: 6,
05     종족: '강아지'
06   }
07   const 별 = 구름
08   별.이름 = '별'
09   별.나이 = 1
10
11   console.log(JSON.stringify(구름))
12   console.log(JSON.stringify(별))
13 </script>
```

실행 결과 ✕

{"이름":"별","나이":1,"종족":"강아지"}
{"이름":"별","나이":1,"종족":"강아지"}

전개 연산자를 사용해서 깊은 복사를 하면 두 객체가 독립적으로 동작하는 것을 볼 수 있습니다.

직접 해보는 손코딩

전개 연산자를 사용해 깊은 복사하기 소스 코드 6-3-8.html

```
01 <script>
02   const 구름 = {
03     이름: '구름',
04     나이: 6,
05     종족: '강아지'
06   }
07   const 별 = {...구름}
08   별.이름 = '별'
09   별.나이 = 1
10
11   console.log(JSON.stringify(구름))
12   console.log(JSON.stringify(별))
13 </script>
```

> **▣ 실행 결과**   ✕
> {"이름":"구름","나이":6,"종족":"강아지"}
> {"이름":"별","나이":1,"종족":"강아지"}

또한 추가로 자료를 넣을 수도 있습니다.

전개 연산자를 사용한 객체 요소 추가

```
{...객체, 자료, 자료, 자료}
```

예를 들어 '구름'이라는 객체에 변경하고 싶은 속성만 넣어서 추가로 입력한다면 다음과 같이 할 수 있습니다.

직접 해보는 손코딩

변경하고 싶은 속성만 추가하기 소스 코드 6-3-9.html

```
01 <script>
02   const 구름 = {
03     이름: '구름',
04     나이: 6,
05     종족: '강아지'
```

```
06  }
07  const 별 = {
08    ...구름,
09    이름: '별',     // 기존의 속성 덮어 쓰기
10    나이: 1,        // 기존의 속성 덮어 쓰기
11    예방접종: true
12  }
13
14  console.log(JSON.stringify(구름))
15  console.log(JSON.stringify(별))
16  </script>
```

실행 결과   ✕

{"이름":"구름","나이":6,"종족":"강아지"}
{"이름":"별","나이":1,"종족":"강아지","예방접종":true}

참고로 객체는 전개 순서가 중요합니다. 전개라는 이름처럼 전개한 부분에 객체가 펼쳐집니다.

다음과 같이 입력한 경우는 '구름'이라는 객체가 앞부분에 전개됩니다. 따라서 뒤에 있는 이름과 나이가 앞에 있는 이름과 나이를 덮어씁니다.

```
const 별 = {
  ...구름,
  이름: '별',
  나이: 1,
  예방접종: true
}
```

```
const 별 = {
  이름: '구름',
  나이: 6,           → 이렇게 전개됩니다.
  종족: '강아지'

  이름: '별',
  나이: 1,
  예방접종: true
}
```

만약 전개를 뒤에 한다면 뒤에서 전개됩니다. 뒤에 있는 이름과 나이가 앞에 있는 이름과 나이를 덮어씁니다.

```
const 별 = {
  이름: '별',
  나이: 1,
  예방접종: true,
  ...구름
}
```

```
const 별 = {
  이름: '별',
  나이: 1,
  예방접종: true,

  이름: '구름',  ⎤
  나이: 6,       ⎥ → 이렇게 전개됩니다.
  종족: '강아지' ⎦
}
```

전개를 어떤 위치에서 하는지에 따라 결과가 달라집니다. 이전의 코드에서 전개 부분을 뒤로 옮기면 다음과 같이 출력합니다.

직접 해보는 손코딩

전개 부분 뒤로 이동하기 소스 코드 6-3-10.html

```
01 <script>
02   const 구름 = {
03     이름: '구름',
04     나이: 6,
05     종족: '강아지'
06   }
07   const 별 = {
08     이름: '별',
09     나이: 1,
10     예방접종: true,
11     ...구름
12   }
13
14   console.log(JSON.stringify(구름))
15   console.log(JSON.stringify(별))
16 </script>
```

뒤에 입력하면 구름이라는 객체가 모두 덮어 씁니다.

```
🖥 실행 결과                                                          ✕
{"이름":"구름","나이":6,"종족":"강아지"}
{"이름":"구름","나이":6,"예방접종":true,"종족":"강아지"}
```

객체와 관련된 다소 어려운 내용입니다. 자바스크립트를 공부하다 보면 계속 만나게 될 내용이므로 그냥 넘기지 마시고 살펴보기 바랍니다.

마무리

▶ 4가지 키워드로 정리하는 핵심 포인트

- **속성 존재 여부 확인**은 객체 내부에 어떤 속성이 있는지 확인하는 것을 의미합니다. 객체에 없는 속성은 접근하면 undefined가 나오는데, 이를 활용하면 됩니다.

- **다중 할당**은 배열과 객체 하나로 여러 변수에 값을 할당하는 것을 의미합니다.

- **얕은 복사(참조 복사)**는 복사하는 행위가 단순하게 다른 이름을 붙이는 형태로 동작하는 복사를 의미합니다.

- **깊은 복사**는 복사 후 두 객체를 완전하게 독립적으로 사용할 수 있는 복사를 의미합니다.

▶ 확인 문제

1. 다음 중 전개 연산자의 형태로 올바른 것을 골라주세요.

   ① ~   ② ...   ③ @   ④ spread

2. 구글에 "popular javascript libraries 2020" 등으로 검색해서 자바스크립트 라이브러리를 살펴본 후, 이름을 7개만 적어주세요. 이름만 적지 말고 어떤 라이브러리인지 꼭 살펴보시기 바랍니다.

   ①
   ②
   ③
   ④
   ⑤
   ⑥
   ⑦

문서 객체 모델은 넓은 의미로 웹 브라우저가 HTML 페이지를 인식하는 방식이고, 좁은 의미로 document 객체와 관련된 객체의 집합입니다. 문서 객체 모델을 사용하면 HTML 페이지에 태그를 추가, 수정, 제거할 수 있습니다.

지금까지는 자바스크립트의 기본적인 문법을 공부하면서 콘솔에 문자열과 숫자를 출력하는 정도였지만, 이 장을 배우고나면 조금은 그럴듯한 프로그램을 만들 수 있습니다.

문서 객체 모델

학습목표

• DOMContentLoaded 이벤트를 사용하는 이유를 이해합니다.

• 문서 객체를 가져오거나 생성하는 방법을 이해합니다.

• 문서 객체의 글자, 속성, 스타일을 조작하는 방법을 이해합니다.

• 다양한 이벤트의 사용 방법을 이해합니다.

• 화면에 보이는 애플리케이션을 만드는 방법을 이해합니다.

07-1 문서 객체 조작하기

핵심 키워드

`DOMContentLoaded` `querySelector()` `textContent` `innerHTML`
`style` `이벤트 리스너(이벤트 핸들러)`

지금까지는 무언가를 콘솔 또는 경고창에 출력하면서 결과를 살펴보았습니다. 이번 절에서는 본격적으로 화면에 글자 또는 그림 등을 출력하는 방법을 배웁니다. 지금까지 해왔던 것과는 달리 훨씬 더 다양한 것들을 만들 수 있습니다.

시작하기 전에

HTML 페이지에 있는 html, head, body, title, h1, div, span 등을 HTML 언어에서는 **요소**element라고 부릅니다. 그리고 자바스크립트에서는 이를 **문서 객체**document object라고 부릅니다. 따라서 '문서 객체를 조작한다'는 말은 'HTML 요소들을 조작한다'는 의미입니다.

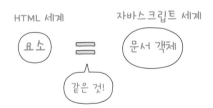

문서 객체를 조합해서 만든 전체적인 형태를 **문서 객체 모델**DOM, Document Objects Model이라고 부르는데, 많이 사용하는 용어이므로 기억해주세요. 문서 객체를 조작하는 작업을 하나하나 파고들면 매우 복잡합니다. 요즘에는 **제이쿼리**jQuery와 같은 라이브러리와 **리액트**React와 같은 프레임워크를 사용하기 때문에 문서 객체 조작이 쉬워졌습니다. 10장에서 리액트를 살펴볼 예정이므로 여기서는 문서 객체 조작과 관련된 핵심적인 내용 위주로 알아보겠습니다. 처음 보는 코드가 나오면 코드를 하나하나 이해하기보다 "왜 이것을 사용하는가?"라는 전체적인 흐름으로 이해해주세요.

DOMContentLoaded 이벤트

문서 객체를 조작할 때는 DOMContentLoaded 이벤트를 사용합니다. 왜 이 코드를 사용해야 하는지 알아봅시다.

코드를 입력할 때 DOMContentLoaded 문자열은 오탈자를 입력해도 오류를 발생하지 않습니다. 주의해서 입력해주세요.

```
document.addEventListener('DOMContentLoaded', () => {
  // 문장
})                              오탈자에 주의해서 입력해주세요.
```

HTML 페이지는 코드를 위에서 아래로 차례대로 실행합니다.

```
<!DOCTYPE html>
<html>
<head>
  <title>Document</title>
</head>
<body>

</body>
</html>
```

따라서 위와 같은 HTML 코드가 있다면 웹 브라우저가 문서의 출력을 빠르게 하기 위해서 일부 먼저 실행하는 부분도 있지만, 기본적으로는 다음과 같이 실행한다고 보면 됩니다.

- 〈!DOCTYPE html〉이라고 적혀 있으므로, HTML5 문서이겠구나.
- html 태그가 있으니까 만들어야지.
- head 태그가 있으니까 만들어야지.
- title 태그가 있으니까 반영해야지.
- body 태그가 있으니까 만들어야지.

만약 body 태그가 생성되기 이전인 head 태그에서 body 태그에 무언가를 출력하려고 하면 어떻게 될까요? 분명 문제가 발생합니다.

문제가 발생하는 다음 코드를 살펴보겠습니다. 아직 살펴보지 않은 document.body.innerHTML 코드를 사용하고 있습니다. 이 코드는 문서(document)의 바디(body) 안에 있는 HTML 코드(innerHTML)를 자바스크립트로 조작할 수 있게 해주는 코드입니다.

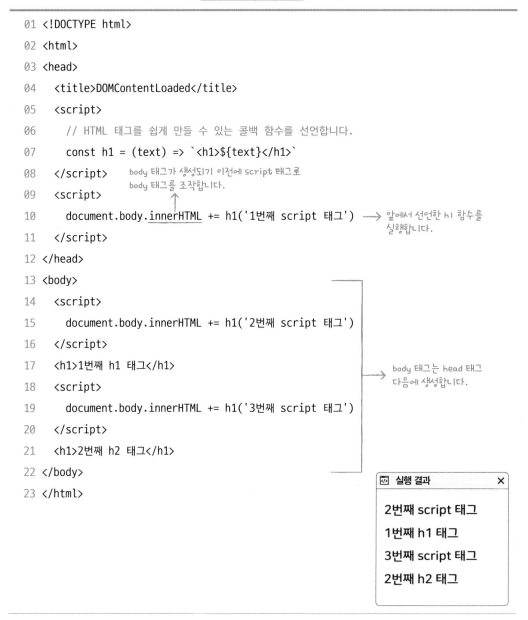

직접 해보는 손코딩

HTML 코드를 자바스크립트로 조작하기 소스 코드 7-1-1.html

```
01 <!DOCTYPE html>
02 <html>
03 <head>
04   <title>DOMContentLoaded</title>
05   <script>
06     // HTML 태그를 쉽게 만들 수 있는 콜백 함수를 선언합니다.
07     const h1 = (text) => `<h1>${text}</h1>`
08   </script>
09   <script>
10     document.body.innerHTML += h1('1번째 script 태그')
11   </script>
12 </head>
13 <body>
14   <script>
15     document.body.innerHTML += h1('2번째 script 태그')
16   </script>
17   <h1>1번째 h1 태그</h1>
18   <script>
19     document.body.innerHTML += h1('3번째 script 태그')
20   </script>
21   <h1>2번째 h2 태그</h1>
22 </body>
23 </html>
```

body 태그가 생성되기 이전에 script 태그로 body 태그를 조작합니다.

앞에서 선언한 h1 함수를 실행합니다.

body 태그는 head 태그 다음에 생성합니다.

실행 결과 ✕

2번째 script 태그
1번째 h1 태그
3번째 script 태그
2번째 h2 태그

화면에 문자열들이 나타나는데, body 태그가 생성되기 이전에 head 태그 안의 script 태그에서 body 태그를 조작하던 부분(〈h1〉1번째 script 태그〈/h1〉를 출력하는 부분)은 화면에 출력되지 않습니다. 정리하면 기본적으로는 head 태그 내부에 script 태그를 배치하면 body 태그에 있는 문서 객체(요소)에 접근할 수 없습니다.

head 태그 내부의 script 태그에서 body 태그에 있는 문서에 접근하려면 화면에 문서 객체(요소)를 모두 읽어들일 때까지 기다려야 합니다.

DOMContentLoaded 이벤트는 웹 브라우저가 문서 객체를 모두 읽고 나서 실행하는 이벤트입니다. 다음과 같이 코드를 구성하면 DOMContentLoaded 상태가 되었을 때 콜백 함수를 호출합니다.

DOMContentLoaded 이벤트 소스 코드 7-1-2.html

```
01 <!DOCTYPE html>
02 <html>
03 <head>
04   <title>DOMContentLoaded</title>
05   <script>
06     // DOMContentLoaded 이벤트를 연결합니다.
07     document.addEventListener('DOMContentLoaded', () => {
08       const h1 = (text) => `<h1>${text}</h1>`
09       document.body.innerHTML += h1('DOMContentLoaded 이벤트 발생')
10     })
11   </script>
12 </head>
13 <body>
14
15 </body>
16 </html>
```

└→ 문서 객체를 모두 읽어들이면(DOMContentLoaded) 이 콜백 함수가 실행됩니다.

> 📄 **실행 결과**　　　　　　　　　　　　×
>
> DOMContentLoaded 이벤트 발생

코드를 실행하면 script 태그가 body 태그 이전에 위치해도 문제없이 코드가 실행됩니다.

앞에서 작성한 코드 전체를 매번 작성하면 책의 많은 공간을 차지하고, 들여쓰기 때문에 코드를 읽기 힘들 수 있으므로, 이후부터는 특별한 변화가 없는 이상 다음과 같이 head 태그를 제외하고 script 태그와 body 태그 부분만 표기하겠습니다.

```
<script>
  // DOMContentLoaded 이벤트를 연결합니다.
  document.addEventListener('DOMContentLoaded', () => {
    const h1 = (text) => `<h1>${text}</h1>`
    document.innerHTML += h1('DOMContentLoaded 이벤트 발생')
  })
</script>
<body>

</body>
```

➕ 여기서 잠깐 │ addEventListener() 메소드

document.addEventListener('DOMContentLoaded', () => {})는 이후 나오는 대부분의 코드에 사용됩니다. 이 코드는 "document라는 문서 객체의 DOMContentLoaded 이벤트가 발생했을 때, 매개변수로 지정한 콜백 함수를 실행해라"는 의미입니다. 자세한 내용은 323쪽에서 살펴보겠습니다.

➕ 여기서 잠깐 │ load 이벤트

DOMContentLoaded는 HTML5부터 추가된 이벤트입니다. 구 버전의 웹 브라우저를 대상으로 만들어진 코드를 분석한다면 다음과 같은 Load 이벤트를 볼 수 있습니다. 성능이 떨어지는 문제가 있지만 큰 차이는 없으므로 같은 것이라고 생각하고 코드를 이해해도 괜찮습니다.

```
<script>
  document.onload = function () {
    document.innerHTML += 'load 이벤트 발생'
  }

  document.addEventListener('load', function () {
    document.innerHTML += 'load 이벤트 발생'
  })
</script>
<body>

</body>
```

문서 객체 가져오기

DOMContentLoaded 이벤트를 왜 사용해야 하는지 알았으므로, 본격적으로 문서 객체와 관련된 내용을 하나하나 살펴보겠습니다.

document.body 코드를 사용하면 문서의 body 요소를 읽어들일 수 있습니다. 이외에도 HTML 문서에 있는 head 요소와 title 요소 등은 다음과 같은 방법으로 읽어들일 수 있습니다.

```
document.head
document.body
document.title
```

이는 웹 브라우저의 자바스크립트가 "당연히 있겠지"라고 전제하고 만든 속성입니다. 우리가 head 요소와 body 요소 내부에 만든 다른 요소들은 다음과 같은 별도의 메소드를 사용해서 접근합니다.

```
document.querySelector(선택자)
document.querySelectorAll(선택자)
```

선택자 부분에는 CSS 선택자를 입력합니다. **CSS 선택자**는 매우 다양하지만, 이 책에서 자주 사용하는 기본적인 CSS 선택자는 다음과 같습니다. 예제를 통해 하나씩 사용해보겠습니다.

> CSS 선택자에 대한 자세한 내용은 이 책을 마친 후 CSS 학습을 통해 알아보세요.

이름	선택자 형태	설명
태그 선택자	태그	특정 태그를 가진 요소를 추출합니다.
아이디 선택자	#아이디	특정 id 속성을 가진 요소를 추출합니다.
클래스 선택자	.클래스	특정 class 속성을 가진 요소를 추출합니다.
속성 선택자	[속성=값]	특정 속성 값을 갖고 있는 요소를 추출합니다.
후손 선택자	선택자_A 선택자_B	선택자_A 아래에 있는 선택자_B를 선택합니다.

note 웹 브라우저에서 동작하는 애플리케이션을 개발할 때는 HTML, CSS, 자바스크립트를 떼어놓을 수 없습니다. 웹 퍼블리셔, 디자이너, 개발자에 따라서 어떤 것에 비중을 두는지에 차이는 존재하지만, 기본적인 내용들은 모두 알고 있어야 합니다.

querySelector() 메소드와 querySelectorAll() 메소드를 살펴보겠습니다. querySelector() 메소드는 요소를 하나만 추출하고, querySelectorAll() 메소드는 문서 객체를 여러 개 추출합니다.

다음은 querySelector() 메소드를 사용해서 h1 태그를 추출하고 조작하는 예입니다.

querySelector() 메소드 〈소스 코드 7-1-3.html〉

```
01 <script>
02   document.addEventListener('DOMContentLoaded', () => {
03     // 요소를 읽어들입니다.
04     const header = document.querySelector('h1')  ──→ h1 태그 이름으로 요소를 선택합니다.
05
06     // 텍스트와 스타일을 변경합니다.
07     header.textContent = 'HEADERS'
08     header.style.color = 'white'
09     header.style.backgroundColor = 'black'       ──→ 조작과 관련된 내용은 이후의
                                                        절부터 차근차근 알아봅니다.
10     header.style.padding = '10px'
11   })
12 </script>
13 <body>
14   <h1></h1>
15 </body>
```

실제 h1 태그에는 내용을 입력하지 않았지만, 자바스크립트쪽에서 문서 객체를 조작했으므로 코드를 실행하면 위와 같이 출력합니다.

이어서 querySelctorAll() 메소드입니다. 문서 객체 여러 개를 배열로 읽어들이는 함수입니다. 따라서 내부의 요소에 접근하고 활용하려면 반복을 돌려야 합니다. 일반적으로 forEach() 메소드를 사용해서 반복을 돌립니다.

```
01 <script>
02   document.addEventListener('DOMContentLoaded', () => {
03     // 요소를 읽어들입니다.
04     const headers = document.querySelectorAll('h1')
05                                          ↓
06     // 텍스트와 스타일을 변경합니다.    태그 이름으로 요소를 선택합니다.
07     headers.forEach((header) => {
08       header.textContent = 'HEADERS'
09       header.style.color = 'white'
10       header.style.backgroundColor = 'black'
11       header.style.padding = '10px'
12     })
13   })
14 </script>
15 <body>
16   <h1></h1>
17   <h1></h1>
18   <h1></h1>
19   <h1></h1>
20 </body>
```

실행 결과   ✕

HEADERS

HEADERS

HEADERS

HEADERS

글자 조작하기

지금까지 살펴본 예제들에서 innerHTML 속성과 textContent 속성을 사용해서 문서 객체 내부의 글자를 조작했습니다.

속성 이름	설명
문서 객체.textContent	입력된 문자열을 그대로 넣습니다.
문서 객체.innerHTML	입력된 문자열을 HTML 형식으로 넣습니다.

textContent 속성은 입력된 문자열을 그대로 넣어주고, innerHTML 속성은 입력된 문자열을 HTML 형식으로 넣어줍니다. 직접 해보는 손코딩을 통해 살펴보겠습니다.

글자 조작하기 〔 소스 코드 7-1-5.html 〕

```
01 <script>
02   document.addEventListener('DOMContentLoaded', () => {
03     const a = document.querySelector('#a')
04     const b = document.querySelector('#b')          특정 아이디로 요소를 선택합니다.
05
06     a.textContent = '<h1>textContent 속성</h1>'
07     b.innerHTML = '<h1>innerHTML 속성</h1>'
08   })
09 </script>
10 <body>
11   <div id="a"></div>
12   <div id="b"></div>
13 </body>
```

> 실행 결과 ✕
>
> \<h1\>textContent 속성\</h1\>
>
> # innerHTML 속성

코드를 실행하면 위와 같이 출력합니다. textContent 속성의 경우는 글자가 그대로 들어갔지만, innerHTML 속성은 〈h1〉~〈/h1〉을 h1 요소로 변환해서 들어갔습니다.

+ 여기서 잠깐 | **innerText 속성**

코드를 입력하다 보면 자동 완성 기능으로 innerText 속성이 나오고 textContent 속성이 나옵니다. 두 속성이 비슷해 어떤 속성을 사용해야 할지 헷갈릴 수 있습니다.

textContent 속성은 최신 웹 브라우저 또는 인터넷 익스플로러 9 이후의 웹 브라우저에서 사용할 수 있는 속성입니다. 그 이전의 인터넷 익스플로러에서는 innerText 속성을 사용했습니다. innerText 속성의 성능 문제로 textContent 속성이 추가된 것이므로, 글자를 조작할 때는 성능이 좋은 최신의 textContent 속성을 사용하는 것이 좋습니다.

속성 조작하기

문서 객체의 속성을 조작할 때는 다음과 같은 메소드를 사용합니다.

메소드 이름	설명
문서 객체.**setAttribute**(속성 이름, 값)	특정 속성에 값을 지정합니다.
문서 객체.**getAttribute**(속성 이름)	특정 속성을 추출합니다.

다음 코드는 img 태그의 src 속성을 조작해서 이미지를 출력하는 예입니다. 다음과 같은 형태로 URL을 입력하면 적절한 크기의 고양이 이미지를 얻을 수 있습니다.

```
http://placekitten.com/너비/높이
```

직접 해보는 손코딩

속성 조작하기 소스 코드 7-1-6.html

```
01 <script>
02   document.addEventListener('DOMContentLoaded', () => {
03     const rects = document.querySelectorAll('.rect')
04                                        → 특정 클래스로 요소를 선택합니다.
05     rects.forEach((rect, index) => {   → index 값은 [0, 1, 2, 3]이 반복됩니다. 1을 더해서
06       const width = (index + 1) * 100     [1, 2, 3, 4]가 되게 만들고, 100을 곱해서 너비가
07       const src = `http://placekitten.com/${width}/250`   [100, 200, 300, 400]이 되게 만든 것입니다.
08       rect.setAttribute('src', src)    → src 속성에 값을 지정합니다.
09     })
10   })
11 </script>
```

```
12  <body>
13    <img class="rect">
14    <img class="rect">
15    <img class="rect">
16    <img class="rect">
17  </body>
```

코드를 실행하면 고양이 이미지들이 출력됩니다.

추가로 HTML 표준에 정의된 속성은 간단한 사용 방법을 제공합니다. setAttribute()와 getAttribute() 메소드를 사용하지 않고도 다음과 같이 온점을 찍고 속성을 바로 읽어들이거나 지정할 수 있습니다.

```
rects.forEach((rect, index) => {
  const width = (index + 1) * 100
  const src = `http://placekitten.com/${width}/250`
  rect.src = src   ⟶ 간단하게 사용한 예
})
```

스타일 조작하기

문서 객체의 스타일을 조작할 때는 **style** 속성을 사용합니다. style 속성은 객체이며, 내부에는 속성으로 CSS를 사용해서 지정할 수 있는 스타일들이 있습니다. 이러한 속성에는 CSS로 입력할 때 사용하는 값과 같은 값을 입력합니다.

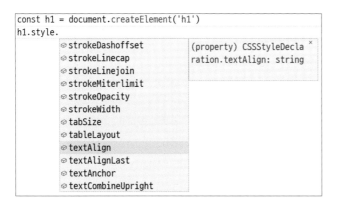

다만 그림을 보면 속성들의 이름이 CSS에서 사용할 때와 약간 다릅니다. 자바스크립트에서는 − 기호를 식별자에 사용할 수 없으므로, 두 단어 이상의 속성은 다음과 같이 캐멀 케이스로 나타냅니다. − 기호를 제거하고, − 기호 뒤의 알파벳을 대문자로 변경한 형태입니다.

CSS 속성 이름	자바스크립트 style 속성 이름
background−color	backgroundColor
text−align	textAlign
font−size	fontSize

> 단어의 첫 글자를 대문자로 쓰는 것을 캐멀 케이스(CamelCase)라고 합니다.

style 객체는 다음과 같은 방법으로도 스타일을 조정할 수 있습니다.

```
h1.style['background-color']
```

즉 다음과 같은 3가지 방법으로 스타일을 조정할 수 있습니다. 일반적으로는 첫 번째 방법을 가장 많이 사용합니다.

```
h1.style.backgroundColor      ⟶ 이 형태를 가장 많이 사용합니다.
h1.style['backgroundColor']
h1.style['background-color']
```

다음 코드는 25개의 div 태그를 조작해서 검은색에서 흰색으로 변화하는 그레이디언트를 만드는 코드입니다.

스타일 조작하기 소스 코드 7-1-7.html

```
01 <script>
02   document.addEventListener('DOMContentLoaded', () => {
03     const divs = document.querySelectorAll('body > div')  ──→ body 태그 아래에 있는
04                                                               div 태그를 선택합니다.
05     divs.forEach((div, index) => {  ──→ div 개수만큼 반복하여 출력합니다.
06       console.log(div, index)
07       const val = index * 10        ──→ 인덱스는 0부터 24까지 반복합니다.
08       div.style.height = `10px`      ──→ 크기를 지정할 때는 반드시 단위를 함께 붙여줘야 합니다.
09       div.style.backgroundColor = `rgba(${val}, ${val}, ${val})`
10     })
11   })
12 </script>
13 <body>
14   <!-- div 태그 25개 -->
15   <div></div><div></div><div></div><div></div><div></div>
16   <div></div><div></div><div></div><div></div><div></div>
17   <div></div><div></div><div></div><div></div><div></div>
18   <div></div><div></div><div></div><div></div><div></div>
19   <div></div><div></div><div></div><div></div><div></div>
20 </body>
```

🖥 **실행 결과**   ✕

문서 객체 생성하기

지금까지는 body 태그 내부에 있는 특정 문서 객체를 읽어들이고 이를 조작했습니다. 문서 객체를 생성하고 싶을 때에는 document.createElement() 메소드를 사용합니다.

> document.createElement(문서 객체 이름)

그런데 문서 객체를 만들었다고 문서 객체가 배치되는 것은 아닙니다. 문서를 어떤 문서 아래에 추가할지를 지정해줘야 합니다. 이러한 그림을 프로그래밍에서는 **트리**tree라고 부릅니다. 어떤 문서 객체가 있을 때 위에 있는 것을 **부모**parent라고 부르고, 아래에 있는 것을 **자식**child이라고 부릅니다.

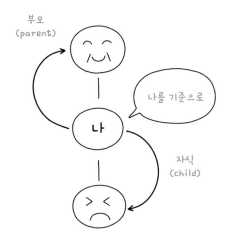

문서 객체에는 appendChild() 메소드가 있으며, 이를 활용하면 어떤 부모 객체 아래에 자식 객체를 추가할 수 있습니다. 문서 객체 트리 구조를 만드는 방법은 다음과 같습니다.

> 부모 객체.appendChild(자식 객체)

말로는 어렵지만, 직접 코드를 보면 간단한 내용이므로 코드를 입력하면서 살펴보겠습니다. 다음 코드는 document.createElement() 메소드로 h1 태그를 생성하고, 이를 document.body 태그 아래에 추가하는 코드입니다.

문서 객체 생성하고 추가하기   소스 코드 7-1-8.html

```
01 <script>
02   document.addEventListener('DOMContentLoaded', () => {
03     // 문서 객체 생성하기
04     const header = document.createElement('h1')  ──→ h1 태그 생성합니다.
05
06     // 생성한 태그 조작하기
07     header.textContent = '문서 객체 동적으로 생성하기'
08     header.setAttribute('data-custom', '사용자 정의 속성')
09     header.style.color = 'white'
10     header.style.backgroundColor = 'black'
11
12     // h1 태그를 body 태그 아래에 추가하기
13     document.body.appendChild(header)
14   })
15 </script>
16 <body>
17
18 </body>
```

실행 결과   ✕

문서 객체 동적으로 생성하기

코드를 실행하면 h1 태그를 출력합니다.

문서 객체 이동하기

appendChild() 메소드는 문서 객체를 이동할 때도 사용할 수 있습니다. 문서 객체의 부모parent는 언제나 하나여야 합니다. 따라서 문서 객체를 다른 문서 객체에 추가하면 문서 객체가 이동합니다.

다음 코드는 1초마다 ⟨h1⟩이동하는 h1 태그⟨/h1⟩라는 요소가 div#first(id 속성이 first인 div 태그)와 div#second로 움직이게 합니다. 실질적으로 사용된 코드는 지금까지 모두 배운 내용이지만, setTimeout() 함수를 번갈아가면서 실행하는 코드가 익숙하지 않을 수 있습니다. 시간을 들여 읽으며 분석해보기 바랍니다.

```
01 <script>
02   document.addEventListener('DOMContentLoaded', () => {
03     // 문서 객체 읽어들이고 생성하기              id 속성이 first인 div 태그를 선택합니다.
04     const divA = document.querySelector('#first')
05     const divB = document.querySelector('#second')    id 속성이 second인 div 태그를
                                                           선택합니다.
06     const h1 = document.createElement('h1')
07     h1.textContent = '이동하는 h1 태그'         h1 태그를 생성합니다.
08
09     // 서로 번갈아가면서 실행하는 함수를 구현합니다.
10     const toFirst = () => {
11       divA.appendChild(h1)              h1을 divA에 추가합니다.
12       setTimeout(toSecond, 1000)        1초 뒤에 toSecond 함수를 실행합니다.
13     }
14     const toSecond = () => {
15       divB.appendChild(h1)              h1을 divB에 추가합니다.
16       setTimeout(toFirst, 10000)        10초 뒤에 toFirst 함수를 실행합니다.
17     }
18     toFirst()
19   })
20 </script>
21 <body>
22   <div id="first">
23     <h1>첫 번째 div 태그 내부</h1>
24   </div>
25   <hr>
26   <div id="second">
27     <h1>두 번째 div 태그 내부</h1>
28   </div>
29 </body>
```

> 🖥 실행 결과   ✕
>
> **첫 번째 div 태그 내부**
> **이동하는 h1 태그**
>
> **두 번째 div 태그 내부**
>
> **첫 번째 div 태그 내부**
>
> **두 번째 div 태그 내부**
> **이동하는 h1 태그**

코드를 실행하면 h1 태그가 hr 태그를 기준으로 위와 아래로 이동하는 것을 볼 수 있습니다.

문서 객체 제거하기

문서 객체를 제거할 때는 removeChild() 메소드를 사용합니다.

> 부모 객체.removeChild(자식 객체)

appendChild() 메소드 등으로 부모 객체와 이미 연결이 완료된 문서 객체의 경우 parentNode 속성으로 부모 객체에 접근할 수 있으므로, 일반적으로 어떤 문서 객체를 제거할 때는 다음과 같은 형태의 코드를 사용합니다.

> 문서 객체.parentNode.removeChild(문서 객체)
> └──→ 부모 객체를 이런 방법으로 선택할 수 있습니다.

다음 코드는 특정 개체를 간단하게 실행하고 3초 후에 화면에서 h1 태그를 제거하는 프로그램입니다.

직접 해보는 손코딩

문서 객체 제거하기　소스 코드 7-1-10.html

```
01 <script>
02   document.addEventListener('DOMContentLoaded', () => {
03     setTimeout(() => {
04       const h1 = document.querySelector('h1')
05
06       h1.parentNode.removeChild(h1)       ──→ h1 태그의 부모 객체 body 태그에 접근하여 제거합니다.
07       // document.body.removeChild(h1)     ──→ h1.parentNode가 document.body이므로,
08     }, 3000)                                    이런 형태로도 제거할 수 있습니다.
09   })
10 </script>
11 <body>
12   <hr>
13   <h1>제거 대상 문서 객체</h1>
14   <hr>
15 </body>
```

┌─────────────────────┐
│ 〉 실행 결과   ✕ │
│ ···················· │
│ 제거 대상 문서 객체   │
│   │
└─────────────────────┘

프로그램을 실행하면 처음에는 위와 같이 출력합니다. 하지만 3초가 지나면 〈h1〉제거 대상 문서 객체〈/h1〉라는 요소가 제거되어 사라집니다.

이벤트 설정하기

지금까지 계속 document.addEventListener('DOMContentLoaded', () => { })라는 형태의
코드를 사용하고 있습니다. 이 코드는 "document라는 문서 객체의 DOMContentLoaded 이벤트가 발생했을 때, 매개변수로 지정한 콜백 함수를 실행해라"는 의미입니다.

모든 문서 객체는 생성되거나 클릭되거나 마우스를 위에 올리거나 할 때 **이벤트**event라는 것이 발생합니다. 그리고 이 이벤트가 발생할 때 실행할 함수는 addEventListener() 메소드를 사용합니다.

문서 객체.addEventListener(이벤트 이름, 콜백 함수)

→ 이벤트 리스너 또는 이벤트 핸들러라고 부릅니다.

이벤트가 발생할 때 실행할 함수를 **이벤트 리스너**event listener 또는 **이벤트 핸들러**event handler라고 부릅니다. 어떤 이벤트가 있고, 어떤 형태로 활용하는지는 다음 절에서 살펴보기로 하고 이번 절에서는 이벤트를 연결하는 형태만 살펴보겠습니다.

다음 코드는 addEventListner() 메소드를 사용해서 h1 태그를 클릭할 때 이벤트 리스너(콜백 함수)를 호출하는 예입니다. 이벤트 리스너 내부에서 변수 counter를 증가시키고 출력하고 있습니다.

직접 해보는 손코딩

이벤트 연결하기   소스 코드 7-1-11.html

```
01 <script>
02   document.addEventListener('DOMContentLoaded', () => {
03     let counter = 0
04     const h1 = document.querySelector('h1')
05
06     h1.addEventListener('click', (event) => {   → h1 태그에 이벤트가 발생할 때 실행할 함수
07       counter++
08       h1.textContent = `클릭 횟수: ${counter}`
09     })
10   })
11 </script>
12 <style>
13   h1 {
14     /* 클릭을 여러 번 했을 때
15        글자가 선택되는 것을 막기 위한 스타일 */
```

```
16        user-select: none;
17      }
18  </style>
19  <body>
20      <h1>클릭 횟수: 0</h1>
21  </body>
```

실행 결과

클릭 횟수: 12

클릭할 때마다
클릭 횟수를 출력합니다.

CSS를 사용했습니다. user-select 속성을 none으로 지정하면 해당 태그를 마우스로 드래그하지 못합니다. h1 태그를 여러 번 클릭할 때 글자가 선택되는 것을 막기 위함입니다(안 해도 크게 상관은 없습니다). 코드를 실행하고 h1 태그를 클릭해보면 클릭 횟수를 출력합니다.

이벤트를 제거할 때는 다음과 같은 형태로 removeEventListener() 메소드를 사용합니다.

문서 객체.removeEventListener(이벤트 이름, 이벤트 리스너)

이벤트 리스너 부분에는 연결할 때 사용했던 이벤트 리스너를 넣습니다. 변수 또는 상수로 이벤트 리스너를 미리 만들고, 이를 이벤트 연결과 연결 제거에 활용합니다.

조금 어려우므로 바로 코드를 실행해보면서 확인해보겠습니다. 다음 코드는 버튼으로 이벤트 연결 상태를 제어하는 프로그램입니다. 이벤트 리스너가 여러 번 연결되지 않게 isConnect라는 변수를 활용했습니다.

직접 해보는 손코딩

이벤트 연결 제거하기 소스 코드 7-1-12.html

```
01  <script>
02    document.addEventListener('DOMContentLoaded', () => {
03      let counter = 0
04      let isConnect = false
05
06      const h1 = document.querySelector('h1')
07      const p = document.querySelector('p')
08      const connectButton = document.querySelector('#connect')
09      const disconnectButton = document.querySelector('#disconnect')
10
```

```
11    const listener = (event) => {
12      h1.textContent = `클릭 횟수: ${counter++}`
13    }
14
15    connectButton.addEventListener('click', () => {
16      if (isConnect === false) {
17        h1.addEventListener('click', listener)
18        p.textContent = '이벤트 연결 상태: 연결'
19        isConnect = true
20      }
21    })
22    disconnectButton.addEventListener('click', () => {
23      if (isConnect === true) {
24        h1.removeEventListener('click', listener)
25        p.textContent = '이벤트 연결 상태: 해제'
26        isConnect = false
27      }
28    })
29  })
30 </script>
31 <style>
32   h1 {
33     /* 클릭을 여러 번 했을 때
34        글자가 선택되는 것을 막기 위한 스타일 */
35     user-select: none;
36   }
37 </style>
38 <body>
39   <h1>클릭 횟수: 0</h1>
40   <button id="connect">이벤트 연결</button>
41   <button id="disconnect">이벤트 제거</button>
42   <p>이벤트 연결 상태: 해제</p>
43 </body>
```

이벤트를 제거하려면 이벤트 리스너를 변수 또는 상수로 가지고 있어야 합니다.

해제할 때 이벤트 리스너를 사용합니다.

클릭 시 연결 상태는 '연결'로 나옵니다.

클릭 시 연결 상태는 '해제'로 나옵니다.

실행 결과

클릭 횟수: 5

| 이벤트 연결 | 이벤트 제거 |

이벤트 연결 상태: 해제

이벤트 연결 상태에서 클릭하면 클릭 횟수를 출력합니다.

코드를 실행하고 버튼을 클릭해보면서 실행 결과를 확인해보세요.

마무리

▶ 6가지 키워드로 정리하는 핵심 포인트

- **DOMContentLoaded** 이벤트는 HTML 페이지의 모든 문서 객체(요소)를 웹 브라우저가 읽어들였을 때 발생시키는 이벤트입니다.

- **querySelector()** 메소드는 문서 객체를 선택할 때 사용하는 메소드입니다.

- **textContent** 속성과 **innerHTML** 속성은 문서 객체 내부의 글자를 조작할 때 사용하는 속성입니다.

- **style** 속성은 문서 객체의 스타일을 조작할 때 사용하는 속성입니다.

- **이벤트 리스너(이벤트 핸들러)**는 이벤트가 발생할 때 실행하는 함수를 의미합니다.

▶ 확인 문제

1. 다음 중에서 웹 브라우저가 문서 객체를 모두 읽어들였을 때 실행되는 이벤트를 골라주세요.

    ① DomContentLoaded

    ② DOMContentLoaded

    ③ ContentLoaded

    ④ Loaded

2. 다음과 같은 요소를 querySelector() 메소드로 선택할 때 사용할 수 있는 선택자를 2개 이상 적어주세요.

    ① 〈h1 id="header"〉제목〈/h1〉

    ② 〈span class="active"〉선택〈/span〉

    ③ 〈input id="name-input" type="text" name="name"〉

3. 다음 중에서 문서 객체 내부의 글자를 조작하는 속성이 아닌 것을 골라주세요.

① innerText
② textContent
③ innerHTML
④ htmlContent

4. 다음 CSS에서 사용하는 스타일 속성들을 자바스크립트 문서 객체에서 점을 찍고 곧바로 사용할 수 있는 형태의 식별자로 변경해주세요.

> 예 background-color ⟶ backgroundColor

① border-radius ⟶
② font-family ⟶
③ line-height ⟶
④ width ⟶
⑤ box-sizing ⟶

07-2 이벤트 활용

이벤트 모델　이벤트 객체　이벤트 발생 객체

문서 객체 모델의 기본적인 내용을 살펴보았지만, 이것으로 무엇을 어떻게 만들어야 할지는 여전히 고민입니다. 물론 자바스크립트는 서버 관련 내용(node.js 등)을 공부하고 이와 결합해야 큰 규모의 애플리케이션을 만들 수 있지만, 현재 단계에서도 간단한 애플리케이션은 만들어볼 수 있습니다. 어떤 형태로 애플리케이션을 구현할 수 있는지 이벤트와 관련된 내용을 좀 더 살펴보겠습니다.

시작하기 전에

이번 절에서는 **입력 양식**form에 관련된 내용을 많이 사용합니다. 입력 양식에 관련된 내용을 알기 위해서는 사전에 HTML 기본에 대한 공부가 필요합니다. 물론 이 책에서 사용된 기본적인 입력 양식은 코드만 봐도 어떻게 사용하는지 이해할 수 있지만, HTML 기본을 알고 있다면 더 다양하게 활용할 수 있습니다.

그리고 이번 절에서는 지금까지 배웠던 조건문, 반복문, 함수 등을 다양하게 활용합니다. 만약 이절에서 다루고 있는 코드 예시를 이해하기 힘들거나 부족한 부분이 있다고 생각되면 앞으로 돌아가 관련 내용을 한번 더 살펴보기 바랍니다.

이벤트 모델

이벤트를 연결하는 방법을 **이벤트 모델**event model이라고 부릅니다.

07-1에서는 이벤트를 연결할 때 addEventListener() 메소드를 사용했습니다. 이 방법이 현재 표준으로 사용하고 있는 방법이므로 **표준 이벤트 모델**이라고 부릅니다.

```
document.body.addEventListener('keyup', () => {

})
```

과거에는 다음과 같이 문서 객체가 갖고 있는 on○○으로 시작하는 속성에 함수를 할당해서 이벤트를 연결했습니다. 이와 같은 이벤트 연결 방법을 **고전 이벤트 모델**이라고 부릅니다.

```
document.body.onkeyup = (event) => {
                ↓
              속성
}
```

그리고 고전 이벤트 모델처럼 on○○으로 시작하는 속성을 HTML 요소에 직접 넣어서 이벤트를 연결하는 것을 **인라인 이벤트 모델**이라고 부릅니다.

```
<script>
  const listener = (event) => {

  }
</script>
<body onkeyup="listener(event)">

</body>
```

인라인 이벤트 모델은 HTML 요소의 on○○ 속성에 자바스크립트 코드를 넣는 것입니다. 현재 코드에서는 listener()라는 함수를 호출하고 있습니다. 이때 on○○ 속성 내부에서 변수 event를 활용할 수 있습니다. 이 변수를 listener() 함수의 매개변수로 전달합니다.

모든 이벤트 모델의 이벤트 리스너는 첫 번째 매개변수로 **이벤트 객체**event object를 받습니다. 이벤트 객체에는 이벤트와 관련된 정보가 들어있습니다. 웹 브라우저에는 많은 이벤트가 있으므로 이벤트를 모두 설명하는 것은 불가능합니다. 또한 모든 이벤트와 이벤트 객체의 속성을 다 공부하는 것도 추천하지 않습니다(너무 많습니다). 이 책에서는 많이 사용되는 이벤트 객체 위주로 활용하는 방법을 살펴보겠습니다.

어떤 것을 많이 사용하는지 궁금하시죠? 초기의 웹(2000년 이전)은 인라인 이벤트 모델을 일반적으로 사용했습니다. 자바스크립트의 활용이 많지 않아서 간단한 코드를 넣기에 편리했기 때문입니다. 시간이 지나고 자바스크립트를 더 많이 활용하게 되면서 고전 이벤트 모델을 많이 사용(2010년 이전)하게 되었습니다. 다만 고전 이벤트 모델은 이벤트 리스너를 하나만 연결할 수 있다는 단점이 있었습니다. 그래서 표준 이벤트 모델이 등장해서 이벤트 리스너를 여러 개 연결할 수 있게 되었고 표준 이벤트 모델을 많이 사용(현재)하게 되었습니다. 인라인 이벤트 모델은 2000년 이후로 거의 사용되지 않아서 알아야 할 필요가 없는 이벤트 모델로 취급받기도 했습니다.

하지만 최근 프론트엔드 프레임워크들이 인라인 이벤트 모델을 활용하는 형태로 코드를 작성해서 현재에는 인라인 이벤트 모델과 표준 이벤트 모델을 많이 사용하고 있습니다. 현대에 인라인 이벤트 모델이 어떻게 활용되는지는 이후에 리액트 프레임워크를 간단하게 살펴보면서 알아보겠습니다.

키보드 이벤트

키보드 이벤트입니다. **키보드 이벤트**는 다음과 같은 3가지 이벤트가 있습니다.

이벤트	설명
keydown	키가 눌릴 때 실행됩니다. 키보드를 꾹 누르고 있을 때도, 입력될 때도 실행됩니다.
keypress	키가 입력되었을 때 실행됩니다. 하지만 웹 브라우저에 따라서 아시아권의 문자(한국어, 중국어, 일본어)를 제대로 처리하지 못하는 문제가 있습니다.
keyup	키보드에서 키가 떨어질 때 실행됩니다.

keydown 이벤트와 **keypress** 이벤트는 웹 브라우저에 따라서 아시아권의 문자(한국어, 중국어, 일본어)를 제대로 처리하지 못하는 문제가 있어서 일반적으로는 **keyup** 이벤트를 사용합니다.

➕ 여기서 잠깐 **IME 입력 문자**

아시아권의 문자를 일반적으로 조합형 문자(IME 입력 문자)라고 부릅니다. 한 글자를 입력하기 위해서는 한국어의 경우 "안(ㅇ ㅏ ㄴ)"을 누르고, 중국어의 경우 "好(hao)", 일본어의 경우는 "か(ka)"처럼 여러 글자를 조합해야 합니다. 웹 브라우저에 따라서 keypress 이벤트는 조합 중에 발생하기도 발생하지 않기도 하는 문제가 있습니다.

그럼 간단하게 키보드 이벤트로 입력 양식의 글자 수를 세는 프로그램을 만들어보겠습니다. 다음 프로그램은 textarea에 keyup 이벤트를 적용해서 입력한 글자 수를 세는 프로그램입니다. textarea처럼 텍스트를 입력하는 입력 양식의 값은 value 속성으로 읽어들입니다.

남은 글자 수 출력하기   소스 코드 7-2-1.html

```
01 <script>
02   document.addEventListener('DOMContentLoaded', () => {
03     const textarea = document.querySelector('textarea')
04     const h1 = document.querySelector('h1')
05
06     textarea.addEventListener('keyup', (event) => {
07       const length = textarea.value.length
08       h1.textContent = `글자 수: ${length}`
09     })
10   })
11 </script>
12 <body>
13   <h1></h1>
14   <textarea></textarea>
15 </body>
```

value 속성으로 입력 양식의
글자를 읽어들일 수 있습니다.

```
📄 실행 결과                          ✕

글자 수: 5

┌─────────────────────┐
│ 안녕하세요           │
└─────────────────────┘
```

코드를 실행하고 입력 양식에 값을 입력하면 글자 수를 출력합니다.

참고로 키보드 이벤트의 문제를 간단하게 살펴봅시다. 위의 예제를 keydown 이벤트로 구현하면 상황에 따라서 글자 수를 제대로 세지 못하는 문제가 있습니다.

keydown 이벤트

이어서 keypress 이벤트로 구현하면 아시아권의 문자는 공백(띄어쓰기, 줄바꿈 등)이 들어가기 전까지는 글자 수를 세지 않습니다. 아예 **keypress** 이벤트가 발생하지 않습니다.

keypress 이벤트

> 공백이들어가기전까지는글자수를세지않습니다

사실 **keyup** 이벤트도 문제가 있습니다. 키가 키보드에서 떨어질 때 발생하므로 특정 키를 꾹 누르고 있으면 글자 수를 세지 않습니다.

keyup 이벤트

> ☐ ☐ ☐ ☐ ☐ ☐ ☐ ☐

대표적인 소셜 네트워크 서비스 트위터^{Twitter}는 140글자로 글자 수가 제한됩니다. 초기에 keypress 이벤트로 글자 수를 세었는데, 위와 같은 문제로 아시아권 문자의 글자 수를 제대로 세지 못하는 문제가 발생했습니다. 여러 과정을 거쳐서 현재는 키보드 이벤트를 사용하지 않고 글자 수를 세고 있는데, 어떻게 구현했는지는 355쪽 〈좀 더 알아보기〉에서 살펴보겠습니다.

키보드 키 코드 사용하기

키보드 이벤트가 발생할 때는 이벤트 객체로 어떤 키를 눌렀는지와 관련된 속성들이 따라옵니다. 여러 속성들이 있지만, 여기서는 다음과 같은 속성만 살펴보겠습니다.

이벤트 속성 이름	설명
code	입력한 키
keyCode	입력한 키를 나타내는 숫자
altKey	Alt 키를 눌렀는지
ctrlKey	Ctrl 키를 눌렀는지
shiftKey	Shift 키를 눌렀는지

code 속성은 입력한 키를 나타내는 문자열이 들어있고, **altKey**, **ctrlKey**, **shiftKey** 속성은 해당 키를 눌렀는지 불 자료형 값이 들어있습니다. 어떤 의미인지 간단하게 속성들을 출력하는 프로그램을 만들어서 살펴보겠습니다. 다음 코드는 keydown 이벤트와 keyup 이벤트가 발생할 때 표에서 설명한 속성을 모두 출력하는 프로그램입니다.

직접 해보는 손코딩

키보드 이벤트와 관련된 이벤트 속성　　소스 코드　7-2-2.html

```
01 <script>
02   document.addEventListener('DOMContentLoaded', () => {
03     const h1 = document.querySelector('h1')
04     const print = (event) => {
05       let output = ''
06       output += `alt: ${event.altKey}<br>`
07       output += `ctrl: ${event.ctrlKey}<br>`
08       output += `shift: ${event.shiftKey}<br>`
09       output += `code: ${typeof(event.code) !== 'undefined' ?
10         event.code : event.keyCode}<br>`
11       h1.innerHTML = output
12     }
13
14     document.addEventListener('keydown', print)
15     document.addEventListener('keyup', print)
16   })
17 </script>
18 <body>
19   <h1></h1>
20 </body>
```

> 이벤트가 발생하면 불 값을 반환합니다.

event.code가 있으면 event.code를 출력하고,
undefined라면 event.keyCode를 출력합니다.

→ 키가 눌릴 때 출력합니다.

→ 키가 떨어질 때 출력합니다.

코드를 실행하고 키보드를 눌러봅니다. 예를 들어 [Alt], [Ctrl], [Shift]키를 모두 누른 상태로 [C]키를 누르면 다음과 같이 출력합니다. 페이스북과 트위터 등과 같은 현대적인 소셜 네트워크 사이트는 여러 단축키를 사용할 수 있습니다. 예를 들어 페이스북에서 [Alt] + 숫자(1, 2, 3, 4, 5, 6, 7)를 입력하면 특정 페이지로 이동합니다. 이러한 단축키를 구현할 때 키보드 이벤트 속성을 사용한 것입니다.

```
🖥 실행 결과                                                    ✕

alt: true
ctrl: true
shift: true
code: KeyC
```

코드에서 'event.code가 있는 경우'를 확인하는 코드를 사용했는데, 이는 인터넷 익스플로러와 구 버전의 엣지 브라우저를 지원하기 위해서입니다. 그런데 인터넷 익스플로러와 구 버전의 엣지 웹 브라우저는 code 속성을 지원하지 않습니다. 이런 웹 브라우저까지 지원하려면 keyCode 속성을 활용해서 프로그램을 구현해야 합니다.

code 속성 값

```
https://developer.mozilla.org/en-US/docs/Web/API/KeyboardEvent/code/code_values
```

keyCode 속성 값

```
https://developer.mozilla.org/en-US/docs/Web/API/KeyboardEvent/keyCode
```

keyCode 속성을 활용하는 예도 살펴보겠습니다. keyCode 속성은 입력한 키를 숫자로 나타냅니다. 37, 38, 39, 40이 방향키 왼쪽 위 오른쪽 아래를 나타냅니다. 이를 활용해서 화면에 별을 출력하고 이동하는 프로그램을 구현하면 다음과 같습니다. 오랜만에 switch 조건문을 활용했는데, 게임 등을 만들어서 키보드 이벤트를 처리할 때는 이처럼 switch 조건문을 활용하는 경우가 많습니다.

직접 해보는 손코딩

이러한 경우에는 switch 조건문을 사용하는 것이 더 간단합니다.

키로 별 움직이기　　소스 코드 7-2-3.html

```
01 <script>
02   document.addEventListener('DOMContentLoaded', () => {
03     // 별의 초기 설정
04     const star = document.querySelector('h1')
05     star.style.position = 'absolute'    ──→ style 속성을 조작하여 position 값을 설정합니다.
06
07     // 별의 이동을 출력하는 기능
08     let [x, y] = [0, 0]
09     const block = 20
10     const print = () => {
11       star.style.left = `${x * block}px`
12       star.style.top = `${y * block}px`
13     }
14     print()
15
16     // 별을 이동하는 기능
```

```
17      const [left, up, right, down] = [37, 38, 39, 40]     방향키 keyCode(키코드)를
                                                              쉽게 사용할 수 있게 변수를
18      document.body.addEventListener('keydown', (event) => {   사용해서 이름을 붙였습니다.
19        switch (event.keyCode) {
                              키보드가 눌릴 때 실행됩니다.
20          case left:
21            x -= 1
22            break
23          case up:
24            y -= 1
25            break
26          case right:
27            x += 1
28            break
29          case down:
30            y += 1
31            break
32        }
33        print()
34      })
35    })
36 </script>
37 <body>
38    <h1>*</h1>
39 </body>
```

실행 결과

★

한국어 처리 때문에 keyup 이벤트를 많이 사용한다고 했는데, 방향키는 처리 문제가 없으므로 다른 이벤트를 활용해도 됩니다. 방향키를 사용하는 게임 등을 할 때는 방향키를 꾹 누르고 있을 가능성이 많으므로 keydown 이벤트를 활용했습니다. 코드를 실행하고 방향키를 누르면 별이 이동하는 것을 볼 수 있습니다.

참고로 인터넷 익스플로러를 지원하려고 keyCode 속성을 사용했는데, 애초에 const 키워드와 let 키워드 등은 인터넷 익스플로러에서 작동하지 않는다고 생각하는 독자들도 있을 것입니다. 코드를 바벨이라는 트랜스파일러에 넣기만 하면 인터넷 익스플로러에서 동작할 수 있는 코드로 변환합니다. 바벨과 관련된 자세한 내용은 부록 465쪽을 참고하세요.

note 바벨이 기본적인 문법은 변환하지만, code 속성과 keyCode 속성 등까지 변환하지는 못하므로 어떤 속성이 인터넷 익스플로러에서 사용할 수 있는지 없는지는 따로 기억해두어야 합니다.

이벤트 발생 객체

지금까지는 이벤트 내부에서 문서 객체 변수를 사용해 문서 객체와 관련된 정보를 추출했습니다.

이전에 사용했던 코드

```
<script>
  document.addEventListener('DOMContentLoaded', () => {
    const textarea = document.querySelector('textarea')
    const h1 = document.querySelector('h1')

    textarea.addEventListener('keyup', (event) => {
      const length = textarea.value.length
      h1.textContent = `글자 수: ${length}`
    })
  })
</script>
```

textarea는 문서 객체 변수로 문서 객체의 value 속성을 추출합니다.

그런데 상황에 따라서는 이벤트 리스너 내부에서 그러한 변수에 접근할 수 없는 경우가 있습니다. 예를 들어 다음 코드에서는 listener() 함수 내부에서 textarea 변수에 접근할 수 없어 오류가 발생합니다.

이벤트 리스너를 외부로 빼낸 경우

```
<script>
  const listener = (event) => {
    const length = textarea.value.length
    h1.textContent = `글자 수: ${length}`
  }

  document.addEventListener('DOMContentLoaded', () => {
    const textarea = document.querySelector('textarea')
    const h1 = document.querySelector('h1')
    textarea.addEventListener('keyup', listener)
  })
</script>
```

현재 블록에서는 textarea 변수를 사용할 수 없습니다.

이벤트 리스너가 외부로 분리되었습니다.

코드의 규모가 커지면 이처럼 이벤트 리스너를 외부로 분리하는 경우가 많아집니다. 이러한 경우에는 이벤트를 발생시킨 객체(현재 코드의 textarea)에 어떻게 접근할 수 있을까요?

2가지 방법으로 문제를 해결할 수 있습니다.

첫째, event.currentTarget 속성을 사용합니다.

이는 () => {}와 function () {} 형태 모두 사용이 가능합니다.

둘째, this 키워드를 사용합니다.

화살표 함수가 아닌 function () {} 형태로 함수를 선언한 경우에 사용합니다.

화살표 함수가 없었던 과거에는 2번째 방법을 많이 사용했습니다. 하지만 화살표 함수가 등장한 이후로는 2가지 방법 모두 많이 사용합니다. 2가지 방법 모두 기억해두세요.

라이브러리와 프레임워크에 따라서 선호하는 형태가 다릅니다. 라이브러리와 프레임워크를 사용할 경우에는 해당 라이브러리와 프레임워크의 문서를 살펴보면서 어떤 형태가 더 일반적으로 사용되는지 확인하고 활용하기 바랍니다. event.currentTarget을 사용하는 경우는 다음과 같습니다.

```
<script>
  const listener = (event) => {
    const length = event.currentTarget.value.length    ──▶ event.currentTarget가
    h1.textContent = `글자 수: ${length}`                    textarea가 됩니다.
  }

  document.addEventListener('DOMContentLoaded', () => {
    const textarea = document.querySelector('textarea')
    const h1 = document.querySelector('h1')
    textarea.addEventListener('keyup', listener)
  })
</script>
```

이어서 this 키워드를 사용하는 경우는 다음과 같습니다.

```
<script>
  const listener = function (event) {
    const length = this.value.length      ──→ this가 textarea가 됩니다.
    h1.textContent = `글자 수: ${length}`
  }

  document.addEventListener('DOMContentLoaded', () => {
    const textarea = document.querySelector('textarea')
    const h1 = document.querySelector('h1')
    textarea.addEventListener('keyup', listener)
  })
</script>
```

이어지는 입력 양식 활용 부분에서는 event.currentTarget을 사용하는 형태로 진행하겠습니다.

글자 입력 양식 이벤트

사용자로부터 어떠한 입력을 받을 때 사용하는 요소를 **입력 양식**(form)이라고 부릅니다. HTML에서는 input 태그, textarea 태그, button 태그, select 태그 등이 모두 입력 양식입니다. 웹에서 어떤 사이트에 회원 가입하거나 댓글을 입력하거나 음식을 주문할 때 활용해 본 적이 있을 것입니다.

입력 양식을 사용하는 간단한 예를 살펴보겠습니다. 일단 inch 단위를 cm 단위로 변환하는 프로그램입니다. 지금까지 배웠던 키보드 이벤트를 사용하면 숫자를 입력했을 때 실시간으로 변환할 수도 있습니다. 하지만 이번에는 button 태그의 활용도 함께 볼 수 있게 버튼을 클릭할 때 변환이 되도록 구현해보았습니다.

카카오의 회원가입 입력 양식 예

입력 양식을 기반으로 inch를 cm 단위로 변환하는 프로그램 소스 코드 7-2-4.html

```
01 <script>
02   document.addEventListener('DOMContentLoaded', () => {
03     const input = document.querySelector('input')
04     const button = document.querySelector('button')
05     const p = document.querySelector('p')
06
07     button.addEventListener('click', () => {
08       // 입력을 숫자로 변환합니다.
09       const inch = Number(input.value)
10       // 숫자가 아니라면 바로 리턴합니다.
11       if (isNaN(inch)) {
12         p.textContent = '숫자를 입력해주세요'          → 조기 리턴 부분입니다.
13         return
14       }
15       // 변환해서 출력합니다.
16       const cm = inch * 2.54
17       p.textContent = `${cm} cm`
18     })
19   })
20 </script>
21 <body>
22   <input type="text"> inch<br>
23   <button>계산</button>
24   <p></p>
25 </body>
```

실행 결과

```
26                          inch
계산
66.04 cm

숫자                        inch
계산
숫자를 입력해주세요
```

프로그램을 실행하고 숫자를 입력하면 위와 같이 inch 단위를 cm 단위로 변환해줍니다. 또한 숫자가 아닌 값을 입력하면 위와 같이 숫자를 입력해달라는 메시지를 출력합니다. 사용자가 숫자를 입력하지 않는 경우를 대비해서 isNaN() 함수를 사용해 숫자가 아닌 값을 입력했을 때를 구분했습니다.

지금까지 배운 내용을 모두 활용하면 더 다양한 프로그램을 만들 수 있습니다.

또한 isNaN() 함수의 결과가 true로 나오는 숫자가 아닌 경우 바로 return 키워드로 리턴해서 이후의 코드를 실행하지 않습니다. 다음과 같이 else 키워드를 사용할 수도 있지만, 위와 같이 사용하면 들여쓰기 단계를 하나 줄일 수 있으므로 코드가 깔끔해집니다. 자주 사용되는 형태의 코드라서 **조기 리턴**early return이라는 이름까지 붙어 있는 패턴입니다. 기억해두면 다른 코드를 작성할 때도 편리합니다.

```
if (isNaN(inch)) {
  p.textContent = '숫자를 입력해주세요'
} else {
  // 변환해서 출력합니다.
  const cm = inch * 2.54
  p.textContent = `${cm} cm`
}
```

구글에서 "단위 변환"이라고 검색하면 다음과 같은 단위 변환 프로그램이 나옵니다. 이 프로그램은 왼쪽과 오른쪽에 모두 숫자를 입력할 수 있으며, 입력하는 즉시 단위 변환이 이루어집니다.

다른 사람들이 만든 애플리케이션들을 살펴보면서 "이런 형태로 구현할 수도 있구나", "이렇게 구현하면 사용이 더 편리하겠구나" 하고 참고하면서 비슷하게 구현해보면 다양한 연습을 할 수 있습니다.

이번에는 인터넷에서 특정 사이트에 가입할 때 이메일과 전화번호 유효성 등을 검사하는 것을 구현해보겠습니다. 이는 사용자가 잘못된 이메일 또는 전화번호를 실수로 입력하는 것을 막는 역할을 해줍니다(물론 이외에도 보안적으로 다양한 이유가 있습니다).

이메일 형식 확인하기   소스 코드 7-2-5.html

```
01 <script>
02   document.addEventListener('DOMContentLoaded', () => {
03     const input = document.querySelector('input')
04     const p = document.querySelector('p')
05     const isEmail = (value) => {
06       // 골뱅이를 갖고 있고 && 골뱅이 뒤에 점이 있다면
07       return (value.indexOf('@') > 1)
08         && (value.split('@')[1].indexOf('.') > 1)
09     }
10
11     input.addEventListener('keyup', (event) => {
12       const value = event.currentTarget.value
13       if (isEmail(value)) {
14         p.style.color = 'green'
15         p.textContent = `이메일 형식입니다: ${value}`
16       } else {
17         p.style.color = 'red'
18         p.textContent = `이메일 형식이 아닙니다: ${value}`
19       }
20     })
21   })
22 </script>
23 <body>
24   <input type="text">
25   <p></p>
26 </body>
```

→ 이메일인지 검사하는 함수

실행 결과   ✕

rint@

이메일 형식이 아닙니다: rint@

rint@hanbit.co.kr

이메일 형식입니다: rint@hanbit.co.kr

isEmail() 함수는 indexOf() 함수 등을 활용해서 매개변수로 전달된 값이 이메일인지 확인하고 true 또는 false를 리턴합니다. 간단한 형태로 이메일을 확인할 수 있습니다.

코드를 실행하고 글자를 입력해보세요. 이메일 형식이 아닐 때(rint@)는 "이메일 형식이 아닙니다: rint@"를, 이메일 형식일 때(rint@hanbit.co.kr)에는 "이메일 형식입니다: rint@hanbit.co.kr" 를 출력합니다.

물론 간단한 형태로 메일 형식을 구분했으므로 "rint@h."를 입력해도 이메일 형식이라고 출력합니다. 더 정확하게 인식하려면 isEmail() 함수를 수정합니다. 일반적으로 이런 유효성 검사를 할 때에는 **정규 표현식**regular expression을 사용합니다.

이 책에서는 정규 표현식을 다루지 않지만, 정규 표현식을 배우면 유효성 검사를 더 쉽고 확실하게 구현할 수 있으므로 관심이 있다면 공부해보기 바랍니다.

이번 절에서 보았던 것처럼 입력 양식을 사용하는 것은 쉽습니다. 따라서 입력 양식을 활용해서 내가 무엇을 구현할 수 있는지, 어떻게 사용자가 더 쉽게 사용할 수 있도록 만들 수 있는지 등을 아는 것이 중요합니다. 이러한 것을 공부하는 방법은 많은 프로그램을 보고 생각해보는 것입니다. 다양한 프로그램들을 활용하면서 어떻게 구현할 수 있을지 생각해보세요.

> ➕ **여기서 잠깐** ⟨ **글자 입력 양식의 change 이벤트**
>
> 원래 입력 양식은 값이 변경될 때 change 이벤트를 발생합니다. 글자 입력 양식은 입력 양식을 선택(focus 상태)해서 글자를 입력하고, 선택을 해제(blur 상태)할 때 change 이벤트를 발생합니다. 따라서 사용자가 입력하는 중에는 change 이벤트가 발생하지 않습니다. 지금까지 살펴본 코드는 값을 입력할 때 실시간으로 처리하고자 keyup 이벤트를 사용한 것입니다.

드롭다운 목록 활용하기

이전 절에서 언급했던 '구글 단위 변환 프로그램'을 보면 드롭다운 목록이 사용된 것을 볼 수 있습니다.

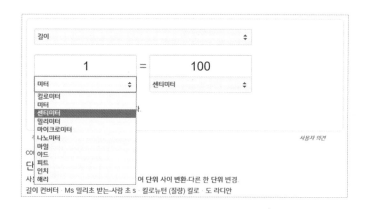

드롭다운 목록은 기본적으로 select 태그로 구현합니다. select 태그는 사용 방법이 조금 특이하므로 함께 사용 방법을 알아보겠습니다. 다음 코드는 select 태그를 사용해서 드롭다운 목록을 만들고 드롭다운 목록을 선택했을 때(값이 변경되었을 때) 어떤 것을 선택했는지 출력하는 예제입니다.

기본 select 태그 소스 코드 7-2-6.html

```
01 <script>
02   document.addEventListener('DOMContentLoaded', () => {
03     const select = document.querySelector('select')
04     const p = document.querySelector('p')
05
06     select.addEventListener('change', (event) => {
07       const options = event.currentTarget.options
08       const index = event.currentTarget.options.selectedIndex
09
10       p.textContent = `선택: ${options[index].textContent}`
11     })
12   })
13 </script>
14 <body>
15   <select>
16     <option>떡볶이</option>
17     <option>순대</option>
18     <option>오뎅</option>
19     <option>튀김</option>
20   </select>
21   <p>선택: 떡볶이</p>
22 </body>
```

선택한 option 태그를 추출합니다.

→ 처음에 떡볶이가 선택되어 있도록 초깃값을 지정했습니다.

실행 결과

튀김 ▼

선택: 튀김

코드를 실행하고 드롭다운 목록에서 항목을 선택하면 options[index]에서 선택한 option 태그가 출력됩니다. 현재 코드에서는 textContent 속성을 바로 추출해서 사용했는데, option 태그에 다른 속성들을 부여하고 속성을 활용할 수도 있습니다.

select 태그에 **multiple** 속성을 부여하면 Ctrl 키 또는 Shift 키를 누르고 여러 항목을 선택할 수 있는 선택 상자가 나옵니다. 이러한 **multiple select** 태그는 사용 방법이 조금 특이하므로 〈직접 해보는 손코딩〉을 통해 살펴보겠습니다.

직접 해보는 손코딩

multiple select 태그　소스 코드　7-2-7.html

```
01 <script>
02   document.addEventListener('DOMContentLoaded', () => {
03     const select = document.querySelector('select')
04     const p = document.querySelector('p')
05
06     select.addEventListener('change', (event) => {
07       const options = event.currentTarget.options
08       const list = []
09       for (const option of options) {          options 속성에는 forEach() 메소드가 없습니다.
10         if (option.selected) {                 따라서 이렇게 반복문으로 돌려야 합니다.
11           list.push(option.textContent)        selected 속성을 확인합니다.
12         }
13       }
14       p.textContent = `선택: ${list.join(',')}`
15     })
16   })
17 </script>
18 <body>
19   <select multiple>
20     <option>떡볶이</option>
21     <option>순대</option>
22     <option>오뎅</option>
23     <option>튀김</option>
24   </select>
25   <p></p>
26 </body>
```

실행 결과 ✕

떡볶이
순대
오뎅
튀김

선택: 떡볶이,튀김

options 속성으로 모든 속성을 선택하고 반복문을 돌린 뒤, selected 속성으로 선택된 요소를 확인합니다. 이렇게 코드를 작성하고 실행한 뒤 Ctrl 키를 누르고 여러 개의 요소를 선택해보세요. 여러 항목들의 결과가 출력되는 것을 볼 수 있습니다.

처음 입력 양식을 공부하면 "기본적으로는 어떻게 사용하는지 알겠는데, 그래서 이걸로 뭐 어떻게 구현하지?"라는 생각을 많이 합니다. 여러 코드를 살펴보고 그곳에 사용된 활용 방법을 흡수하는 방법 밖에 없습니다. 그럼 지금까지 배운 내용을 활용해서 여러 단위로 변환하는 프로그램의 예를 살펴보겠습니다. 코드를 조금 쉽게 이해할 수 있도록 일부 변수를 한글로 사용했습니다.

직접 해보는 손코딩

cm 단위를 여러 단위로 변환하는 프로그램 　소스 코드 7-2-8.html

```
01 <script>
02   document.addEventListener('DOMContentLoaded', () => {
03     let 현재값
04     let 변환상수 = 10
05
06     const select = document.querySelector('select')
07     const input = document.querySelector('input')
08     const span = document.querySelector('span')
09
10     const calculate = () => {
11       span.textContent = (현재값 * 변환상수).toFixed(2)
12     }
                           ↓
                소수점 2번째 자리까지 출력합니다.
13
14     select.addEventListener('change', (event) => {
15       const options = event.currentTarget.options
16       const index = event.currentTarget.options.selectedIndex
17       변환상수 = Number(options[index].value)  ──→ 항목을 선택하면 항목의 value
18       calculate()                                    속성을 추출합니다.
19     })
20
21     input.addEventListener('keyup', (event) => {
22       현재값 = Number(event.currentTarget.value)  ──→ 값을 입력하면 현재 값을 추출합니다.
```

note 11행의 toFixed() 메소드는 숫자를 문자열로 변환합니다. 숫자로 반환하기 위해서는 Number() 메소드로 형을 변환합니다.

```
23          calculate()
24      })
25    })
26 </script>
27 <body>
28    <input type="text"> cm =
29    <span></span>
30    <select>
31      <option value="10">mm</option>
32      <option value="0.01">m</option>
33      <option value="0.393701">inch</option>
34    </select>
35 </body>
```

문법적으로 어려운 내용은 단 하나도 없으며, 모르는 메소드도 없을 것입니다. 코드를 차근차근 읽으면서 이해해보기 바랍니다. 코드를 실행하면 왼쪽에 값을 입력하고, 오른쪽에 값으로 변환되어서 출력됩니다. 참고로 프로그래밍 언어는 소수점을 가진 숫자 계산에 오차가 있습니다. 그래서 **toFixed()** 메소드를 사용하여 소수 둘째 자리까지 출력하게 했습니다.

구글 단위 변환 프로그램처럼 왼쪽과 오른쪽 모두에 값을 입력할 수 있게 구현해보세요. 또한 숫자가 아닌 값을 입력했을 때 숫자를 입력해달라는 메시지를 p 태그 등을 활용해서 아래쪽에 출력해보세요. 이런 저런 기능들을 추가하면 코드가 굉장히 길어집니다. 하지만 코드가 길어진다고 두려워하지 마세요. 코드가 길어지는 것은 당연한 일입니다.

체크 박스 활용하기

이어서 체크 박스를 살펴보겠습니다. 체크 박스는 일반적인 웹 페이지에서 약관을 읽었는지 확인하거나 SMS 수신 허가, 이메일 수신 허가 등에 사용하는 요소입니다. 체크 박스처럼 체크 상태를 확인할 때는 입력 양식의 checked 속성을 사용합니다.

다음 예제는 체크 상태일 때만 타이머를 증가시키는 프로그램입니다. change 이벤트가 발생했을 때 체크 박스의 체크 상태를 확인하고 setInterval() 함수 또는 clearInterval() 함수를 실행합니다.

체크 박스 활용하기　　소스 코드 7-2-9.html

```
01 <script>
02   document.addEventListener('DOMContentLoaded', () => {
03     let [timer, timerId] = [0, 0]
04     const h1 = document.querySelector('h1')
05     const checkbox = document.querySelector('input')
06
07     checkbox.addEventListener('change', (event) => {
08       if (event.currentTarget.checked) {
09         // 체크 상태                   ────────→ checked 속성을 사용합니다.
10         timerId = setInterval(() => {
11           timer += 1
12           h1.textContent = `${timer}초`
13         }, 1000)
14       } else {
15         // 체크 해제 상태
16         clearInterval(timerId)
17       }
18     })
19   })
20 </script>
21 <body>
22   <input type="checkbox">
23   <span>타이머 활성화</span>
24   <h1></h1>
25 </body>
```

> **실행 결과**　　×
>
> ☑ 타이머 활성화
>
> # 91초

코드를 실행하고 체크하면 타이머가 증가됩니다. 또한 타이머 체크를 해제하면 타이머가 중지됩니다.

이외에 타이머를 초기화하는 버튼도 만들어보세요. 또한 현재 타이머는 1초 단위로 출력하는데, 0.1초 이하 단위로 출력하도록 프로그램을 수정해보아도 좋은 공부가 될 것입니다.

라디오 버튼 활용하기

체크 박스와 비슷한 입력 양식 요소로 라디오 버튼이 있습니다. 라디오 버튼은 다음과 같이 성별을 선택할 때 선택안함, 여성, 남성이 있다면 이 중에서 하나만 선택할 수 있게 해주는 요소입니다. 체크 박스와 마찬가지로 checked 속성을 사용합니다.

다음 코드는 라디오 버튼을 사용하는 예입니다. 체크 박스와 비슷한 형태로 사용합니다.

직접 해보는 손코딩

라디오 버튼 사용해보기 소스 코드 7-2-10.html

```
01 <script>
02   document.addEventListener('DOMContentLoaded', () => {
03     // 문서 객체 추출하기
04     const output = document.querySelector('#output')
05     const radios = document.querySelectorAll('[name=pet]')
06
07     // 모든 라디오 버튼에
08     radios.forEach((radio) => {
09       // 이벤트 연결
10       radio.addEventListener('change', (event) => {
11         const current = event.currentTarget
12         if (current.checked) {
13           output.textContent = `좋아하는 애완동물은 ${current.value}이시군요!`
14         }
15       })
16     })
17   })
18 </script>
19 <body>
```

```
20    <h3># 좋아하는 애완동물을 선택해주세요</h3>
21    <input type="radio" name="pet" value="강아지">
22    <span>강아지</span>
23    <input type="radio" name="pet" value="고양이">
24    <span>고양이</span>
25    <input type="radio" name="pet" value="햄스터">
26    <span>햄스터</span>
27    <input type="radio" name="pet" value="기타">
28    <span>기타</span>
29    <hr>
30    <h3 id="output"></h3>
31  </body>
```

라디오 버튼을 하나씩만 선택하려면
name 속성을 동일하게 입력해 그룹
으로 만듭니다.

| 실행 결과 | ✕ |

좋아하는 애완동물을 선택해주세요

◉ 강아지 ◉ 고양이 ◉ 햄스터 ◉ 기타

좋아하는 애완동물은 강아지이시군요!

코드를 실행하고 라디오 버튼을 선택하면 위와 같이 출력합니다.

+ 여기서 잠깐   name 속성이 없는 라디오 버튼

참고로 name 속성을 입력하지 않으면 라디오 버튼을 다음과 같이 여러 개 선택할 수 있습니다. 카테고리 구분 없이 선택할 수 있으며, 한번 선택하고 나면 선택을 취소할 수도 없습니다. 따라서 라디오 버튼을 사용할 때는 꼭 name 속성과 함께 사용하는 것을 잊지마세요.

좋아하는 동물을 선택해주세요

◉ 강아지 ◉ 고양이 ◉ 햄스터 ◉ 기타

기본 이벤트 막기

웹 브라우저는 이미지에서 마우스 오른쪽 버튼을 클릭하면 다음과 같은 **컨텍스트 메뉴**^context menu를 출력합니다. 이처럼 어떤 이벤트가 발생했을 때 웹 브라우저가 기본적으로 처리해주는 것을 **기본 이벤트**라고 부릅니다.

링크를 클릭했을 때 이동하는 것, 제출 버튼을 눌렀을 때 이동하는 것 등이 모두 기본 이벤트의 예입니다. 이러한 기본 이벤트를 제거할 때는 event 객체의 **preventDefault()** 메소드를 사용합니다.

다음 코드는 모든 img 태그의 contextmenu 이벤트가 발생한 때 preventDefault() 메소드를 호출해서 기본 이벤트를 막는 예입니다. contextmenu 이벤트는 기본적으로 앞의 그림과 같은 컨텍스트 메뉴를 출력하는데, 이를 막으면 이미지에서 마우스 오른쪽 버튼을 클릭해도 아무 반응이 없습니다.

직접 해보는 손코딩

이미지 마우스 오른쪽 버튼 클릭 막기　소스 코드　7-2-11.html

```
01 <script>
02   document.addEventListener('DOMContentLoaded', () => {
03     const imgs = document.querySelectorAll('img')
04
05     imgs.forEach((img) => {
06       img.addEventListener('contextmenu', (event) => {
07         event.preventDefault()        ──→ 컨텍스트 메뉴를 출력하는 기본 이벤트를 제거합니다.
08       })
09     })
10   })
11 </script>
12 <body>
13   <img src="http://placekitten.com/300/300" alt="">
14 </body>
```

인터넷에서 이미지 **불펌**(불법+퍼옴의 합성어) **방지** 등을 구현할 때 사용하는 코드이므로 기억해두면 유용하게 활용할 수 있습니다.

다른 입력 양식과 조합해서 사용하는 예도 살펴보겠습니다.

 직접 해보는 손코딩

체크 때만 링크 활성화하기 소스 코드 7-2-12.html

```
01 <script>
02   document.addEventListener('DOMContentLoaded', () => {
03     let status = false
04
05     const checkbox = document.querySelector('input')
06     checkbox.addEventListener('change', (event) => {
07       status = event.currentTarget.checked  ——→ checked 속성을 사용합니다.
08     })
09
10     const link = document.querySelector('a')
11     link.addEventListener('click', (event) => {
12       if (!status) {
13         event.preventDefault()  ——→ status가 false가 아니면 링크의 기본 이벤트를 제거합니다.
14       }
15     })
16   })
17 </script>
18 <body>
19   <input type="checkbox">
20   <span>링크 활성화</span>
21   <br>
22   <a href="http://hanbit.co.kr">한빛미디어</a>
23 </body>
```

실행 결과 ☒

☐ 링크 활성화
<u>한빛미디어</u>

체크 박스가 체크되어 있는 상태에서만 링크를 클릭했을 때 해당 페이지로 이동합니다. 체크가 해제되어 있는 상태에서는 링크를 클릭해도 아무 반응이 없습니다.

note checked 속성은 불 자료형입니다. 체크 상태에 따라 true 또는 false를 반환합니다.

할 일 목록 만들기 `누적 예제`

지금까지 배운 것을 종합해서 할 일 목록을 만들어보겠습니다. 간단하게 구현하기 위해 어려운 내용은 사용하지 않았으므로 주요 행에 연결된 설명과 함께 읽으면 쉽게 이해할 수 있습니다.

`직접 해보는 손코딩`

할 일 목록 만들기 `소스 코드` `7-2-13.html`

```
01 <body>
02   <h1>할 일 목록</h1>
03   <input id="todo">
04   <button id="add-button">추가하기</button>
05   <div id="todo-list">
06
07   </div>
08 </body>
09 <script>
10   document.addEventListener('DOMContentLoaded', () => {
11     // 문서 객체를 가져옵니다.
12     const input = document.querySelector('#todo')
13     const todoList = document.querySelector('#todo-list')
14     const addButton = document.querySelector('#add-button')
15
16     // 변수를 선언합니다.
17     let keyCount = 0        ─────→ 이후에 removeTodo() 함수에서 문서 객체를
18                                    쉽게 제거하기 위한 용도로 만든 변수입니다.
19     // 함수를 선언합니다.
20     const addTodo = () => {
21       // 입력 양식에 내용이 없으면 추가하지 않습니다.
22       if (input.value.trim() === '') {
23         alert('할 일을 입력해주세요.')
24         return
25       }
26
27       // 문서 객체를 설정합니다.
28       const item = document.createElement('div')
29       const checkbox = document.createElement('input')
```

```
30    const text = document.createElement('span')
31    const button = document.createElement('button')
32
33    // 문서 객체를 식별할 키를 생성합니다.
34    const key = keyCount              이후에 removeTodo() 함수에서 문서 객체를
35    keyCount += 1                     쉽게 제거하기 위한 용도로 만든 변수입니다.
36
37    // item 객체를 조작하고 추가합니다.
38    item.setAttribute('data-key', key)       <div data-key="숫자">
39    item.appendChild(checkbox)                  <input>
40    item.appendChild(text)                      <span></span>
41    item.appendChild(button)                    <button></button>
42    todoList.appendChild(item)                </div>
                                              형태를 구성합니다.
43
44    // checkbox 객체를 조작합니다.        <input type="checkbox">
45    checkbox.type = 'checkbox'            형태를 구성합니다.
46    checkbox.addEventListener('change', (event) => {
47      item.style.textDecoration
48        = event.target.checked ? 'line-through' : ''     체크 박스를 클릭하면 선을
49    })                                                    그어줍니다.
50
51    // text 객체를 조작합니다.
52    text.textContent = input.value       <span>글자</span>
                                           형태를 구성합니다.
53
54    // button 객체를 조작합니다.
55    button.textContent = '제거하기'
56    button.addEventListener('click', () => {
57      removeTodo(key)                    <button>제거하기</button>
58    })                                   형태를 구성합니다.
59
60    // 입력 양식의 내용을 비웁니다.
61    input.value = ''
62  }
63
64  const removeTodo = (key) => {
65    // 식별 키로 문서 객체를 제거합니다.
```

```
66        const item = document.querySelector(`[data-key="${key}"]`)
67        todoList.removeChild(item)
68      }
69
70      // 이벤트 연결
71      addButton.addEventListener('click', addTodo)
72      input.addEventListener('keyup', (event) => {
73        // 입력 양식에서 Enter 키를 누르면 바로 addTodo() 함수를 호출합니다.
74        const ENTER = 13
75        if (event.keyCode === ENTER) {
76          addTodo()
77        }
78      })
79    })
80 </script>
```

위에서 지정한 〈div data-key="숫자"〉를 기반으로 요소를 찾고 제거합니다.

실행 결과 ✕

할 일 목록

[　　　　　　　　] [추가하기]
☐ 우유 구매하기 [제거하기]
☑ ~~원두 구매하기~~ [제거하기]
☐ 병원 다녀오기 [제거하기]

코드를 실행하면 할 일 목록 프로그램이 나옵니다. 할 일을 입력하고 Enter 키를 누르거나 추가하기 버튼을 클릭하면 아래에 할 일이 추가됩니다. 체크 박스를 클릭하면 할 일에 취소선이 그어지며, 제거하기 버튼을 클릭하면 할 일이 제거됩니다.

간단하게 구현한 할 일 목록을 직접 더 효율적인 형태로 구현해보세요. 이 예제는 10장에서 배우는 리액트 프레임워크를 사용해서 구현해볼 것이며, 그때는 356쪽의 〈좀 더 알아보기〉에서 배우는 localStorage 객체를 활용해서 저장 기능까지 구현해볼 예정입니다.

디자인은 CSS의 영역이므로 CSS를 공부하면 괜찮은 결과물을 만들 수 있습니다.

아시아권의 문자는 **키보드 이벤트**(keydown, keypress, keyup 이벤트)로 원하는 것을 제대로 구현할 수 없는 경우가 많습니다. 본문에서 살펴보았던 남은 글자 수 세기 프로그램도 문제가 있다고 언급했습니다.

실제로 트위터는 다음과 같이 타이머를 사용해서 50밀리초마다 입력 양식 내부의 글자를 확인해서 글자 수를 셉니다. focus 이벤트와 blur 이벤트를 사용했는데요. 이 이벤트는 입력 양식에 초점을 맞춘 경우(활성화 상태)와 초점을 해제한 경우(비활성화 상태)에 발생하는 이벤트입니다. 입력 양식에 글자를 입력하려고 선택한 순간부터 타이머를 돌리고, 다른 일을 하기 위해서 입력 양식에서 초점을 해제하면 타이머를 정지하게 만든 것입니다.

어떤 상황에서도, 어떤 언어를 입력하더라도 글자 수를 정상적으로 출력하도록 작성한 코드입니다.

직접 해보는 손코딩

글자 수 출력하기   소스 코드 7-2-14.html

```
01 <script>
02   document.addEventListener('DOMContentLoaded', () => {
03     const textarea = document.querySelector('textarea')
04     const h1 = document.querySelector('h1')
05     let timerId
06
07     textarea.addEventListener('focus', (event) => {      ──→ 입력 양식 활성화
08       timerId = setInterval(() => {
09         const length = textarea.value.length
10         h1.textContent = `글자 수: ${length}`
11       }, 50)
12     })
13     textarea.addEventListener('blur', (event) => {      ──→ 입력 양식 비활성화
14       clearInterval(timerId)
15     })
16   })
```

```
17  </script>
18  <body>
19    <h1></h1>
20    <textarea></textarea>
21  </body>
```

localStorage 객체

6장까지는 자바스크립트의 기본적인 문법을 살펴보았고, 이번 장에서는 웹 브라우저가 추가로 제공하는 기능(API) 중 화면에 조작을 가하는 내용을 살펴보았습니다. 이외에도 실제로 웹 브라우저는 사용자의 위치를 추적한다든지, 웹캠을 활용한다든지, 사용자에게 노티피케이션(알림)을 제공한다든지 하는 다양한 기능을 제공해줍니다.

하나하나 모두 알아보기에는 너무 방대하므로 이 책에서는 중요 내용만 선별하여 설명하고 있는데, 웹 브라우저에 데이터를 저장하는 localStorage 객체와 활용에 대해 추가하는 것으로 이 장을 마치겠습니다.

localStorage 객체는 웹 브라우저가 기본적으로 제공하는 객체입니다. 이 객체는 다음과 같은 메소드를 갖고 있습니다.

- localStorage.getItem(키): 저장된 값을 추출합니다. 없으면 undefined가 나옵니다. 객체의 속성을 추출하는 일반적인 형태로 localStorage.키 또는 localStorage[키] 형태로 사용할 수도 있습니다.
- localStorage.setItem(키, 값): 값을 저장합니다. 이전과 마찬가지로 객체에 속성을 지정하는 일반적인 형태를 사용할 수도 있습니다.
- localStorage.removeItem(키): 특정 키의 값을 제거합니다.
- localStorage.clear(): 저장된 모든 값을 제거합니다.

이러한 메소드를 사용하는 간단한 예를 살펴보면 다음과 같습니다.

웹 브라우저에 데이터를 저장하는 localStorage 객체와 활용하기   소스 코드 7-2-15.html

```
01 <script>
02   document.addEventListener('DOMContentLoaded', () => {
03     const p = document.querySelector('p')
04     const input = document.querySelector('input')
05     const button = document.querySelector('button')
06
07     const savedValue = localStorage.getItem('input')
08     // localStorage.input도 가능합니다.          값을 읽을 때는 getItem() 메소드를 사용합니다.
09     if (savedValue) {
10       input.value = savedValue
11       p.textContent = `이전 실행 때의 마지막 값: ${savedValue}`
12     }
13
14     input.addEventListener('keyup', (event) => {
15       const value = event.currentTarget.value
16       localStorage.setItem('input', value)      값을 저장할 때는 setItem() 메소드
17       // localStorage.input = value도 가능합니다.   를 사용합니다.
18     })
19
20     button.addEventListener('click', (event) => {
21       localStorage.clear()      값을 모두 제거할 때는 clear() 메소드를 사용합니다.
22       input.value = ''
23     })
24   })
25 </script>
26 <body>
27   <p></p>
28   <button>지우기</button>
29   <input type="text">
30 </body>
```

코드를 실행하면 처음에는 입력 양식이 비어있습니다. "안녕하세요"라는 글자를 입력하고 화면을 새로 고침해보세요. 지금까지 살펴본 프로그램들은 화면을 새로 고침하는 순간 입력한 내용이 모두 사라졌지만, 여기서는 입력값이 그대로 남아있는 것을 확인할 수 있습니다.

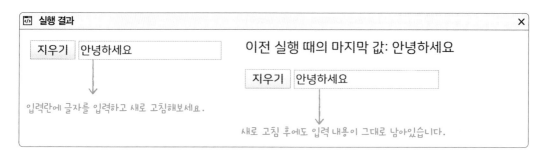

localStorage처럼 웹 브라우저가 제공해주는 기능을 웹 API라고 부릅니다. 책으로도 출판이 별로 안 되어 있는 내용이므로 다음 모질라 문서에서 어떤 API가 있는지 확인해보고 구글 검색 등으로 어떻게 사용하는지 찾아서 공부해야 하는 부분입니다.

모질라 웹 API 문서 목록
URL https://developer.mozilla.org/ko/docs/Web/API

내용을 보면 배터리 정보를 추출하는 API, 블루투스 API, 2D/3D를 처리를 빠르게 하는 캔버스 API, 게임 패드 입력 API, 위치 정보 API, 드래그앤드롭 API, 이미지 동영상 캡처 API, 네트워크 정보 API, 웹 오디오 미디 처리 API 등 많은 웹 API가 있습니다.

HTML5 시대부터는 웹 브라우저에서 미디 처리도 가능하고 실시간 동영상 스트리밍도 가능합니다. 웹에서 3D 게임도 돌릴 수 있습니다. 많은 내용을 알수록 자신이 원하는 것을 더 많이 만들어낼 수 있습니다.

마무리

▶ 3가지 키워드로 정리하는 핵심 포인트

- **이벤트 모델**은 이벤트를 연결하는 방법을 의미합니다.
- **이벤트 객체**는 이벤트 리스너의 첫 번째 매개변수로 이벤트와 관련된 정보가 들어있습니다.
- **이벤트 발생 객체**는 이벤트를 발생시킨 객체를 의미합니다. 이벤트 객체의 currentTarget 속성을 사용해서 확인할 수 있습니다.

▶ 확인 문제

1. 다음 이벤트 모델의 이름과 코드를 연결해주세요. 식별자 listener는 이벤트 리스너입니다.

    ⓐ 표준 이벤트 모델 •

    ⓑ 인라인 이벤트 모델 •

    ⓒ 고전 이벤트 모델 •

    • ①
    ```
    document.body.onload = listener
    ```

    • ②
    ```
    <body onload="listener()">
    </body>
    ```

    • ③
    ```
    document.body.addEventListener('load',
    listener)
    ```

2. 다음 중에서 체크 박스와 라디오 버튼 등 입력 양식의 체크 상태를 확인할 때 사용하는 속성을 골라주세요.

    ① selected
    ② isChecked
    ③ checked
    ④ isSelected

3. 다음 이벤트 이름과 이벤트가 발생하는 상황을 연결해주세요.

ⓐ contextmenu   •

ⓑ change   •

ⓒ keyup   •

ⓓ blur   •

  • ① 입력 양식의 값이 변경될 때

  • ② 마우스 오른쪽 클릭 등으로 컨텍스트 메뉴를 출력할 때

  • ③ 키보드 키가 떨어질 때

  • ④ 입력 양식의 초점이 해제될 때

4. 다음 중 기본 이벤트를 막는 메소드 이름을 골라주세요.

① preventDefault()

② prevent()

③ removeDefault()

④ default(false)

5. 다음 중 이벤트 리스너 내부에서 이벤트 발생 객체를 찾는 코드로 알맞은 것을 모두 골라주세요(이벤트 객체를 event라고 가정합니다).

① event.current

② event.currentTarget

③ this

④ this.currentTarget

6. 본문에서 살펴본 입력 양식들을 활용해서 만들 수 있는 프로그램을 5개만 생각해보세요. 간단한 프로그램이라도 좋으니 다양하게 발상해보기 바랍니다.

①

②

③

④

⑤

08

이번 장에서는 프로그램이 실행되는 동안 발생하는 문제를 처리하는 예외 처리를 배웁니다. 사실 이 책에 있는 예제가 그렇게 큰 규모도 아니고 문제가 발생할만한 테스트는 하지 않으므로 예외 처리의 필요성을 느끼지 못할 수도 있으나, 실무에서는 매우 많이 사용하므로 잘 알아두세요.

예외 처리

학습목표

- 구문 오류와 예외를 구분할 수 있습니다.
- 기본 예외 처리와 고급 예외 처리를 이해합니다.
- 예외를 왜 발생시켜야 하는지 이해합니다.
- 예외를 강제로 발생시키는 방법을 이해합니다.

08-1 구문 오류와 예외

핵심 키워드

`구문 오류` `예외(런타임 오류)` `예외 처리` `try catch finally 구문`

실무에서 개발할 때는 코드의 규모가 크기도 하고, 분명 숫자를 입력하려고 했는데 다른 것을 입력해버리는 실수 등을 할 수도 있습니다. 실무에서 이러한 처리를 하는 방법을 배웁니다.

시작하기 전에

지금까지 책의 예제를 따라하면서 한 번쯤은 오타 등으로 인해 오류를 발생시킨 경험이 있을 것입니다. 자바스크립트는 코드를 작성했을 때 '코드가 실행조차 되지 않는 오류'와 '코드 실행 중간에 발생하는 오류'라는 2가지 종류의 오류가 있습니다.

괄호 개수를 잘못 입력하는 등의 오류로 코드가 실행조차 되지 않는 오류를 **구문 오류**syntax error라고 하고, 이러한 문법적 오류를 제외하고 코드 실행 중간에 발생하는 오류를 **예외**exception라고 부릅니다. 그리고 이를 처리하는 것을 **예외 처리**exception handling라고 부릅니다.

이 책에 있는 예제는 그렇게 큰 규모가 아니기 때문에 많은 예외 상황이 발생하지 않아 그 필요성을 느끼지 못할 수도 있습니다. 하지만 실무에서는 매우 많이 사용하므로 꼭 기억해두세요. 이번 절에서는 구문 오류와 예외, 2가지 상황을 모두 살펴보겠습니다.

오류의 종류

프로그래밍 언어의 오류^{error}에는 크게 2가지 종류가 있습니다.

- 프로그램 실행 전에 발생하는 오류

- 프로그램 실행 중에 발생하는 오류

2가지 모두 '오류'라고 부릅니다. 프로그램 실행 전에 발생하는 오류를 **구문 오류**^{syntax error}라고 부르며, 프로그램 실행 중에 발생하는 오류를 **예외**^{exception} 또는 **런타임 오류**^{runtime error}라고 구분하여 부릅니다. 먼저 구문 오류부터 살펴보겠습니다.

구문 오류

구문 오류는 괄호의 짝을 맞추지 않았다든지, 문자열을 열었는데 닫지 않았다든지 할 때 발생하는 오류입니다. 이러한 구문 오류가 있으면 웹 브라우저가 코드를 분석조차 하지 못하므로 실행 되지 않습니다.

간단하게 구문 오류를 발생시킨 후, 어떻게 출력되는지 확인해보겠습니다. 다음 코드는 console.log() 메소드를 입력할 때 마지막에 닫는 괄호를 입력하지 않아서 괄호가 제대로 닫히지 않은 경우입니다.

구문 오류가 발생하는 코드

```
<script>
  // 프로그램 시작 확인
  console.log("# 프로그램이 시작되었습니다!")

  // 구문 오류가 발생하는 부분
  console.log("괄호를 닫지 않는 실수를 했습니다    └──→ 함수 뒤에 괄호를 닫지 않았습니다.
</script>
```

코드를 실행하고 콘솔을 보면 곧바로 Syntax Error라는 오류가 발생한 것을 확인할 수 있습니다. 구문 오류라는 의미입니다.

🔲 **구문 오류**

ⓧ Uncaught SyntaxError: missing) after argument list

크롬 개발자 도구에서 오류 오른쪽의 파일 이름과 줄 번호를 클릭하면 오류가 있는 부분을 보여줍니다.

"missing) after argument list"라는 오류 메시지가 나옵니다. 괄호가 닫히지 않았다고 바로 알려주므로 해당 위치의 괄호를 제대로 닫아주면 오류를 해결할 수 있습니다.

구문 오류 해결

```
<script>
    // 프로그램 시작 확인
    console.log("# 프로그램이 시작되었습니다!")


    // 구문 오류가 발생하는 부분 해결
    console.log("괄호를 닫지 않는 실수를 했습니다")
</script>
```
괄호를 닫아서 문제를 해결했습니다.

구문 오류는 실행 전에 웹 브라우저가 "제가 코드를 읽어봤는데 이런 곳에 문제가 있어서 실행조차 안 됩니다. 해결해주면 좋겠습니다"라는 형태로 오류의 위치를 사전에 정확하게 짚어서 알려줍니다. 따라서 쉽게 해결할 수 있는 오류에 속합니다.

예외

예외exception 또는 런타임 오류runtime error는 실행 중에 발생하는 오류를 의미합니다. 예를 들어 다음 코드를 살펴봅시다. console.log() 메소드를 사용해야 하는데 console.rog()라고 잘못 입력한 상태입니다.

예외가 발생하는 코드

```
<script>
    // 프로그램 시작 확인
    console.log("# 프로그램이 시작되었습니다!")


    // 구문 오류가 발생하는 부분
    console.rog("log를 rog로 잘못 입력했습니다")
</script>        └──→ 식별자를 잘못 입력했습니다.
```

코드를 실행하고 콘솔을 살펴봅시다. 마찬가지로 오류가 발생해서 오류를 출력합니다.

그런데 이전 코드와 큰 차이점이 있습니다. 바로 "# 프로그램이 시작되었습니다!"라는 문자열을 출력했다는 것입니다. 즉 일단 코드는 실행됩니다.

```
┌─ 📝 예외 ─────────────────────────────────────────────────────────
│
│  # 프로그램이 시작되었습니다!  ────→ 일단 코드가 실행되었으므로 첫 번째 console.log() 메소드는 실행됩니다.
│
│  ⊗ Uncaught TypeError: console.rog is not a function
│
└───────────────────────────────────────────────────────────────────
```

하지만 console.rog() 줄을 읽는 순간 rog라는 식별자가 없어서 undefined인데, 이를 함수 호출 형태로 사용하니 "console.rog는 함수가 아니에요"라고 오류를 출력하는 것입니다.

이처럼 실행 중에 발생하는 오류가 예외입니다. 자바스크립트에서는 SyntaxError라고 출력되는 오류 이외의 모든 오류(TypeError, ReferenceError, RangeError)가 예외로 분류됩니다.

현재 코드의 예외는 오탈자 수정을 통해서 간단하게 수정할 수 있습니다.

예외 해결

```
<script>
  // 프로그램 시작 확인
  console.log("# 프로그램이 시작되었습니다!")


  // 구문 오류가 발생하는 부분
  console.log("log를 rog로 잘못 입력했습니다")
</script>  ──→ 식별자를 제대로 적어주면 문제가 해결됩니다.
```

그런데 예외 중에는 오탈자를 고치는 것만으로는 해결할 수 없는 예외도 있습니다.

기본 예외 처리

조건문을 사용해서 예외가 발생하지 않게 만드는 것을 **기본 예외 처리**라고 부릅니다. 이전보다는 약간 복잡한 예제를 사용해서 기본 예외 처리를 살펴봅시다.

다음 코드는 querySelector() 메소드로 문서 객체를 추출한 뒤 textContent 속성에 글자를 할당하는 코드입니다. 그런데 body 태그 내부에 h1 태그가 없습니다. 따라서 예외가 발생합니다.

 직접 해보는 손코딩

querySelector() 메소드로 추출된 문서 객체가 없는 경우   소스 코드 8-1-1.html

```
01 <body>
02
03 </body>
04 <script>
05   document.addEventListener('DOMContentLoaded', () => {
06     const h1 = document.querySelector('h1')
07     h1.textContent = '안녕하세요'
08   })
09 </script>
```

```
🖥 오류

ⓧ Uncaught TypeError: Cannot set property 'textContent' of null
    at HTMLDocument.<anonymous> (test.html:7)
```

문서 객체를 선택했는데 문서 객체가 없는 경우라면, 다음과 같이 조건문으로 h1이 존재하는 경우에만 textContent 속성을 변경하도록 예외 처리를 할 수 있습니다.

기본 예외 처리 소스 코드 8-1-2.html

```
01 <body>
02
03 </body>
04 <script>
05   document.addEventListener('DOMContentLoaded', () => {
06     const h1 = document.querySelector('h1')
07     if (h1) {          ──→ h1이 존재하면 true로 변환되고, 존재하지 않으면 false로 변환됩니다.
08       h1.textContent = '안녕하세요'
09     } else {
10       console.log('h1 태그를 추출할 수 없습니다.')
11     }
12   })
13 </script>
```

> 🖾 실행 결과   ✕
>
> h1 태그를 추출할 수 없습니다.

자바스크립트는 다른 프로그래밍 언어와 비교해서 굉장히 유연하기 때문에 예외를 발생할 가능성이 적은 편입니다. 예를 들어 대부분의 프로그래밍 언어는 배열의 길이를 넘는 위치를 선택할 경우 오류를 발생하지만 자바스크립트는 undefined를 출력하기만 합니다.

```
> const array = [52, 273, 32, 103, 57]
> array[10]
undefined
```

이와 같은 유연함 때문에 예외를 발생하지 않는다고 좋은 것은 아닙니다. 프로그램에 문제가 발생했는데도 죽지 않고 실행되면 계속해서 문제를 만들 가능성이 있습니다. 따라서 문제가 발생할 수 있는 부분은 조건문 등으로 처리해주어야 합니다.

고급 예외 처리

이전 절에서 알아보았던 예외를 조금 더 쉽게 잡을 수 있는 기능으로 try catch finally 구문이 있습니다. 이와 같은 try catch finally 구문을 사용해서 예외를 처리하는 방법을 고급 예외 처리라고 부릅니다.

try catch finally 구문의 기본적인 형태는 다음과 같습니다.

```
try {
    // 예외가 발생할 가능성이 있는 코드
} catch (exception) {
    // 예외가 발생했을 때 실행할 코드
} finally {
    // 무조건 실행할 코드        ──→ finally 구문은 필요한 경우에만 사용합니다.
}
```

try 구문 안에서 예외를 발생하면 이를 catch 구문에서 처리합니다. finally 구문은 필수 사항은 아니며 예외 발생 여부와 상관없이 수행해야 하는 작업이 있을 때 사용합니다.

다음 코드는 변수 willExcept 자체가 존재하지 않는데, willExcept의 byeBye() 메소드를 사용합니다. willExcept 객체도 없고 byeBye() 메소드도 존재하지 않습니다. 따라서 프로그램은 예외를 발생해서 종료됩니다. 예외 처리를 살펴보기 위한 예제이므로 강제로 예외를 발생시킨 것입니다.

```
<script>
  try {
    willExcept.byeBye()      ──→ 예외를 발생합니다.
  } catch (exception) {

  }
</script>
```

try 구문 안에서 예외가 발생하면 더 이상 try 구문을 진행하지 않고 catch 구문을 실행합니다. 다음 코드는 willExcept.byeBye()를 실행하려는 순간 예외가 발생해 catch 구문을 실행합니다. 따라서 첫 번째 console.log() 메소드의 출력은 하지 않으며, 2번째 내용만 출력합니다.

try catch 구문의 사용 소스 코드 8-1-3.html

```
01 <script>
02   try {
03     willExcept.byeBye()
04     console.log("try 구문의 마지막 줄")
05   } catch (exception) {
06     console.log("catch 구문의 마지막 줄")
07   }
08 </script>
```

위에서 예외가 발생하므로, 실행되지 않고 catch 구문으로 이동합니다.

실행 결과 ✕

catch 구문의 마지막 줄

finally 구문과 관련된 자세한 설명은 372쪽 〈좀 더 알아보기〉에서 살펴볼 예정이지만, 간단하게 코드를 입력해보고 넘어가겠습니다. "finally 구문은 무조건 실행된다"라는 것을 생각하면서 다음 코드의 실행 결과를 예측해보세요.

finally 구문 소스 코드 8-1-4.html

```
01 <script>
02   try {
03     willExcept.byeBye()
04     console.log("try 구문의 마지막 줄")
05   } catch (exception) {
06     console.log("catch 구문의 마지막 줄")
07   } finally {
08     console.log("finally 구문의 마지막 줄")
09   }
10 </script>
```

예외의 발생 여부와 상관 없이 무조건 실행됩니다. try 구문 내부에 있는 예외가 발생되는 코드를 지우고도 테스트 해보세요.

실행 결과 ✕

catch 구문의 마지막 줄
finally 구문의 마지막 줄

try 구문에서 예외가 발생하고 catch 구문이 실행됩니다. try 구문에서 예외가 발생하든 안 하든 무조건 finally 구문은 실행되므로 위와 같은 결과를 볼 수 있습니다.

기본 예외 처리와 고급 예외 처리 중에 어떤 것이 좋다고 쉽게 판단할 수는 없습니다. 일반적으로 기본 예외 처리를 사용하는 것이 약간은 더 빠르지만, 컴퓨터의 성능이 너무 좋아져서 차이가 거의 없습니다. 기본적으로는 편하다고 생각하는 방법을 사용하면 되고, 어떤 예외가 발생할지 예측하기 힘든 경우가 있다면 고급 예외 처리로 처리해주는 것이 좋습니다.

현재 단계에서는 예외 처리를 어떤 경우에 해야 하는지 이해하기 힘들 수 있습니다. 어떤 경우에 예외 처리를 하는지는 직접 다양한 프로그램들을 만들어보면서 경험하는 것이 제일 좋습니다.

좀 더 알아보기 | finally 구문을 사용하는 이유

try catch finally 구문을 배우고 나면 finally 구문을 왜 써야 하는지에 대해 궁금증을 가질 수 있습니다. catch 구문 내부에 finally 구문을 넣어도 결과가 비슷하게 나올 수 있다고 생각하기 때문입니다. 그 차이를 확인할 수 있는 코드를 살펴보겠습니다.

두 코드의 실행 결과를 예측해보세요. catch 구문 내부에서 return 키워드를 사용한 경우입니다.

직접 해보는 손코딩

예외 처리 구문 내부에서 return 사용하기(1) 　소스 코드 8-1-5.html

```
01 <script>
02   function test () {
03     try {
04       alert('A 위치입니다.')
05       throw "예외 강제 발생"
06     } catch (exception) {
07       alert('B 위치입니다.')
08       return
09     }
10     alert('C 위치입니다.')
11   }
12
13   // 함수를 호출합니다.
14   test()
15 </script>
```

> throw 키워드로 예외를 강제로 발생시킵니다.
> 자세한 내용은 378쪽에서 다룹니다.

실행 결과 ✕
A 위치입니다.
B 위치입니다.

예외 처리 구문 내부에서 return 사용하기(2)   소스 코드 8-1-6.html

```
01 <script>
02   function test () {
03     try {
04       alert('A 위치입니다.')
05       throw "예외 강제 발생"
06     } catch (exception) {
07       alert('B 위치입니다.')
08       return
09     } finally {
10       alert('C 위치입니다.')
11     }
12   }
13
14   // 함수를 호출합니다.
14   test()
16 </script>
```

> **실행 결과**   ✕
> A 위치입니다.
> B 위치입니다.
> C 위치입니다.

코드를 실행하면 예제(1)은 "A 위치입니다."와 "B 위치입니다."만 출력합니다. return 키워드를 사용해 함수를 벗어났으므로 "C 위치입니다."라는 글자를 출력하지 않는 것입니다.

하지만 예제(2)는 "A 위치입니다.", "B 위치입니다.", "C 위치입니다."를 모두 출력합니다. 이는 finally 구문을 반드시 실행한다는 특성 때문입니다.

이처럼 다음과 같은 경우에 결과가 달라집니다.

- try catch 구문 내부에서 return 키워드를 만날 때
- try catch 구문 내부에서 break 또는 continue 키워드를 만날 때

웹 브라우저에서 사용하는 자바스크립트에서는 이를 자세하게 기억할 필요는 없지만, Node.js처럼 서버로 사용하는 자바스크립트에서는 이러한 내용을 알아야 안전하게 코드를 작성할 수 있습니다.

> finally 키워드를 언제 사용하는지 꼭 기억해두세요.

마무리

▶ 4가지 키워드로 정리하는 핵심 포인트

- **구문 오류**는 프로그램 실행 전에 발생하는 코드의 문법적인 문제로 발생하는 오류를 의미합니다.

- **예외**는 프로그램 실행 중에 발생하는 모든 오류를 의미합니다.

- **예외 처리**는 예외가 발생했을 때 프로그램이 중단되지 않게 하는 처리입니다. 구문 오류는 예외 처리로 처리할 수 없습니다.

- **try catch finally 구문**은 try 구문 인에서 예외가 발생하면 catch 구문에서 처리하고, finally 구문은 예외 발생 여부와 상관없이 실행해야 하는 작업이 있을 때 사용합니다.

▶ 확인 문제

1. 다음 코드 중에서 구문 오류가 발생하는 코드를 고르세요.

①
```
<script>
  cons a = 10
  console.log(a * a)
</script>
```

②
```
<script>
  console.llog('안녕하세요')
</script>
```

③
```
<script>
  const number = 10
  consle.log(number() + number())
</script>
```

④
```
<script>
  const number = 20
  console.log(number[20])
</script>
```

> hint 1. 자바스크립트는 "이건 안 될 것 같은데"하는 것이 대부분 실행되는 프로그래밍 언어입니다. 잘 모르겠다면 실제로 코드를 실행해보기 바랍니다.

2. 예외 처리 구문의 조합으로 옳지 않은 것을 고르세요.

① try {} catch (exception) {} finally {}

② try {} finally {}

③ try {} finally {} catch (exception) {}

④ try {} catch (exception) {}

3. 다음 코드 중에서 try catch finally 구문으로 처리할 수 없는 코드를 고르세요.

①
```
<script>
  error.error.error()
</script>
```

②
```
<script>
  let array = [1, 2, 3, 4, 5]
  console.log (array[-100])
</script>
```

③
```
<script>
  let number = NEW Number(10)
</script>
```

④
```
<script>
  let number = 20
  number()
</script>
```

08-2 예외 처리 고급

핵심 키워드

예외 객체   throw 구문

고급 예외 처리 구문을 사용하면 예외 처리와 관련된 추가 기능들을 활용할 수 있습니다. 바로 예외 객체와 throw 구문입니다. 과거에는 이러한 고급 기능을 거의 사용하지 않았지만, 현재 자바스크립트 프로그램 개발에는 2가지 모두 적극적으로 사용되고 있습니다.

시작하기 전에

현실에서 어떤 사건이 발생하면 '누가, 언제, 어디서, 무엇을, 어떻게, 왜'라는 정보가 생깁니다. 프로그래밍 언어에서도 예외가 발생하면 예외와 발생된 정보를 확인할 수 있습니다. 이러한 정보를 확인할 수 있게 해주는 것이 예외 객체exception object입니다.

그런데 자바스크립트는 다른 프로그래밍 언어와 비교해서 대체적으로 예외가 거의 발생하지 않는 프로그래밍 언어입니다. 이는 프로그램에 수많은 버그를 일으킬 수 있는 요소가 되기도 합니다. 그래서 개발자가 예외를 강제로 발생시켜줘야 하는 경우가 많습니다. 예외를 강제로 발생시킬 때 throw 키워드를 사용합니다. throw 키워드를 이용해 예외를 어떻게 강제로 발생시킬 수 있는지 알아보겠습니다.

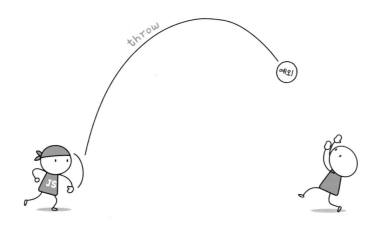

예외 객체

try catch 구문을 사용할 때 catch의 괄호 안에 입력하는 식별자가 **예외 객체**exception object입니다. 아무 식별자나 입력해도 괜찮지만, 일반적으로 e나 exception이라는 식별자를 사용합니다.

```
try {

} catch (exception) {
              ↓
         예외 객체입니다.
}
```

예외 객체가 갖고 있는 속성은 브라우저에 따라 조금씩 다릅니다. 모든 웹 브라우저가 공통적으로 갖고 있는 속성을 정리하면 다음과 같습니다.

예외 객체의 속성

속성 이름	설명
name	예외 이름
message	예외 메시지

그럼 실제로 예외를 발생시키고 예외 처리를 한 뒤에 예외 객체를 출력해보겠습니다. 〈직접 해보는 손코딩〉으로 살펴볼 예제는 자바스크립트의 배열 크기가 한정되어 있기 때문에 배열을 너무 크게 선언하면 오류를 발생하는 것을 이용해 이를 예외 처리하고, 오류를 출력해보는 코드입니다. 자바스크립트의 배열 크기는 4,294,967,295까지 가능합니다.

직접 해보는 손코딩

예외 정보 출력하기 소스 코드 8-2-1.html

```
01 <script>
02   try {
03     const array = new Array(999999999999999)
04   } catch (exception) {
05     console.log(exception)
06     console.log()
07     console.log(`예외 이름: ${exception.name}`)
08     console.log(`예외 메시지: ${exception.message}`)
09   }
10 </script>
```

실행 결과   ✕

RangeError: Invalid array length
    at 8-2-1.html1:7
         파일 이름 ←   → 줄번호
예외 이름: RangeError
예외 메시지: Invalid array length

이후에 자바스크립트를 사용해 데스크톱 또는 모바일 애플리케이션 등을 만든다면 사용자가 애플리케이션을 사용하는 중 예외가 발생했을 때, 어떤 예외가 발생했는지 예외 객체의 내용을 웹 요청과 메일 등으로 전달받을 수 있게 구현해보세요(물론 사용자에게는 요청에 대한 동의를 구해야 합니다). 사용자로부터 받은 예외 객체의 내용을 기반으로 어떤 오류가 발생했는지 확인하고 대처할 수 있습니다.

예외 강제 발생

상황에 따라서 예외를 강제로 발생시켜야 하는 경우도 있습니다. 예외를 강제로 발생시킬 때는 throw 키워드를 사용합니다. throw 구문은 다음과 같은 형태로 사용합니다.

```
// 단순하게 예외를 발생시킵니다.
throw 문자열


// 조금 더 자세하게 예외를 발생시킵니다.
throw new Error(문자열)
```

자바스크립트 콘솔에서 간단하게 사용해보겠습니다. throw 구문을 사용하면 곧바로 예외를 발생하는 것을 볼 수 있습니다. 코드 실행 중에 throw 키워드를 사용하면 예외를 발생하므로 프로그램이 중단됩니다.

```
> throw '문자열'
⊗ Uncaught 문자열

> throw new Error('문자열')
⊗ Uncaught Error: 문자열
    at 파일 이름:줄 번호
```

단순하게 문자열을 입력한 경우와 new Error() 형태의 코드를 사용한 경우의 출력이 약간 다릅니다. 2가지 모두 많이 사용되므로 꼭 기억해주세요.

new Error() 형태의 코드가 무엇인지는 '9장 클래스'에서 살펴봅니다.

throw 구문을 사용하는 예제를 살펴보겠습니다. 다음 코드는 divide() 함수를 만든 예시인데, 함수 내부에는 0으로 나눌 때 '0으로는 나눌 수 없습니다'라는 오류를 발생하도록 작성했습니다.

예외 강제로 발생시키고 잡기 소스 코드 8-2-2.html

```
01 <script>
02   function divide(a, b) {
03     if (b === 0) {
04       throw '0으로는 나눌 수 없습니다.'
05     }
06     return a / b
07   }
08
09   console.log(divide(10, 2))
10   console.log(divide(10, 0))
11 </script>
```

┌─────────────────────────────────────┐
│ 🖥 실행 결과   ✕ │
├─────────────────────────────────────┤
│ 5   │
│ ⊗ Uncaught 0으로는 나눌 수 없습니다. │
└─────────────────────────────────────┘

예외를 강제로 발생시키는 이유는 무엇일까요? 일반적으로 개발할 때는 어떤 사람이 Lodash 라이브러리처럼 다양한 기능을 가진 유틸리티 함수(또는 클래스)를 만들고, 다른 사람들이 그러한 라이브러리의 함수(또는 클래스)를 활용하는 경우가 많습니다.

내가 만든 함수를 내가 사용할 때는 아무 문제없이 사용할 수 있겠지만, 내가 만든 함수를 다른 사람이 사용할 때는 내가 의도하지 않은 형태로 코드를 사용할 수도 있습니다. 이럴 때 예외를 강제로 발생시키면 사용자에게 주의를 줄 수 있으며, 의도한 대로 처리하게 유도할 수도 있습니다.

다음과 같이 예외를 강제로 발생시켜야 하는 코드의 실행 결과를 예측해봅시다.

예외를 강제로 발생시키기 소스 코드 8-2-3.html

```
01 <script>
02   function test(object) {
03     console.log(object.a + object.b)
04   }
05
06   test({})
07 </script>
```

실행 결과 ✕

```
NaN
```

일반적인 프로그래밍 언어라면,

- object 객체에 a 속성과 b 속성이 없으므로 예외를 발생할 것이고,
- 존재하지 않는 것을 더하므로 object.a + object.b를 할 때도 예외를 발생합니다.

그러면 사용자는 자신이 잘못 사용했다는 것을 인지하고 수정할 수 있습니다.

하지만 자바스크립트는,

- object.a가 undefined로 나오며, object.b도 undefined로 나옵니다.
- 여기에서 undefined + undefined를 하면 NaN이 나옵니다.

즉 아무 오류 없이 코드가 정상적으로 실행됩니다.

이처럼 자바스크립트는 undefined와 NaN이라는 값이 있어서 다른 프로그래밍 언어에 비해서 예외를 많이 발생하지는 않습니다. 그렇기 때문에 사용자에게 함수를 잘못 사용했다는 것을 강제로라도 인지시켜줄 필요가 있다는 것입니다.

위의 코드를 안전하게 사용하게 하려면 다음과 같이 예외를 강제로 발생시켜주면 됩니다.

예외를 강제로 발생시켜서 사용 유도하기 소스 코드 8-2-4.html

```
01 <script>
02 function test(object) {
03   if (object.a !== undefined && object.b !== undefined) {
04     console.log(object.a + object.b)
05   } else {
06     throw new Error("a 속성과 b 속성을 지정하지 않았습니다.")
07   }
08 }
09
10 test({})
11</script>
```

```
📄 실행 결과                                          ✕
ⓧ Uncaught Error: a 속성과 b 속성을 지정하지 않았습니다.
```

이렇게 코드를 작성하면 사용자가 코드의 문제점을 인지하고 해결할 수 있습니다.

▶ 2가지 키워드로 정리하는 핵심 포인트

• **예외 객체**는 예외와 관련된 정보를 담은 객체를 의미합니다.

• **throw 구문**은 예외를 강제로 발생시킬 때 사용하는 구문입니다.

▶ 확인 문제

1. 다음 중 예외를 강제로 발생시킬 때 사용하는 키워드는 무엇인가요?

① raise ② exception

③ trigger ④ throw

2. 다음 중에서 예외 객체를 e라는 변수로서 추출하는 방법으로 옳은 것을 골라주세요.

①
```
<script>
  try {

  } catch (e) {

  }
</script>
```

②
```
<script>
  try (e) {

  } catch {

  }
</script>
```

③
```
<script>
  try {

  } catch {
    const e = this.exception
  }
</script>
```

④
```
<script>
  try {

  } catch as e {

  }
</script>
```

3. 다음 코드의 실행 결과를 예측해주세요.

```
<script>
  try {
    console.log('try 구문입니다')
    const array = ['사과', '바나나', '귤']
    array.forEach(() => {
      throw '예외를 강제로 발생시킵니다'
    })
  } catch (e) {
    console.log('catch 구문입니다')
  } finally {
    console.log('finally 구문입니다')
  }
</script>
```

</> 실행 결과	×

hint 3. 콜백 함수 내부에서 예외가 발생할 경우는 어떻게 될까요? 예측을 해보고, 직접 코드를 실행해서 어떻게 되는지 꼭 확인해보세요.

09

지금까지 자바스크립트의 기본적인 문법을 살펴보았습니다. 일반적인 웹 사이트를 개발할 때는 지금까지 배운 자바스크립트 문법 정도만 활용해도 됩니다. 하지만 자바스크립트를 사용해서 큰 규모의 애플리케이션을 만들 때에는 클래스라는 문법을 알아야 합니다. 이번 장에서는 클래스라는 새로운 문법에 대해서 살펴봅니다.

클래스

클래스의 기본 기능

객체 지향 패러다임　추상화　클래스　인스턴스　생성자

클래스는 객체를 효율적이고 안전하게 만들기 위해서 만들어진 문법입니다. 기존의 문법을 효율적이고 안전하게 활용하기 위해 나온 문법이므로, 지금까지의 내용을 무리 없이 따라왔다면 쉽게 이해할 수 있습니다.

시작하기 전에

전 세계의 수많은 기업과 사람들이 자신이 만든 프로그램을 공유하는 깃허브^{GitHub}의 통계를 보면 자바스크립트, 자바, 파이썬, PHP, C#, C++, 루비, C, 오브젝티브C, 스칼라, 스위프트 등의 프로그래밍 언어가 많이 사용된다고 합니다.

여기에서 C를 제외한 모든 프로그래밍 언어는 **객체 지향**$^{Object\ Oriented}$이라는 패러다임을 기반으로 만들어진 프로그래밍 언어입니다. **객체 지향 패러다임**이란 객체를 우선적으로 생각해서 프로그램을 만든다는 방법론입니다. 객체 지향 프로그래밍 언어들은 **클래스**^{class}라는 문법으로 **객체**^{object}를 효율적이고 안전하게 만들어 객체 지향 패러다임을 쉽게 프로그래밍에 적용할 수 있도록 도와줍니다. 이번 절에서는 지금까지 배운 방법으로 객체 지향 프로그래밍 방법을 배우고, 클래스 문법이 어떤 형태로 구성되었는지 살펴보겠습니다.

객체 : 속성과 메소드를 갖는 것

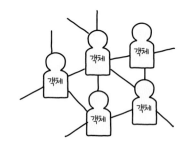

객체 지향 프로그래밍
객체를 만들고 객체들의 상호작용을
중심으로 개발하는 방법론

추상화

현재 만들어지고 있는 대부분의 프로그램은 "우리가 어떤 데이터를 활용하는가?"라는 생각으로부터 시작됩니다.

현실의 객체는 수많은 속성을 가지고 있고 그 속성들이 모두 데이터가 될 수 있습니다. 사람을 예로 들면 키, 몸무게, 얼굴 둘레, 눈썹 길이, 눈 크기, 코 크기, 입 크기, 입술 주름 개수, 입술 주름 길이, 머리카락 개수, 융털 개수, 융털 각각의 길이처럼 말이지요. 그렇기 때문에 현실에 존재하는 모든 정보를 완벽하게 컴퓨터 내부에 입력하는 것은 불가능에 가깝습니다.

그러나 다행히 프로그램을 만들 때 그러한 것이 모두 필요하지는 않습니다. 병원에서 사용하는 업무 프로그램을 만든다면 의사, 간호사, 환자, 병실, 예약 기록, 진료 기록, 입퇴원 기록과 같은 정보가 필요하고, 그 중에서 환자 정보를 사용한다면 환자 이름, 생년월일, 성별, 연락처 등만 알면 됩니다.

이와 같이 프로그램에 필요한 요소만 사용해서 객체를 표현하는 것을 **추상화**abstraction라고 부릅니다. 좀 더 포괄적인 사전적 의미로는 복잡한 자료, 모듈, 시스템 등으로부터 핵심적인 개념과 기능을 간추려내는 것을 추상화라고 합니다.

> 컴퓨터 과학에서 전반적으로 많이 사용되는 용어이므로 기억해두세요.

같은 형태의 객체 만들기

학생 성적 관리 프로그램을 만든다고 생각해봅시다. 학생이라는 객체가 필요하고, 그러한 학생들로부터 성적 관리에 필요한 공통사항을 추출하는데, 이를 추상화라고 합니다.

학생들이 여러 명이므로 추출한 요소는 배열을 이용해 관리합니다.

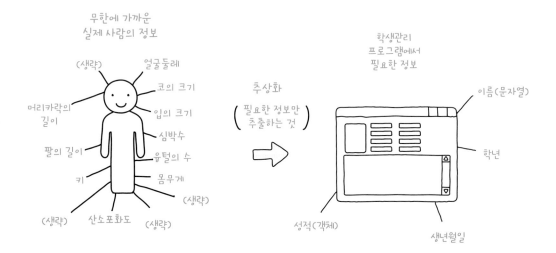

이를 간단하게 코드로 작성해보면 다음과 같습니다.

객체와 배열 조합하기 소스 코드 9-1-1.html

```
01 <script>
02   // 객체를 선언합니다.
03   const students = []
04   students.push({ 이름: '구름', 국어: 87, 영어: 98, 수학: 88, 과학: 90 })
05   students.push({ 이름: '별이', 국어: 92, 영어: 98, 수학: 96, 과학: 88 })
06   students.push({ 이름: '겨울', 국어: 76, 영어: 96, 수학: 94, 과학: 86 })
07   students.push({ 이름: '바다', 국어: 98, 영어: 52, 수학: 98, 과학: 92 })
08
09   // 출력합니다.
10   alert(JSON.stringify(students, null, 2))
11 </script>
```

객체를 JSON 문자열로 변환할 때 사용하는 메소드 입니다.

실행 결과 ✕

```
[
  {
    "이름": "구름",
    "국어": 87,
    "영어": 98,
    "수학": 88,
    "과학": 90
  },
  {
    "이름": "별이",
    "국어": 92,
    "영어": 98,
    "수학": 96,
    "과학": 88
  },
  {
    "이름": "겨울",
    ...
```

여기에서 각각의 객체에 학생들의 성적 총합과 평균을 구하는 기능을 추가한다고 해봅시다. 다음과 같이 반복문을 돌리고, 내부에서 성적의 총합을 구하고, 이를 기반으로 평균을 구하면 됩니다.

객체 활용하기 소스 코드 9-1-2.html

```
01 <script>
02   // 객체를 선언합니다.
03   const students = []
04   students.push({ 이름: '구름', 국어: 87, 영어: 98, 수학: 88, 과학: 90 })
05   students.push({ 이름: '별이', 국어: 92, 영어: 98, 수학: 96, 과학: 88 })
06   students.push({ 이름: '겨울', 국어: 76, 영어: 96, 수학: 94, 과학: 86 })
07   students.push({ 이름: '바다', 국어: 98, 영어: 52, 수학: 98, 과학: 92 })
08
09   // 출력합니다.
10   let output = '이름\t총점\t평균\n'
11   for (const s of students) {
12     const sum = s.국어 + s.영어 + s.수학 + s.과학
13     const average = sum / 4
14     output += `${s.이름}\t${sum}점\t${average}점\n`
15   }
16   console.log(output)
17 </script>
```

📝 실행 결과		✕
이름	총점	평균
구름	363점	90.75점
별이	374점	93.5점
겨울	352점	88점
바다	340점	85점

객체를 처리하는 함수

성적 총합을 구하는 기능과 평균을 구하는 기능은 여러 프로그램에서 활용될 수 있습니다. 따라서 단순하게 계산하는 것보다 함수로 만들어 놓으면 확장성을 고려했을 때 좋은 방법입니다.

getSumOf()와 getAverageOf()라는 이름으로 함수를 만들고, 매개변수로 학생 객체를 받아 총합과 평균을 구하는 프로그램을 만들어보겠습니다.

객체를 처리하는 함수(1) 소스 코드 9-1-3.html

```
01 <script>
02   // 객체를 선언합니다.
03   const students = []
04   students.push({ 이름: '구름', 국어: 87, 영어: 98, 수학: 88, 과학: 90 })
05   students.push({ 이름: '별이', 국어: 92, 영어: 98, 수학: 96, 과학: 88 })
06   students.push({ 이름: '겨울', 국어: 76, 영어: 96, 수학: 94, 과학: 86 })
07   students.push({ 이름: '바다', 국어: 98, 영어: 52, 수학: 98, 과학: 92 })
08
09   // 객체를 처리하는 함수를 선언합니다.
10   function getSumOf (student) {
11     return student.국어 + student.영어 + student.수학 + student.과학
12   }
13
14   function getAverageOf (student) {
15     return getSumOf(student) / 4
16   }
17
18   // 출력합니다.
19   let output = '이름\t총점\t평균\n'
20   for (const s of students) {
21     output += `${s.이름}\t${getSumOf(s)}점\t${getAverageOf(s)}점\n`
22   }
23   console.log(output)
24 </script>
```

객체의 속성과 기능을 만드는 부분

객체를 활용하는 부분

> **note** 실행 결과는 9-1-2.html과 같으므로 생략합니다.

전체적인 코드는 길어졌지만, 객체를 만드는 부분과 객체를 활용하는 부분으로 나누었습니다. 이렇게 코드를 분할하면 현재 시점에는 쓸데없이 코드가 길어졌다고 생각할 수 있습니다. 하지만 객체에 더 많은 기능을 추가하게 되었을 때 객체를 쉽게 유지보수할 수 있으며, 객체를 활용할 때도 더 간단하게 코드를 작성할 수 있습니다.

객체의 기능을 메소드로 추가하기

현재 코드에서는 객체가 학생 객체 하나이므로 이렇게 코드를 작성해도 문제가 없지만, 객체의 수가 늘어나면 함수 이름 충돌이 발생할 수 있습니다. 또한 매개변수에 어떤 종류의 객체를 넣을지 몰라 함수를 사용하는 데 혼동이 있을 수 있습니다. 이러한 문제를 해결하기 위해 함수 이름을 getAverageOfStudent()처럼 의미를 알 수 있도록 길게 작성할 수도 있지만, 그러면 코드의 가독성이 떨어지는 문제가 생길 수 있습니다.

그래서 개발자들은 함수를 메소드로써 객체 내부에 넣어서 활용하는 방법을 사용하기 시작합니다. 다음과 같이 반복문을 사용해 모든 객체에 getSum() 메소드와 getAverage() 메소드를 추가해보겠습니다.

직접 해보는 손코딩

객체를 처리하는 함수(2) 소스 코드 9-1-4.html

```
01 <script>
02   // 객체를 선언합니다.
03   const students = []
04   students.push({ 이름: '구름', 국어: 87, 영어: 98, 수학: 88, 과학: 90 })
05   students.push({ 이름: '별이', 국어: 92, 영어: 98, 수학: 96, 과학: 88 })
06   students.push({ 이름: '겨울', 국어: 76, 영어: 96, 수학: 94, 과학: 86 })
07   students.push({ 이름: '바다', 국어: 98, 영어: 52, 수학: 98, 과학: 92 })
08
09   // students 배열 내부의 객체 모두에 메소드를 추가합니다.
10   for (const student of students) {
11     student.getSum = function () {
12       return this.국어 + this.영어 + this.수학 + this.과학
13     }
14
15     student.getAverage = function () {
16       return this.getSum() / 4
17     }
18   }
19
20   // 출력합니다.
21   let output = '이름\t총점\t평균\n'
22   for (const s of students) {
```

```
23      output += `${s.이름}\t${s.getSum()}점\t${s.getAverage()}점\n`
24    }
25    console.log(output)
26  </script>
```

> **note** 실행 결과는 9-1-2.html과 같으므로 생략합니다.

이렇게 코드를 작성하면 함수 이름 충돌도 발생하지 않고, 함수를 잘못 사용하는 경우도 줄일 수 있습니다.

지금까지의 코드는 객체의 키와 값을 하나하나 모두 입력해서 생성했습니다. 만약 함수를 사용해서 객체를 찍어내면 어떨까요? 함수만 만들면 객체를 좀 더 손쉽게 생성할 수 있습니다. 다음 코드를 살펴보겠습니다.

직접 해보는 손코딩

객체를 생성하는 함수 소스 코드 9-1-5.html

```
01  <script>
02    function createStudent(이름, 국어, 영어, 수학, 과학) {
03      return {
04        // 속성을 선언합니다.
05        이름: 이름,
06        국어: 국어,
07        영어: 영어,
08        수학: 수학,
09        과학: 과학,
10        // 메소드를 선언합니다.
11        getSum () {
12          return this.국어 + this.영어 + this.수학 + this.과학
13        },
14        getAverage () {
15          return this.getSum() / 4
16        },
17        toString () {
18          return `${this.이름}\t${this.getSum()}점\t${this.getAverage()}점\n`
19        }
```

```
20        }
21      }
22
23      // 객체를 선언합니다.
24      const students = []
25      students.push(createStudent('구름', 87, 98, 88, 90))
26      students.push(createStudent('별이', 92, 98, 96, 88))
27      students.push(createStudent('겨울', 76, 96, 94, 86))
28      students.push(createStudent('바다', 98, 52, 98, 92))
29
30      // 출력합니다.
31      let output = '이름\t총점\t평균\n'
32      for (const s of students) {
33        output += s.toString()
34      }
35      console.log(output)
36    </script>
```

> **note** 실행 결과는 9-1-2.html과 같으므로 생략합니다.

createStudent() 함수를 만들고, 여기에 객체를 만들어 리턴하게 만들었습니다.

이렇게 함수를 만들면 여러 가지 이득이 발생합니다.

객체를 하나하나 만들 때와 비교해서

- 오탈자의 위험이 줄어듭니다.
- 코드를 입력하는 양이 크게 줄어듭니다.
- 마지막으로 속성과 메소드를 한 함수 내부에서 관리할 수 있으므로 객체를 더 손쉽게 유지보수할 수 있습니다.

그런데 현재 코드에는 눈에 보이지 않는 문제가 있습니다. 객체별로 getSum(), getAverage(), toString() 메소드를 생성하므로 함수라는 기본 자료형보다 무거운 자료형이 여러 번 생성됩니다.

클래스 선언하기

객체들을 정의하고 그러한 객체를 활용해서 프로그램을 만드는 것을 객체 지향 프로그래밍Object Oriented Programming이라고 합니다. 이 패턴을 수많은 개발자들이 활용하자 프로그래밍 언어 개발자들이 프로그래밍 언어에 객체를 더 효율적으로 만들 수 있는 문법을 추가하기 시작했습니다.

프로그래밍 언어 개발자들은 크게 클래스class와 프로토타입prototype이라는 2가지 문법으로 객체를 효율적으로 만들 수 있게 했습니다. 간단하게 구분하면 클래스는 객체를 만들 때 수많은 지원을 하는 대신 많은 제한을 거는 문법입니다. 반면 프로토타입은 제한을 많이 하지 않지만, 대신 지원도 별로 하지 않는 문법입니다.

현재 사용되는 대부분의 객체 지향 프로그래밍 언어는 클래스 문법을 제공합니다. C++, C#, 자바, 루비, 코틀린, 스위프트, PHP 등은 모두 클래스 기반의 객체 지향 프로그래밍 언어입니다. 자바스크립트는 초기에 프로토타입 문법을 제공했습니다. 하지만 시대의 모든 흐름이 클래스 문법의 승리로 이어지자, 최신 자바스크립트는 클래스 문법을 제공하기 시작했습니다.

> 이 책에서는 클래스 문법만 살펴봅니다.

클래스는 다음과 같은 형태로 생성합니다.

```
class 클래스 이름 {

}
```

클래스를 기반으로 만든 객체는 전문 용어로 인스턴스instance라고 부릅니다. 그냥 객체object라고 부르는 경우도 많습니다. 인스턴스를 생성할 때는 다음과 같은 문법을 사용합니다.

```
new 클래스 이름()
```

클래스와 인스턴스라는 새로운 용어가 등장해서 어려워 보일 수도 있지만, 다음과 같이 생각하면 쉽습니다.

- 클래스: 이전에 살펴보았던 객체를 만드는 함수와 비슷한 것
- 인스턴스(객체): 이전에 만들었던 객체를 만드는 함수로 만든 객체와 비슷한 것

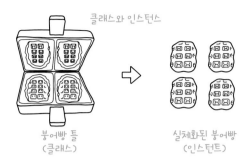

클래스와 인스턴스

붕어빵 틀
(클래스)

실체화된 붕어빵
(인스턴트)

학생을 나타내는 Student 클래스를 만들고, 인스턴스를 생성하는 코드를 작성해 실행해보겠습니다.

클래스 선언하고 인스턴스 생성하기 `소스 코드  9-1-6.html`

```
01 <script>
02   // 클래스를 선언합니다.
03   class Student {
04
05   }
06
07   // 학생을 선언합니다.
08   const student = new Student()
09
10   // 학생 리스트를 선언합니다.
11   const students = [
12     new Student(),
13     new Student(),
14     new Student(),
15     new Student()
16   ]
17 </script>
```

참고로 **클래스 이름**은 첫 글자를 대문자로 지정하는 것이 개발자들의 약속입니다. 첫 번째 글자를 소문자로 지정해도 오류를 발생하지는 않지만, 식별자만 보고도 클래스라는 것을 바로 이해할 수 있도록 첫 글자를 대문자로 만드는 약속을 지키는 것이 좋습니다. 그래서 현재 코드에서도 Student 클래스는 첫 글자를 대문자로 지정한 것입니다.

생성자

new Student()라는 코드를 보면 Student 뒤에 함수처럼 괄호를 열고 닫는 기호가 있습니다. 이는 객체가 생성될 때 호출되는 **생성자**constructor라는 이름의 함수입니다. 생성자는 다음과 같은 형태로 만듭니다. 메소드의 이름을 constructor로 지정했지만 constructor라는 이름으로 사용하는 것이 아니라 new Student()처럼 클래스 이름으로 호출합니다.

```
class 클래스 이름 {
  constructor () {
    /* 생성자 코드 */
  }
}
```

생성자는 클래스를 기반으로 인스턴스를 생성할 때 처음 호출되는 메소드입니다. 따라서 생성자에서는 속성을 추가하는 등 객체의 초기화 처리를 합니다.

직접 해보는 손코딩

생성자 함수와 속성 추가하기 　소스 코드 9-1-7.html

```
01 <script>
02   class Student {
03     constructor (이름, 국어, 영어, 수학, 과학) {
04       this.이름 = 이름
05       this.국어 = 국어
06       this.영어 = 영어
07       this.수학 = 수학
08       this.과학 = 과학
09     }
10   }
11
12   // 객체를 선언합니다.
13   const students = []
14   students.push(new Student('구름', 87, 98, 88, 90))
15   students.push(new Student('별이', 92, 98, 96, 88))
16   students.push(new Student('겨울', 76, 96, 94, 86))
17   students.push(new Student('바다', 98, 52, 98, 92))
18 </script>
```

메소드

메소드^{method}는 다음과 같은 형태로 추가합니다. 이렇게 메소드를 만들면 내부적으로 메소드가 중복되지 않고 하나만 생성되어 활용됩니다.

메소드 추가하기 소스 코드 9-1-8.html

```
01  <script>
02    class Student {
03      constructor (이름, 국어, 영어, 수학, 과학) {
04        this.이름 = 이름
05        this.국어 = 국어
06        this.영어 = 영어
07        this.수학 = 수학
08        this.과학 = 과학
09      }
10
11      getSum () {
12        return this.국어 + this.영어 + this.수학 + this.과학
13      }
14      getAverage () {
15        return this.getSum() / 4
16      }
17      toString () {
18        return `${this.이름}\t${this.getSum()}점\t${this.getAverage()}점\n`
19      }
20    }
21
22    // 객체를 선언합니다.
23    const students = []
24    students.push(new Student('구름', 87, 98, 88, 90))
25    students.push(new Student('별이', 92, 98, 96, 88))
26    students.push(new Student('겨울', 76, 96, 94, 86))
27    students.push(new Student('바다', 98, 52, 98, 92))
28
```

> 처음 코드를 입력할 때, 메소드 사이에 쉼표를 넣는 실수를 하는 경우가 있는데, 쉼표가 있으면 안 됩니다.

```
29    // 출력합니다.
30    let output = '이름\t총점\t평균\n'
31    for (const s of students) {
32      output += s.toString()
33    }
34    console.log(output)
35  </script>
```

> note 실행 결과는 9-1-2.html과 같으므로 생략합니다.

지금까지 클래스가 어떤 형태로 등장했는지 살펴보았습니다. 현재까지 살펴본 내용을 보면 함수를 사용해서 객체를 만드는 것과 큰 차이가 없다는 생각이 들 것입니다. 클래스라는 문법이 객체를 만들 때 어떠한 지원을 해주고, 어떠한 제한을 걸어주는지는 이어지는 절에서 살펴보겠습니다.

현재 단계에서는 클래스를 선언하는 방법과 생성자, 속성, 메소드를 만드는 방법을 꼭 기억해두세요.

▶ 5가지 키워드로 정리하는 핵심 포인트

- **객체 지향 패러다임**은 객체를 우선적으로 생각해서 프로그램을 만든다는 방법론을 의미합니다.

- **추상화**는 프로그램에서 필요한 요소만을 사용해서 객체를 표현하는 것을 의미합니다.

- **클래스**는 객체를 안전하고 효율적으로 만들 수 있게 해주는 문법입니다.

- **인스턴스**는 클래스를 기반으로 생성한 객체를 의미합니다.

- **생성자**는 클래스를 기반으로 인스턴스를 생성할 때 처음 호출되는 메소드입니다.

▶ 확인 문제

1. 다음 중에서 옳지 않은 것을 골라주세요.

① 클래스 내부에서 this 키워드는 객체(인스턴스)를 의미합니다.
② 클래스 생성자를 만들 때는 클래스 이름과 같은 메소드를 사용합니다.
③ 객체(인스턴스)가 가진 속성과 메소드에 접근할 때는 온점(.)을 사용합니다.
④ 클래스는 class 키워드로 만듭니다.

`hint` 1. 프로그래밍 언어에 따라서 클래스를 만드는 방법이 조금씩 다릅니다.

2. 여러 가지 프로그램에 들어 있는 객체를 생각해보세요. 예를 들어 배달 애플리케이션이라면 가게, 메뉴, 주문 내역, 리뷰, 회원 등의 객체를 생각해볼 수 있습니다. 또 이러한 객체의 속성을 생각해볼 수도 있습니다. 가게 객체라면 이름, 주소, 영업시간, 전화번호 등의 속성을 생각해볼 수 있습니다. 3가지 정도의 프로그램을 살펴보면서 다음과 같이 정리해보세요.

프로그램	객체	속성
배달 애플리케이션	가게	이름, 주소, 영업시간, 전화번호, 리뷰 목록 등
	메뉴	이름, 사진, 가격 등
	회원	이름, 주소, 전화번호 등

3. 같은 객체라도 프로그램에 따라서 속성이 달라질 수 있습니다. 배달 애플리케이션에서 가게 정보는 이름, 주소, 전화번호, 메뉴, 리뷰 등을 저장합니다. 세금 관리 애플리케이션에서는 가게 정보 중 메뉴와 리뷰 같은 것은 필요 없습니다. 대신 사업자등록증 번호, 매출 상세 목록 등이 필요합니다. 이처럼 같은 것을 나타내는 객체라도 다른 속성을 갖게 되는 것을 3가지 정도 생각해보세요.

①

②

③

4. 프로그램에는 다양한 기능이 있습니다. 음식 애플리케이션이라면 "어떤 버튼을 누르면 가게에 전화가 걸린다", "어떤 버튼을 누르면 메뉴를 주문할 수 있다", "어떤 버튼을 누르면 리뷰목록에 리뷰를 추가할 수 있다" 등의 기능을 생각해볼 수 있습니다. 그리고 이런 기능은 어떤 객체와 연결되어 있는 경우가 많습니다. "어떤 버튼을 누르면 가게에 전화가 걸린다"는 가게와 연결된 기능일 것이며, "어떤 버튼을 누르면 메뉴를 주문할 수 있다"는 장바구니와 메뉴가함께 연결된 기능일 것입니다. 여러 프로그램을 살펴보고 기능들이 어떤 객체와 연결되어 있을지 3가지 정도 생각해보세요.

①

②

③

09-2

클래스의 고급 기능

핵심 키워드

상속　　private 속성/메소드　　게터/세터　　오버라이드

이전 절까지 살펴본 클래스는 단순하게 객체를 만들어서 사용하는 것과 큰 차이를 느끼지 못했을 것입니다. 이번 절에서는 클래스의 추가적인 문법을 살펴보면서 자바스크립트의 클래스가 어떻게 객체를 더 안전하고 효율적으로 생성하는지 알아보겠습니다.

시작하기 전에

클래스라는 문법은 객체를 더 안전하고 효율적으로 생성하기 위해 만들어진 문법입니다. 즉 클래스 문법들은 '어떤 위험이 있어서', '어떤 비효율이 있어서'라는 이유를 기반으로 만들어졌습니다. 따라서 '어떤 위험'과 '어떤 비효율'이 있었는지 이해할 수 있어야 문법을 제대로 활용할 수 있습니다.

이번 절에서는 제시되는 코드 예제에 어떠한 문제가 있는지 파악한 뒤, 새로운 문법을 살펴보면서 문제를 해결하는 형태로 진행하겠습니다.

문제 파악

문제 해결

상속

다음 코드는 Rectangle이라는 사각형을 나타내는 클래스를 선언하고 사용하는 예입니다. getPerimeter()라는 사각형의 둘레를 구하는 메소드와 getArea()라는 사각형의 넓이를 구하는 메소드를 추가했습니다.

직접 해보는 손코딩

Rectangle 클래스   소스 코드 9-2-1.html

```
01 <script>
02   class Rectangle {
03     constructor (width, height) {
04       this.width = width
05       this.height = height
06     }
07
08     // 사각형의 둘레를 구하는 메소드
09     getPerimeter () {
10       return 2 * (this.width + this.height)
11     }
12
13     // 사각형의 넓이를 구하는 메소드
14     getArea () {
15       return this.width * this.height
16     }
17   }
18
19   const rectangle = new Rectangle(10, 20)
20   console.log(`사각형의 둘레: ${rectangle.getPerimeter()}`)
21   console.log(`사각형의 넓이: ${rectangle.getArea()}`)
22 </script>
```

> **실행 결과**   ✕
>
> 사각형의 둘레: 60
> 사각형의 넓이: 200

도형을 더 추가하고 싶어서 Square라는 이름의 정사각형을 나타내는 클래스를 추가합니다.

Square 클래스 추가하기 소스 코드 9-2-2.html

```
01 <script>
02   // 사각형 클래스
03   class Rectangle {
04     constructor (width, height) {
05       this.width = width
06       this.height = height
07     }
08
09     // 사각형의 둘레를 구하는 메소드
10     getPerimeter () {
11       return 2 * (this.width + this.height)
12     }
13
14     // 사각형의 넓이를 구하는 메소드
15     getArea () {
16       return this.width * this.height
17     }
18   }
19
20   // 정사각형 클래스
21   class Square {
22     constructor (length) {
23       this.length = length
24     }
25
26     // 정사각형의 둘레를 구하는 메소드
27     getPerimeter () {
28       return 4 * this.length
29     }
30
31     // 정사각형의 넓이를 구하는 메소드
32     getArea () {
33       return this.length * this.length
```

```
34       }
35     }
36
37     // 클래스 사용하기
38     const square = new Square(10)
39     console.log(`정사각형의 둘레: ${square.getPerimeter()}`)
40     console.log(`정사각형의 넓이: ${square.getArea()}`)
41   </script>
```

⟨/⟩ **실행 결과**   ✕

정사각형의 둘레: 40
정사각형의 넓이: 100

코드를 보면 Rectangle 클래스와 Square 클래스는 큰 차이가 없습니다. 둘 다 사각형이다 보니 둘레를 구하는 메소드와 넓이를 구하는 메소드가 비슷합니다.

클래스를 분리하는 것이 클래스를 활용하는 쪽에서는 편리하겠지만, 분리하면 클래스 선언 부분이 복잡해지는 문제가 발생합니다. 이런 문제를 해결하기 위해 나온 것이 상속입니다. **상속**inheritance은 클래스의 선언 코드를 중복해서 작성하지 않도록 함으로써 코드의 생산 효율을 올리는 문법입니다.

기본적인 형태는 다음과 같습니다.

```
class 클래스 이름 extends 부모클래스 이름 {

}
```

상속은 '상속'이라는 이름처럼 어떤 클래스가 가지고 있는 유산(속성과 메소드)을 다른 클래스에게 물려주는 형태로 사용합니다. 이때 유산을 주는 클래스를 **부모 클래스**parent class, 유산을 받는 클래스를 **자식 클래스**child class라고 부릅니다. 코드 실행하면서 살펴보겠습니다.

직접 해보는 손코딩

사각형 클래스와 정사각형 클래스   소스 코드 9-2-3.html

```
01 <script>
02   // 사각형 클래스
03   class Rectangle {
04     constructor (width, height) {
05       this.width = width
06       this.height = height
07     }
```

```
08
09      // 사각형의 둘레를 구하는 메소드
10      getPerimeter () {
11        return 2 * (this.width + this.height)
12      }
13
14      // 사각형의 넓이를 구하는 메소드
15      getArea () {
16        return this.width * this.height
17      }
18    }
19
20    // 정사각형 클래스
21    class Square extends Rectangle {          → Square 클래스가 자식 클래스입니다.
22      constructor (length) {
23        super(length, length)                 → 부모의 생성자 함수를 호출하는 코드입니다.
24      }
25        ────→ getPerimeter() 메소드와 getArea() 메소드를 제거했습니다.
26    }
27
28    // 클래스 사용하기                           getPerimeter() 메소드와 getArea() 메소드를
29    const square = new Square(10, 20)          선언하지 않았지만, 상속 받았으므로 사용할 수 있습니다.
30    console.log(`정사각형의 둘레: ${square.getPerimeter()}`)
31    console.log(`정사각형의 넓이: ${square.getArea()}`)
32 </script>
```

> 📄 **실행 결과**　　　　✕
> 정사각형의 둘레: 40
> 정사각형의 넓이: 100

Square 클래스에서 getPerimeter() 메소드와 getArea() 메소드를 선언하지 않았습니다. 하지만 부모 클래스인 Rectangle 클래스에서 유산(속성과 메소드)을 상속받았으므로 사용할 수 있습니다.

getPerimeter() 메소드와 getArea() 메소드 내부에서 width 속성과 height 속성을 사용하고 있는데, Square 클래스를 보면 이러한 속성을 선언하는 코드조차 없어서 이상할 수 있습니다. 이와 관련해서 주목해야 하는 코드는 super(length, length)입니다. super() 함수는 부모의 생성자를 나타내는 함수입니다. super(length, length)를 호출하면 Rectangle 클래스의 constructor (width, height)가 호출되어 width 속성과 height 속성이 들어갑니다.

프로그래밍은 분업화가 매우 잘 되어 있는 분야입니다. 그래서 프로그램을 개발할 때 사용하는 거대한 규모의 클래스, 함수, 도구 등의 집합을 의미하는 프레임워크^{framework}와 엔진^{engine}이라는 것을 만드는 개발자와 이를 활용해서 다수를 대상으로 하는 서비스, 애플리케이션, 게임을 개발하는 개발자가 다른 경우가 많습니다. 전자를 **프레임워크 개발자** 또는 **엔진 개발자** 등으로 부르며, 후자를 **애플리케이션 개발자** 등으로 부릅니다.

이때 애플리케이션 개발자들이 프레임워크와 엔진을 활용하는 가장 기본적인 방법이 상속입니다. 그래서 상속을 어느 정도 알아야 프레임워크와 엔진을 다룰 수 있습니다.

> **note** 10장에서 리액트 프레임워크를 살펴볼 때도 상속이 등장합니다. 상속에 대한 문법을 잘 알고 있어야 이후에 리액트 프레임워크를 살펴볼 때 코드를 쉽게 이해할 수 있으니 꼭 기억해두세요.

private 속성과 메소드

지금부터 살펴보는 클래스의 다른 내용들은 프레임워크 개발자들이 숙지하고 있어야 하는 내용입니다. 물론 자동차를 운전하는 사람이 자동차의 기본적인 구조와 설계를 안다면 "어떻게 운전해야 연비 효율이 좋은가", "겨울에는 이런 부분에 문제가 생길 수 있으니까 미리 대비하자" 등의 발상을 할 수 있는 것처럼 애플리케이션 개발자들도 지금부터 살펴보는 내용을 잘 알아두면 프레임워크를 조금 더 깊게 이해하는 데 도움이 됩니다.

> **note** 애플리케이션 개발자를 목표로 하고 있고, 조금 살펴보니 내용이 너무 복잡하다고 생각된다면 생략하고 넘어간 후 필요할 때 살펴봐도 괜찮습니다.

개발의 규모가 커지면서 프레임워크 개발자와 애플리케이션 개발자가 나뉘자, 코드들이 위험해지기 시작했습니다. 프레임워크 개발자가 Square 클래스를 만들고, 이를 애플리케이션 개발자가 활용한다고 가정하고 다음 코드를 살펴보겠습니다.

직접 해보는 손코딩

사용자가 음수 길이를 입력한 경우　　소스 코드 **9-2-4.html**

```
01 <script>
02   // 정사각형 클래스
03   class Square {
04     constructor (length) {
05       this.length = length
06     }
```

```
07
08     getPerimeter () { return 4 * this.length }
09     getArea () { return this.length * this.length }
10   }
11
12   // 클래스 사용하기          길이에 음수를 넣어서 사용하고 있습니다.
13   const square = new Square(-10)
14   console.log(`정사각형의 둘레: ${square.getPerimeter()}`)
15   console.log(`정사각형의 넓이: ${square.getArea()}`)
16 </script>
```

실행 결과

```
정사각형의 둘레: -40
정사각형의 넓이: 100
```

현재 코드를 보면 Square 객체를 생성할 때 생성자의 매개변수로 음수를 전달하고 있습니다. 그런데 '길이'라는 것은 음수가 나올 수 없는 값입니다. 프레임워크 개발자들은 Square 클래스를 만들 때 "설마 누가 길이를 음수로 넣겠어"라고 생각했을 것입니다. 하지만 활용하는 사람은 이러한 사실을 몰랐을 수 있습니다.

> 코드를 작성할 때는 세상에 정말 다양한 사람이 있다는 사실을 기억해주세요.

이러한 문제를 막는 방법으로는 다음 코드와 같이 조건문을 활용해서 0 이하의 경우 예외를 발생시켜 클래스의 사용자에게 그렇게는 할 수 없다고 인지시켜주는 방법이 있습니다.

직접 해보는 손코딩

길이에 음수가 들어가지 않게 수정하기　소스 코드 9-2-5.html

```
01 <script>
02   // 정사각형 클래스
03   class Square {
04     constructor (length) {
05       if (length <= 0) {
06         throw '길이는 0보다 커야 합니다.'          throw 키워드를 사용해서
07       }                                              강제로 오류를 발생시킵니다.
08       this.length = length
09     }
10
```

```
11      getPerimeter () { return 4 * this.length }
12      getArea () { return this.length * this.length }
13    }
14
15    // 클래스 사용하기
16    const square = new Square(-10)
17    console.log(`정사각형의 둘레: ${square.getPerimeter()}`)
18    console.log(`정사각형의 넓이: ${square.getArea()}`)
19  </script>
```

실행 결과   ✕
Uncaught 길이는 0보다 커야 합니다.

하지만 이러한 코드만으로는 다음과 같이 생성자로 객체를 생성한 이후에 사용자가 length 속성을 변경하는 것을 막을 수 없습니다.

사용자의 잘못된 사용 예

```
// 클래스 사용하기
const square = new Square(10)
square.length = -10   ⟶  이렇게 음수를 지정하는 것은 막을 수 없습니다.
console.log(`정사각형의 둘레: ${square.getPerimeter()}`)
console.log(`정사각형의 넓이: ${square.getArea()}`)
```

이처럼 클래스 사용자가 클래스 속성(또는 메소드)을 의도하지 않은 방향으로 사용하는 것을 막아 클래스의 안정성을 확보하기 위해 나온 문법이 **private 속성**과 **메소드**입니다. 문법은 다음과 같습니다.

```
class 클래스 이름 {
  #속성 이름
  #메소드 이름 () {

  }
}
```

속성과 메소드 이름 앞에 #을 붙이기만 하면 됩니다. 이처럼 #이 붙어있는 속성과 메소드는 모두 private 속성과 메소드가 됩니다. 주의할 것이 있다면 private 속성은 사용하기 전에 미리 외부에 어떤 속성을 private 속성으로 사용하겠다고 선언해줘야 한다는 것입니다.

코드를 통해 살펴보겠습니다. 다음 코드는 이전의 length 속성을 #length 속성으로 변경했습니다.

private 속성 사용하기(1)　　소스 코드 9-2-6.html

```
01 <script>
02   // 사각형 클래스
03   class Square {
04     #length        ──→ 이 위치에 해당 속성을 private 속성으로 사용하겠다고 미리 선언합니다.
05
06     constructor (length) {
07       if (length <= 0) {
08         throw '길이는 0보다 커야 합니다.'
09       }
10       this.#length = length
11     }
12
13     getPerimeter () { return 4 * this.#length }
14     getArea () { return this.#length * this.#length }
15   }
16
17   // 클래스 사용하기
18   const square = new Square(10)
19   console.log(`정사각형의 둘레: ${square.getPerimeter()}`)
20   console.log(`정사각형의 넓이: ${square.getArea()}`)
21 </script>
```

> 🖥 **실행 결과**　　　　　　✕
> 정사각형의 둘레: 40
> 정사각형의 넓이: 100

note 이 코드는 2020년 3월 기준으로 최신 버전의 웹 브라우저에서는 작동하지만, 비주얼 스튜디오 코드 등의 에디터가 인식하지 못해 빨간 밑줄을 출력하는 문법입니다. 에디터에서 빨간 밑줄이 생겨도 실행에는 아무 문제가 없으므로 당황하지 마세요.

이렇게 private 속성으로 변경하면 클래스 외부에서는 해당 속성에 접근할 수 없습니다. 예를 들어 square 객체의 length 속성을 변경해보겠습니다. 변경해도 클래스 내부에서 사용하고 있는 속성은 #length 속성이지 length 속성이 아니므로 결과에는 어떠한 영향도 주지 않습니다.

private 속성 사용하기(2) 소스 코드 9-2-7.html

```
01 <script>
02    // 사각형 클래스
03    class Square {
04      #length  ──────→ 이 위치에 해당 속성을 private 속성으로 사용하겠다고 미리 선언합니다.
05
06      constructor (length) {
07        if (length <= 0) {
08          throw '길이는 0보다 커야 합니다.'
09        }
10        this.#length = length
11      }
12
13      getPerimeter () { return 4 * this.#length }
14      getArea () { return this.#length * this.#length }
15    }
16
17    // 클래스 사용하기
18    const square = new Square(10)
19    square.length = -10
20    console.log(`정사각형의 둘레: ${square.getPerimeter()}`)
21    console.log(`정사각형의 넓이: ${square.getArea()}`)
22 </script>
```

클래스 내부의 length 속성을 사용하여 변경합니다.

실행 결과 ✕

정사각형의 둘레: 40
정사각형의 넓이: 100

#length 속성을 사용하면 다음과 같은 오류를 발생합니다.

직접 해보는 손코딩

private 속성 사용하기(3) 소스 코드 9-2-8.html

```
01 <script>
02    // 사각형 클래스
03    class Square {
04      #length  ──────→ 이 위치에 해당 속성을 private 속성으로 사용하겠다고 미리 선언합니다.
```

```
05
06      constructor (length) {
07        if (length <= 0) {
08          throw '길이는 0보다 커야 합니다.'
09        }
10        this.#length = length
11      }
12
13      getPerimeter () { return 4 * this.#length }
14      getArea () { return this.#length * this.#length }
15    }
16
17    // 클래스 사용하기
18    const square = new Square(10)
19    square.#length = -10      ──────→ 클래스 내부의 #length 속성을 사용하여 변경합니다.
20    console.log(`정사각형의 둘레: ${square.getPerimeter()}`)
21    console.log(`정사각형의 넓이: ${square.getArea()}`)
22 </script>
```

이렇게 만든 private 속성은 클래스 외부에서는 접근할 수 없으므로 클래스 사용자가 클래스를 잘못 사용하는 문제를 줄일 수 있습니다.

게터와 세터

방금 살펴보았던 private 속성을 사용하면 외부에서는 #length 속성에 아예 접근할 수 없는 문제가 발생합니다. 현재 square 객체의 length 속성이 몇인지 확인할 수도 없고, length 속성을 변경하고 싶어도 변경할 수 없습니다.

그래서 프레임워크 개발자들은 상황에 따라서 속성을 읽고 쓸 수 있는 메소드를 만들어서 제공합니다.

게터(getter)와 세터(setter) 메소드   소스 코드 9-2-9.html

```
01 <script>
02   // 정사각형 클래스
03   class Square {
04     #length
05
06     constructor (length) {
07       this.setLength(length)
08     }
09
10     setLength (value) {
11       if (value <= 0) {
12         throw '길이는 0보다 커야 합니다.'
13       }
14       this.#length = value
15     }
16
17     getLength (value) {
18       return this.#length
19     }
20
21     getPerimeter () { return 4 * this.#length }
22     getArea () { return this.#length * this.#length }
23   }
24
25   // 클래스 사용하기
26   const square = new Square(10)
27   console.log(`한 변의 길이는 ${square.getLength()}입니다.`)
28
29   // 예외 발생시키기
30   square.setLength(-10)
31 </script>
```

함수를 사용하므로, 내부에서
예외 처리 등을 할 수 있습니다.

실행 결과 ✕

한 변의 길이는 10입니다.
⊗ Uncaught 길이는 0보다 커야 합니다.

코드를 보면 getLength() 메소드와 setLength() 메소드가 추가된 것을 볼 수 있습니다.

이때 get○○() 메소드처럼 속성 값을 확인할 때 사용하는 메소드를 게터^{getter}라고 부르며, set○○() 메소드처럼 속성에 값을 지정할 때 사용하는 메소드를 세터^{setter}라고 부릅니다.

처음 게터와 세터를 배우면 모든 private 속성에 게터와 세터를 붙이려고 하는 경우가 있습니다. 게터와 세터는 필요한 경우에만 사용합니다. 만약 사용자가 값을 읽는 것을 거부하겠다면 게터를 만들지 않아도 됩니다. 또한 사용자가 값을 지정하는 것을 거부하겠다면 세터를 만들지 않아도 됩니다. 아예 속성에 접근하지 못하게 둘 다 막을 수도 있습니다.

이러한 형태의 코드를 수많은 프레임워크 개발자들이 사용하기 시작하니, 프로그래밍 언어 개발자들은 프레임워크 개발자들이 코드를 더 쉽게 작성하고 사용할 수 있도록 다음과 같은 get 키워드와 set 키워드 문법을 제공합니다.

```
class 클래스 이름 {
  get 이름 () { return 값 }
  set 이름 (value) { }
}
```

사실 이렇게만 보면 get○○() 형태와 set○○() 형태의 메소드를 만들어서 사용하는 것이 더 쉬워보일 수도 있습니다. 하지만 이 문법을 활용하면 애플리케이션 개발자쪽의 코드가 훨씬 간단해집니다. 어떤 형태로 간단해지는지 실제 코드를 살펴보겠습니다.

직접 해보는 손코딩

get 키워드와 set 키워드 조합하기 〔 소스 코드 9-2-10.html 〕

```
01 <script>
02   // 정사각형 클래스
03   class Square {
04     #length
05
06     constructor (length) {
07       this.length = length
08     }
09
10     get length () {
11       return this.#length
```

→ this.length에 값을 지정하면, set length (length) 메소드 부분이 호출됩니다.

```
12        }
13
14      get perimeter () {
15        return this.#length * 4
16      }
17
18      get area () {
19        return this.#length * this.#length
20      }
21
22      set length (length) {
23        if (length <= 0) {
24          throw '길이는 0보다 커야 합니다.'
25        }
26        this.#length = length
27      }
28    }
29
30    // 클래스 사용하기
31    const squareA = new Square(10)
32    console.log(`한 변의 길이: ${squareA.length}`)
33    console.log(`둘레: ${squareA.perimeter}`)
34    console.log(`넓이: ${squareA.area}`)
35
36    // 예외 발생시키기
37    const squareB = new Square(-10)
38 </script>
```

속성을 사용하는 형태로 사용하면, 자동으로 게터와 세터가 호출됩니다.

```
🖥 실행 결과                                      ✕
한 변의 길이: 10
둘레: 40
넓이: 100
ⓧ Uncaught 길이는 0보다 커야 합니다.
```

Square 클래스가 갖고 있던 모든 get○○()과 set○○() 형태의 코드에서 get과 set 뒤에 띄어쓰기를 넣었습니다. 클래스쪽은 큰 변경이 없는 것 같지만, 클래스를 활용하는 쪽에서는 단순하게 속성을 사용하는 형태처럼 게터와 세터를 사용할 수 있게 되었습니다.

이렇게 코드를 작성하면 코드를 사용하는 쪽에서 게터와 세터를 훨씬 더 쉽게 사용할 수 있습니다.

static 속성과 메소드

지금까지 살펴본 내용들을 기반으로 보면 이제 프레임워크 개발자들은 안전하게 프레임워크를 개발할 수 있게 되었습니다. 프레임워크 개발자들은 더 효율적으로 프레임워크를 개발할 수 있게 다양한 패턴을 고안합니다. 이러한 패턴을 **디자인 패턴**^{design pattern}이라고 부릅니다.

원래 자바스크립트에는 클래스라는 기능이 없었습니다. 하지만 여러 디자인 패턴을 활용하기 위해서 클래스 문법들이 계속해서 추가된 것이라 할 수 있습니다. 비교적 최근 추가된 문법으로 static 속성과 static 메소드가 있습니다. static을 정적이라는 한국어로 불러서 정적 속성, 정적 메소드라고 부르기도 합니다.

```
class 클래스 이름 {
  static 속성 = 값
  static 메소드 () {

  }
}
```

static 속성과 메소드는 인스턴스를 만들지 않고 사용할 수 있는 속성과 메소드입니다. 그냥 일반적인 변수와 함수처럼 사용할 수 있습니다. 다음과 같이 클래스 이름 뒤에 점을 찍고 속성과 메소드를 사용합니다.

```
클래스 이름.속성
클래스 이름.메소드()
```

직접 해보는 손코딩

아래 코드는 문법을 확인하는 정도로만 살펴보세요.

static 키워드 사용하기 소스 코드 9-2-11.html

```
01  <script>
02    class Square {
03      #length
04      static #counter = 0        ——→ private 특성과 static 특성은 한꺼번에 적용할 수도 있습니다.
05      static get counter () {
06        return Square.#counter
07      }
08
```

```
09    constructor (length) {
10      this.length = length
11      Square.#counter += 1
12    }
13
14    static perimeterOf (length) {
15      return length * 4
16    }
17    static areaOf (length) {
18      return length * length
19    }
20
21    get length () { return this.#length }
22    get perimeter () { return this.#length * 4 }
23    get area () { return this.#length * this.#length }
24
25    set length (length) {
26      if (length <= 0) {
27        throw '길이는 0보다 커야 합니다.'
28      }
29      this.#length = length
30    }
31  }
32
33  // static 속성 사용하기
34  const squareA = new Square(10)
35  const squareB = new Square(20)
36  const squareC = new Square(30)
37  console.log(`지금까지 생성된 Square 인스턴스는 ${Square.counter}개입니다.`)
39  // static 메소드 사용하기
39  console.log(`한 변의 길이가 20인 정사각형의 둘레는 ${Square.perimeterOf(20)}입니다.`)
40  console.log(`한 변의 길이가 30인 정사각형의 넓이는 ${Square.areaOf(30)}입니다.`)
41 </script>
```

▥ 실행 결과　　　　　　　　　　　　　　　　　　　　　　　　　　　　　　✕

지금까지 생성된 Square 인스턴스는 3개입니다.
한 변의 길이가 20인 정사각형의 둘레는 80입니다.
한 변의 길이가 30인 정사각형의 넓이는 900입니다.

#counter라는 이름의 static 속성과 counter()라는 이름의 static 메소드(게터)를 만들었습니다. #counter라는 속성은 Square 객체의 생성자가 호출될 때마다 1씩 증가하도록 했습니다. 이를 활용하면 현재까지 Square 객체가 몇 개 생성되었는지 확인할 수 있습니다.

또한 perimeterOf() 메소드와 areaOf() 메소드를 추가했습니다. 이 메소드들은 Square 객체를 생성하지 않고도 둘레와 넓이를 간단하게 구할 수 있게 해주는 메소드입니다.

위의 코드를 보고 나면 외부에 변수와 함수를 선언해도 되겠다라는 생각을 할 수 있습니다. 그러나 이렇게 변수와 함수를 클래스 내부에 작성하면 다음과 같은 장점이 있습니다.

- 어떤 속성과 함수가 클래스 내부에 귀속되어 있다는 것을 명시적으로 나타낼 수 있습니다.
- private 특성과 게터, 세터를 부여해서 조금 더 안전한 변수와 함수로 사용할 수 있습니다.

오버라이드

부모가 갖고 있는 함수를 자식에서 다시 선언해서 덮어쓰는 것을 **오버라이드**^{override}라고 부릅니다. 프레임워크를 다룰 때 반드시 활용하는 개념입니다. 물론 오버라이드라는 개념을 몰라도 코드를 작성할 수는 있지만, 알고나면 "내부적으로 어떤 코드가 있길래 이렇게 동작하는지"를 알 수 있습니다.

다음 코드는 LifeCycle이라는 간단한 클래스를 선언하고 사용하는 예입니다. LifeCycle 클래스에는 a(), b(), c()라는 이름의 메소드가 있고, call()이라는 이름의 메소드에서 이를 호출하고 있습니다.

직접 해보는 손코딩

메소드에서 순서대로 메소드 호출하기　소스 코드 9-2-12.html

```
01 <script>
02   // 클래스를 선언합니다.
03   class LifeCycle {
04     call () {
05       this.a()
06       this.b()
07       this.c()
08     }
09
10     a () { console.log('a() 메소드를 호출합니다.') }
11     b () { console.log('b() 메소드를 호출합니다.') }
12     c () { console.log('c() 메소드를 호출합니다.') }
13   }
14
15   // 인스턴스를 생성합니다.
16   new LifeCycle().call()
17 </script>
```

> **실행 결과**　✕
> a() 메소드를 호출합니다.
> b() 메소드를 호출합니다.
> c() 메소드를 호출합니다.

쉽게 코드를 이해하고 코드의 실행 결과를 예측했을 것이라고 생각합니다.

이어서 다음 코드를 살펴봅시다. 다음 코드에서는 LifeCycle 클래스를 상속받는 Child라는 이름의 클래스를 선언했습니다. 그리고 내부에서 부모에 있던 a()라는 이름의 메소드를 만들었습니다. 이를 "오버라이드했다"고 표현합니다.

오버라이드 소스 코드 `9-2-13.html`

```
01 <script>
02    // 클래스를 선언합니다.
03    class LifeCycle {
04      call () {
05        this.a()
06        this.b()
07        this.c()
08      }
09
10      a () { console.log('a() 메소드를 호출합니다.') }
11      b () { console.log('b() 메소드를 호출합니다.') }
12      c () { console.log('c() 메소드를 호출합니다.') }
13    }
14
15    class Child extends LifeCycle {
16      a () {
17        console.log('자식의 a() 메소드입니다.')         ──→ 오버라이드합니다.
18      }
19    }
20
21    // 인스턴스를 생성합니다.
22    new Child().call()
23 </script>
```

실행 결과   ✕

```
자식의 a() 메소드입니다.
b() 메소드를 호출합니다.
c() 메소드를 호출합니다.
```

코드를 실행하면 원래 a() 메소드에 있던 출력이 바뀌는 것을 볼 수 있습니다. call() 메소드에서 a() 메소드를 실행하는데, a() 메소드가 덮어 쓰여졌으니 새로운 a() 메소드의 내용을 출력하는 것이 전부입니다.

만약 부모에 있던 메소드의 내용도 사용하고 싶다면 다음과 같이 super.메소드() 형태의 코드를 사용합니다. super.a()는 부모의 a() 메소드를 실행하는 코드입니다.

부모에 있던 내용 가져오기   소스 코드 9-2-14.html

```
01 <script>
02   // 클래스를 선언합니다.
03   class LifeCycle { /* 생략 */ }
04   class Child extends LifeCycle {
05     a () {
06       super.a()
07       console.log('자식의 a() 메소드입니다.')
08     }
09   }
10
11   // 인스턴스를 생성합니다.
12   new Child().call()
13 </script>
```

```
실행 결과                          ✕
a() 메소드를 호출합니다.
자식의 a() 메소드입니다.
b() 메소드를 호출합니다.
c() 메소드를 호출합니다.
```

오버라이드는 그냥 이름만 덮어 쓰는 것이라 이렇게 간단한 기능에 굳이 이름까지 붙어야 하는지 의문이 생길 수 있습니다. 하지만 오버라이드는 정말 많은 곳에 활용됩니다. 이어서 오버라이드의 예를 살펴보겠습니다.

note 10장 리액트 프레임워크에서 라이프 사이클 메소드라는 것을 오버라이드합니다. 오버라이드를 이해하면 내부적으로 라이프 사이클 메소드들이 어떻게 작동하는지 이해하고 활용할 수 있으므로 잘 알아두세요.

오버라이드 예

지금까지 어떤 객체를 문자열로 만드는 메소드는 toString() 메소드라는 이름으로 만들었습니다. 이 이름은 단순하게 아무렇게나 붙여진 것이 아닙니다.

자바스크립트의 모든 객체는 toString()이라는 메소드를 갖습니다. 숫자, 문자열, 불, 배열, 함수, 클래스, 클래스의 인스턴스 모두 toString()이라는 메소드가 있습니다. 이는 자바스크립트가 Object라는 최상위 클래스를 가지며, 어떤 클래스를 만들어도 자동으로 Object 클래스를 상속받게 되어서 발생하는 현상입니다. 따라서 toString()이라는 이름으로 메소드를 만들면 Object 클래스에 있던 toString() 메소드를 오버라이드하는 것이 됩니다.

자바스크립트는 내부적으로 어떤 객체를 문자열로 만들 때 toString() 메소드를 호출합니다. 따라서 toString() 메소드를 오버라이드하면 내부적으로 문자열로 변환되는 형태를 바꿀 수 있습니다.

다음 코드를 살펴봅시다.

직접 해보는 손코딩

toString() 메소드 오버라이드하기 소스 코드 9-2-15.html

```
01 <script>
02   class Pet {
03     constructor (name, age) {
04       this.name = name
05       this.age = age
06     }
07
08     toString () {
09       return `이름: ${this.name}\n나이: ${this.age}살`    → 오버라이드합니다.
10     }
11   }
12
13   const pet = new Pet('구름', 6)
14   alert(pet)
15   console.log(pet + '')
16 </script>
```

> **실행 결과**   ✕
>
> [경고창 출력]
> 이름: 구름
> 나이: 6
>
> [콘솔 출력]
> 이름: 구름
> 나이: 6

자바스크립트의 alert() 함수는 매개변수로 받은 자료를 문자열로 바꾼 뒤에 출력합니다. toString() 메소드를 오버라이드했으므로 우리가 바꾼 형태로 출력되는 것을 볼 수 있습니다.

또한 문자열과 다른 자료형을 결합할 때도 내부적으로 다른 자료형을 문자열로 변환한 뒤 결합합니다. 따라서 문자열 결합 연산자를 호출할 때도 우리가 오버라이드한 toString() 메소드의 리턴값이 나오는 것을 확인할 수 있습니다.

> 10장에서 더 다양한 오
> 버라이드 예를 경험할
> 수 있습니다.

마무리

▶ 5가지 키워드로 정리하는 핵심 포인트

- **상속**은 어떤 클래스가 갖고 있는 유산(속성과 메소드)을 기반으로 새로운 클래스를 만드는 것입니다.

- **private 속성/메소드**는 클래스 내부에서만 접근할 수 있는 속성/메소드입니다.

- **게터**는 get○○() 형태로 값을 확인하는 기능을 가진 메소드를 의미합니다.

- **세터**는 set○○() 형태로 값을 지정하는 기능을 가진 메소드를 의미합니다.

- **오버라이드**는 부모가 갖고 있는 메소드와 같은 이름으로 메소드를 선언해서 덮어 쓰는 것을 의미합니다.

▶ 확인 문제

1. 다음 중 클래스 상속을 할 때 사용하는 키워드를 골라주세요.

　① extend
　② extends
　③ based
　④ derive

2. 다음 중 자식 클래스에서 부모 클래스를 호출할 때 사용하는 식별자를 골라주세요.

　① parent
　② super
　③ mother
　④ upper

3. 다음 중에서 정적 속성을 만들 때 사용하는 키워드를 골라주세요.

① static

② silent

③ dynamic

④ noisy

4. 다음 중에서 외부에서 접근할 수 없는 속성을 만들 때 사용하는 기호를 골라주세요.

① private

② public

③ @

④ #

5. 다음 중 옳지 않은 것을 골라주세요.

① static 키워드를 붙인 속성과 메소드는 클래스 이름을 기반으로 사용합니다.

② 속성을 만들 때 # 기호를 붙이면 클래스 외부에서는 접근할 수 없습니다.

③ 메소드를 만들 때 # 기호를 붙이면 클래스 외부에서는 접근할 수 없습니다.

④ # 기호를 붙인 private 속성과 메소드는 상속받은 클래스에서는 사용할 수 있습니다.

hint　5. 본문에서 다루지 않은 내용도 있습니다. 어떤 코드를 입력하면 테스트를 해볼 수 있을지를 생각해보고 직접 테스트를 해보면서 답을 찾아보기 바랍니다.

6. 다음 코드의 실행 결과를 예측해주세요.

```
class Parent {
  test () {
    console.log("Parent.test() 메소드")
  }
}

class ChildA extends Parent {
  test () {
    super.test()
    console.log("ChildA.test() 메소드")
  }
}

class ChildB extends Parent {
  test () {
    console.log("ChildB.test() 메소드")
    super.test()
  }
}
new ChildA().test()
new ChildB().test()
```

🖵 실행 결과	✕

hint 6. 부모 메소드 호출은 일반적으로 메소드 가장 앞에서 하는 편입니다. 앞에서 할 때와 뒤에서 할 때 실행 결과가 달라질 수 있는데, 왜 달라지는지를 이해해보기 위한 예제입니다.

지금까지 자바스크립트의 기본적인 문법과 웹 브라우저가 기본적으로 제공해주는 문서 객체 모델을 다루는 방법을 살펴보았습니다. 이 책을 끝내고 프론트엔드 자바스크립트를 더 공부하게 된다면 리액트, 뷰 등 라이브러리를 공부하게 될텐데, 이 책의 마지막 장에서는 이중에서 가장 널리 사용되는 리액트를 간단하게 맛보기 정도로만 살펴보겠습니다.

리액트 라이브러리 맛보기

학습목표

- 간단한 방식으로 리액트 라이브러리를 사용하는 방법을 이해합니다.
- 리액트를 사용해서 컴포넌트를 만들고 출력하는 방법을 이해합니다.
- 리액트를 사용해서 입력 양식을 다루는 방법을 이해합니다.
- 리액트로 간단한 애플리케이션 만드는 방법을 이해합니다.

10-1 리액트의 기본

리액트   컴포넌트   JSX

리액트 라이브러리를 제대로 활용하려면 지금까지 배웠던 자바스크립트의 기본적
인 내용과 함께 Node.js라는 백엔드 자바스크립트 플랫폼을 알아야 합니다. 그러
나 이 책의 목표는 자바스크립트 라이브러리를 맛보는 것까지이므로, 이 장에서는
Node.js 없이 리액트만 간단하게 살펴보겠습니다.

시작하기 전에

리액트 라이브러리 React Library는 규모가 큰 자바스크립트 라이브러리로, 사용자 인터페이스(UI)를 쉽
게 구성할 수 있도록 도와줍니다. 리액트 라이브러리를 사용하면 대규모 프론트엔드 웹 애플리케이
션을 체계적으로 개발할 수 있으며, 리액트 네이티브를 활용해서 스마트폰에서도 빠른 속도로 작동
하는 애플리케이션을 만들 수 있습니다.

리액트 라이브러리의 공식 사이트 링크는 다음과 같습니다. 한국어 버전을 제공하고 번역도 잘 되어
있는 편이므로 살펴보시기 용이합니다.

리액트 라이브러리
URL https://ko.reactjs.org/

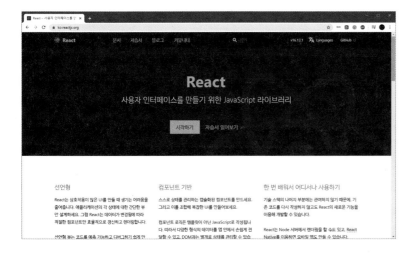

리액트 라이브러리 사용 준비하기

리액트 라이브러리^{React Library}를 사용하는 가장 기본적인 방법은 HTML 파일에서 다음과 같은 3개의 자바스크립트를 읽어들이는 것입니다. react.development.js와 react-dom.development.js 는 리액트를 사용하기 위해서 필요합니다. 그리고 babel.min.js는 리액트 코드를 쉽게 작성할 수 있 게 해주는 라이브러리입니다.

- https://unpkg.com/react@17/umd/react.development.js
- https://unpkg.com/react-dom@17/umd/react-dom.development.js
- https://unpkg.com/babel-standalone@6/babel.min.js

이를 활용해서 다음과 같이 HTML 페이지를 구성합니다.

직접 해보는 손코딩

리액트 기본 사용 준비 소스 코드 10-1.html

```
01 <!DOCTYPE html>
02 <html>
03 <head>
04   <title>Document</title>
05   <!-- 리액트 사용 준비-->
06   <script src="https://unpkg.com/react@17/umd/react.development.js"></script>
07   <script src="https://unpkg.com/react-dom@17/umd/react-dom.development.js"></script>
08   <script src="https://unpkg.com/babel-standalone@6/babel.min.js"></script>
09 </head>
10 <body>
11   <div id="root"></div>       ———> div#root 태그를 만듭니다.
12   <!-- 리액트를 사용하는 코드 입력 -->
13   <script type="text/babel">  ———> type 속성에 "text/babel"을 지정합니다.
14
15   </script>
16 </body>
17 </html>
```

리액트 라이브러리는 단순한 자바스크립트가 아니라 리액트를 위해서 개발된 자바스크립트 확장 문법을 사용합니다. 이러한 문법을 사용하려면 **바벨**Babel이라는 라이브러리를 추가로 읽어들이고 바벨을 적용할 부분을 지정해야 합니다. 앞의 코드에서 다음 script 태그가 바벨을 적용하겠다고 선언한 부분입니다.

```
<script type="text/babel"></script>
```

이후 코드부터는 책 분량을 고려해 script 태그 부분만 적겠습니다.

루트 컴포넌트 출력하기

리액트React는 사용자 인터페이스(UI)를 쉽게 구성할 수 있게 도와주는 라이브러리입니다. 리액트에서는 화면에 출력되는 요소를 **컴포넌트**component라고 부릅니다. 그리고 가장 최상위에 배치하는 컴포넌트를 **루트 컴포넌트**root component라고 부릅니다. 리액트는 컴포넌트를 만들 때 HTML 요소를 만드는 것과 동일한 문법을 사용합니다.

컴포넌트 생성하기

```
<컴포넌트 이름></컴포넌트 f이름>
```

이렇게 생성한 컴포넌트를 출력할 때는 ReactDOM.render() 메소드를 사용합니다. **컨테이너**container는 컴포넌트를 출력할 상자라고 생각하면 됩니다.

컴포넌트 출력하기

```
ReactDOM.render(컴포넌트, 컨테이너)
```

코드를 입력하면서 살펴보겠습니다. 다음 코드는 (1) h1 컴포넌트를 생성하고, (2) h1 컴포넌트를 출력할 div#root를 읽어들인 뒤, (3) ReactDOM.render() 메소드로 컴포넌트를 div#root에 출력합니다.

루트 컴포넌트 출력하기 소스 코드 10-1-1.html

```
01 <script type="text/babel">
02   // 컴포넌트와 컨테이너 생성하기        바벨 덕분에 사용할 수 있는 코드입니다.
03   const component = <h1>리액트 기본</h1>
04   const container = document.getElementById('root')
05
06   // 출력하기
07   ReactDOM.render(component, container)
08 </script>
```

> 🖥 실행 결과   ✕
>
> # 리액트 기본

코드를 실행하면 위와 같이 출력합니다. 참고로 div#root를 선언하지 않았다면 화면에는 아무 것도 뜨지 않습니다.

자바스크립트 코드 내부에 HTML 코드를 사용한 모습을 볼 수 있습니다. 이러한 문법을 JSX(자바스크립트 확장 문법)이라고 합니다. 웹 브라우저는 사실 이러한 코드를 읽고 실행하지 못합니다. 바벨이 JSX 코드를 읽고 일반적인 자바스크립트 문법으로 변환한 뒤 실행해주므로 이러한 코드를 사용할 수 있는 것입니다.

바벨 공식 홈페이지에서 바벨 REPL 도구를 사용하면 바벨이 어떤 식으로 코드를 바꾸는지 확인할 수 있습니다.

바벨 REPL
URL https://babeljs.io/repl

〈직접 해보는 손코딩〉에서 작성했던 JSX 코드를 바벨 REPL에 넣어보면 다음과 같이 변환되는 것을 볼 수 있습니다. "리액트 기본"이라는 것이 "\uB9AC\uC561\uD2B8 \uAE30\uBCF8"로 변환되는데, 코드를 쉽게 읽을 수 있도록 한글로 적었습니다.

```
const component = /*#__PURE__*/React.createElement("h1", null, "리액트 기본");
const container = document.getElementById('root');

ReactDOM.render(component, container);
```

〈h1〉리액트 기본〈/h1〉이라는 코드가 React.createElement("h1", null, "리액트 기본")이라는 형태로 변환된 것을 볼 수 있습니다. 바벨이 알아서 변환해주므로 React.createElement() 메소드를 따로 신경 쓰지 않아도 됩니다.

JSX 기본 문법

JSX 문법은 단순하게 태그를 만드는 기능 이외에도 태그 내부에 표현식을 삽입해서 출력하는 기능도 제공합니다. 표현식을 출력할 때는 {...} 기호를 사용합니다. 다만 속성으로 표현식을 출력할 때는 따옴표를 사용하면 안 된다는 것만 주의하면 됩니다.

표현식 출력하기

```
<태그>{표현식}</태그>
<태그 속성={표현식} />
         따옴표를 사용하면 안 됩니다.
```

다음 코드는 상수로 name과 imgUrl을 선언하고 이를 태그에 삽입해서 출력하는 예시입니다.

직접 해보는 손코딩

표현식 출력하기 소스 코드 10-1-2.html

```
01 <script type="text/babel">
02    // 상수 선언하기
03    const name = '구름'
04    const imgUrl = 'http://placedog.net/400/200'
05
```

```
06    // 컴포넌트와 컨테이너 생성하기
07    const component = <div>
08      <h1>{name} 님 안녕하세요!</h1>
09      <img src={imgUrl} />
10    </div>
11    const container = document.getElementById('root')
12
13    // 출력하기
14    ReactDOM.render(component, container)
15  </script>
```

> **</> 실행 결과**   ✕
>
> ## 구름 님 안녕하세요!
>

클래스 컴포넌트

h1, h2, img 태그 등 HTML 표준에 포함된 태그로 컴포넌트를 만들 수 있지만, 사용자가 직접 클래스 또는 함수를 이용해 컴포넌트를 만들 수도 있습니다. 클래스로 만드는 컴포넌트를 **클래스 컴포넌트**, 함수로 만드는 컴포넌트를 **함수 컴포넌트**라고 부릅니다. 이 책에서는 클래스 컴포넌트만 살펴보겠습니다.

클래스 컴포넌트는 다음과 같은 형태로 만듭니다.

클래스 컴포넌트 만들기

```
class 컴포넌트 이름 extends React.Component {
  render () {
    return <h1>출력할 것</h1>
  }
}
```

React.Component 클래스의 상속을 받아야 컴포넌트로 동작할 수 있게 하는 속성과 메소드를 받을 수 있습니다. React.Component 클래스는 화면에 무언가를 출력할 때 render() 메소드를 호출합니다. 이를 오버라이드해서 원하는 것을 출력합니다.

이전과 같은 예제를 클래스 컴포넌트로 구현하면 다음과 같습니다. 일반적으로 루트 컴포넌트는 App이라는 이름을 사용합니다. 이러한 개발자들의 약속에 따라서 다음 코드에서도 컴포넌트 이름을 App으로 사용했습니다. 실행 결과는 431쪽의 10-1-1.html과 동일합니다.

직접 해보는 손코딩

루트 컴포넌트 출력을 클래스 컴포넌트로 구현하기 소스 코드 10-1-3.html

```
01 <script type="text/babel">
02    // 애플리케이션 클래스 생성하기
03    class App extends React.Component {
04      render () {           React.Component를 상속합니다.
05        return <h1>리액트 기본</h1>
06      }
07    }
08
09    // 출력하기
10    const container = document.getElementById('root')
11    ReactDOM.render(<App />, container)
12 </script>      App 컴포넌트로 변경합니다.
```

실행 결과
리액트 기본

클래스 컴포넌트를 사용하면 클래스 메소드 내부에서 this.props 속성을 사용할 수 있습니다. 이 속성은 컴포넌트를 선언할 때 전달합니다. 다음 코드는 432쪽의 10-1-2.html에서 살펴보았던 것과 같은 프로그램을 클래스 컴포넌트로 구현하는 예입니다.

컴포넌트의 속성 사용하기 소스 코드 10-1-4.html

```
01 <script type="text/babel">
02    // 애플리케이션 클래스 생성하기
03    class App extends React.Component {
04      render () {
05        return <div>
06          <h1>{this.props.name} 님 안녕하세요!</h1>
07          <img src={this.props.imgUrl} />
08        </div>
09      }
10    }
11
12    // 출력하기
13    const container = document.getElementById('root')
14    ReactDOM.render(<App name="구름" imgUrl="http://placedog.net/400/200" />,
       container)
15 </script>
```

컴포넌트의 속성으로 전달된 값을 사용합니다.

속성을 지정합니다.

실행 결과

구름 님 안녕하세요!

컴포넌트의 기본적인 속성과 메소드

React.Component 클래스는 여러 속성과 메소드를 제공해줍니다. 이러한 속성을 변경하고 메소드를 오버라이드하고 우리가 필요한 속성과 메소드를 클래스에 추가해서 컴포넌트를 만듭니다.

자주 오버라이드 해서 사용하는 메소드는 다음과 같습니다.

클래스의 메소드 오버라이드하기

```
class App extends React.Component {
    constructor (props) {
        super(props)
        // 생성자 코드
    }

    render () {
        // 출력할 것
    }

    componentDidMount () {
        // 컴포넌트가 화면에 출력될 때 호출
    }

    componentWillUnmount () {
        // 컴포넌트가 화면에서 제거될 때 호출
    }
}
```

생성자입니다. 생성자가 여러 일을 해주므로, super(props)를 사용해 부모 생성자를 호출합니다.

컴포넌트가 내부적으로 특정 상황에 호출하는 메소드입니다. 이런 메소드를 라이프사이클 메소드라고 부릅니다.

우리가 변경해서 사용하는 속성으로는 state 속성이 있습니다. state 속성에는 출력할 값을 저장합니다. state 속성 값을 변경할 때는 반드시 setState() 메소드를 사용합니다. setState() 메소드로 속성의 값을 변경하면 컴포넌트는 render() 메소드를 호출해서 화면에 변경 사항을 출력합니다.

```
// 상태 선언하기(생성자 위치)
this.state = { 속성: 값 }
// 상태 변경하기(이외의 위치)
this.setState({ 변경할 속성: 값 })
```

지금까지 설명한 내용을 모두 조합해서 시간을 출력하는 컴포넌트를 만든다면 다음과 같이 구현할 수 있습니다. 코드가 갑자기 길어져서 당황할 수도 있겠지만, 지금까지 책 내용을 잘 따라왔다면 문제 없이 이해할 수 있습니다.

리액트를 활용한 현재 시간 출력 프로그램 소스 코드 10-1-5.html

```
01 <script type="text/babel">
02   class App extends React.Component {
03     constructor (props) {
04       super(props)
05       this.state = {
06         time: new Date()
07       }
08     }
09
10     render () {
11       return <h1>{this.state.time.toLocaleTimeString()}</h1>
12     }
13
14     componentDidMount () {
15       // 컴포넌트가 화면에 출력되었을 때
16       this.timerId = setInterval(() =>{
17         this.setState({
18           time: new Date()
19         })
20       }, 1000)
21     }
22
23     componentWillUnmount () {
24       // 컴포넌트가 화면에서 제거될 때
25       clearInterval(this.timerId)
26     }
27   }
28
29   // 출력하기
30   const container = document.getElementById('root')
31   ReactDOM.render(<App />, container)
32 </script>
```

05~07행 옆 주석: 시간을 출력할 것이므로 state 속성에 시간을 저장했습니다.

11행 옆 주석: state 속성에 있는 값을 출력합니다.

17~19행 옆 주석: setState() 메소드를 사용해서 시간을 변경합니다.

> 실행 결과 ✕
>
> **오전 4:35:31**

앞의 예제에서는 컴포넌트가 화면에서 제거될 일이 없으므로 componentWillUnmount() 메소드를 오버라이드하지 않아도 됩니다. 하지만 이러한 컴포넌트를 다른 곳에서 활용할 경우를 대비해서 구현해보았습니다.

이벤트 연결하기

컴포넌트에 이벤트를 연결할 때는 (1) 메소드를 선언하고, (2) 메소드에 this를 바인드하고, (3) render() 메소드에서 출력하는 태그의 이벤트 속성에 메소드를 입력해서 이벤트를 연결합니다. 세 과정을 모두 패턴으로 정리해보면 다음과 같습니다.

```
class App extends React.Component {
  constructor (props) {
    super(props)
    this.메소드 이름 = this.메소드 이름.bind(this)    ───→ (2) 메소드에 this를 바인드합니다.
  }

  render () {
    return <h1 이벤트 이름={this.메소드 이름}></h1>
  }
                      (3) 이벤트를 연결합니다.

  메소드 이름 (event) {
    // 이벤트가 호출될 때 실행할 코드    ──→ (1) 메소드를 선언합니다.
  }
}
```

(2)번 코드는 리액트에서 이벤트를 연결할 때 반드시 사용해야 하는 코드입니다. 이를 사용하지 않으면 이벤트 핸들러에서 this를 입력했을 때 undefined(또는 버전에 따라서 window 객체)가 나옵니다.

다음은 버튼을 클릭할 때 클릭한 횟수를 세는 프로그램입니다.

이벤트 연결하기   소스 코드 10-1-6.html

```
01 <script type="text/babel">
02   // 애플리케이션 클래스 생성하기
03   class App extends React.Component {
04     constructor (props) {
05       super(props)
06       this.state = {
07         count: 0
08       }
09
10       this.countUp = this.countUp.bind(this)
11     }
12
13     render () {
14       return <div>
15         <h1>클릭한 횟수: {this.state.count}</h1>
16         <button onClick={this.countUp}>클릭</button>
17       </div>
18     }
19
20     countUp (event) {
21       this.setState({
22         count: this.state.count + 1
23       })
24     }
25   }
26
27   // 출력하기
28   const container = document.getElementById('root')
29   ReactDOM.render(<App />, container)
30 </script>
```

06~08행 옆 손글씨: 클릭한 횟수를 출력할 것이므로 state 속성에 일단 0을 저장합니다.

16행 옆 손글씨: 대소문자를 지켜야 합니다.

실행 결과   ✕

클릭한 횟수: 15

클릭

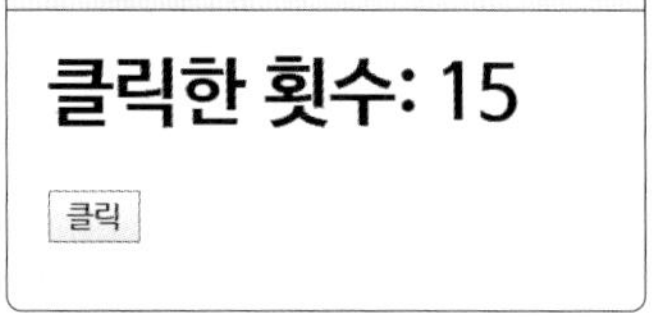

코드를 실행하고 버튼을 클릭하면 몇 번 클릭했는지 세어줍니다. 앞의 코드에서 주의해야 하는 부분이 있다면 onClick이라는 이벤트 이름입니다. HTML은 기본적으로 대소문자를 구분하지 않지만, 리액트에서 JSX 문법으로 이벤트를 연결할 때는 onClick으로 대소문자를 확실하게 지켜서 입력해야 합니다.

개발 버전의 리액트에서는 이름의 대소문자를 잘못 입력했다면 "onclick이라고 썼는데, onClick을 의미하는 건가요?"라며 오류를 발생해 친절하게 알려줍니다. 그러므로 오류를 확인한 후에 이름을 고쳐도 됩니다.

이벤트 이름을 잘못 사용했을 경우의 오류

```
🖽 오류

⊗ Warning: Invalid event handler property `onclick`. Did you mean `onClick`?
    in button (created by App)
    in div (created by App)
    in App
```

> **➕ 여기서 잠깐** **리액트 이벤트 이름을 확인할 수 있는 주소**
>
> 기본적으로는 OnMouseDown, onMouseEnter, onDragEnd처럼 캐멀 케이스를 사용하면 되지만, 가끔 어떻게 입력해야 하는지 헷갈릴 때가 있습니다. 그러한 경우에는 다음 링크를 참고하세요.
>
> **리액트 이벤트 이름을 확인할 수 있는 주소**
> URL https://ko.reactjs.org/docs/events.html#clipboard-events

this.countUp = this.countUp.bind(this)를 사용하지 않고 다음과 같은 2가지 형태를 사용하는 방법도 있습니다.

이벤트 연결하기: 다른 this 바인드 방법(1) 소스 코드 10-1-7.html

```
01 <script type="text/babel">
02   // 애플리케이션 클래스 생성하기
03   class App extends React.Component {
04     constructor (props) {
05       super(props)
06       this.state = {
07         count: 0
08       }
09     }
10
11     render () {
12       return <div>
13         <h1>클릭한 횟수: {this.state.count}</h1>
14         <button onClick={(e) => this.countUp(e)}>클릭</button>
15       </div>
16     }
17
18     countUp (event) {
19       this.setState({
20         count: this.state.count + 1
21       })
22     }
23   }
24
25   // 출력하기
26   const container = document.getElementById('root')
27   ReactDOM.render(<App />, container)
28 </script>
```

note 실행 결과는 10-1-6.html과 같으므로 생략합니다.

이벤트 연결하기: 다른 this 바인드 방법(2) 소스 코드 10-1-8.html

```
01 <script type="text/babel">
02   // 애플리케이션 클래스 생성하기
03   class App extends React.Component {
04     constructor (props) {
05       super(props)
06       this.state = {
07         count: 0
08       }
09     }
10
11     render () {
12       return <div>
13         <h1>클릭한 횟수: {this.state.count}</h1>
14         <button onClick={this.countUp}>클릭</button>
15       </div>
16     }
17
18     countUp = (event) => {
19       this.setState({
20         count: this.state.count + 1
21       })
22     }
23   }
24
25   // 출력하기
26   const container = document.getElementById('root')
27   ReactDOM.render(<App />, container)
28 </script>
```

---

note 실행 결과는 10-1-6.html과 같으므로 생략합니다.

다른 사람들이 작성한 코드를 보는
것은 매우 좋은 공부 방법입니다.
다양한 방법을 익혀두세요.

입력 양식 이벤트는 다음과 같은 형태로 사용합니다. 입력 양식의 값을 추출할 때는 이벤트 객체를 활용합니다.

입력 양식 사용하기 소스 코드 10-1-9.html

```
01 <script type="text/babel">
02   // 애플리케이션 클래스 생성하기
03   class App extends React.Component {
04     constructor (props) {
05       super(props)
06       this.state = {
07         text: ''
08       }
09       this.handleChange = this.handleChange.bind(this)
10     }
11
12     render () {
13       return <div>
14         <input
15           value={this.state.text}
16           onChange={this.handleChange} />
17         <h1>{this.state.text}</h1>
18       </div>
19     }
20
21     handleChange (event) {
22       this.setState({
23         text: event.target.value
24       })
25     }
26   }
27
28   // 출력하기
29   const container = document.getElementById('root')
30   ReactDOM.render(<App />, container)
31 </script>
```

이벤트가 발생할 때 this.state의 text 속성에 입력 양식의 값을 넣습니다.

실행 결과 ✕

> 안녕하세요!
>
> # 안녕하세요!

스타일 지정하기

스타일을 지정할 때는 **style** 속성에 객체를 지정합니다. 스타일을 지정하는 방법은 다음과 같습니다.

```
render () {
  const style = { }
  return <h1 style={style}>글자</h1>
}
```

문서 객체 모델에서 살펴본 것과 마찬가지로 style 객체에는 캐멀 케이스로 속성을 입력합니다. 문서 객체 모델 때와 차이점이 있다면 숫자를 입력할 때 단위를 입력하지 않아도 된다는 것입니다.

CSS 스타일 속성 이름	가능한 형태(1)	가능한 형태(2)

color: red	`{`
	  `color: 'red'`
	`}`
		`{`
		  `'color': 'red'`
		`}`

font-size: 2px	`{`
	  `fontSize: 2`
	`}`
		`{`
		  `'font-size': 2`
		`}`

크기 등의 단위는 숫자만 입력하면 됩니다.
px을 붙이지 않아도 괜찮습니다.

다음 코드는 이벤트와 스타일 지정을 모두 활용해서 체크되어 있을 때는 파란색, 체크되어 있지 않을 때는 붉은색으로 글자를 출력합니다.

직접 해보는 손코딩

체크 상태에 따라서 스타일 지정하기 소스 코드 10-1-10.html

```
01 <script type="text/babel">
02   // 애플리케이션 클래스 생성하기
03   class App extends React.Component {
04     constructor (props) {
05       super(props)
06       this.state = {
07         checked: false
08       }
09
```

```
10      this.handleClick = this.handleClick.bind(this)
11    }
12
13    render () {
14      const textStyle = {
15        color: this.state.checked ? 'blue' : 'red'
16      }
```

> 체크되어 있다면 blue,
> 체크되어 있지 않다면
> red를 출력합니다.

```
18      return <div>
19        <input
20          type="checkbox"
21          onClick={this.handleClick} />
22        <h1 style={textStyle}>글자</h1>
23      </div>
24    }
25
26    handleClick (event) {
27      this.setState({
28        checked: event.target.checked
29      })
30    }
31  }
32
33  // 출력하기
34  const container = document.getElementById('root')
35  ReactDOM.render(<App />, container)
36 </script>
```

> 이벤트 객체를 활용해서
> 체크 상태를 설정합니다.

실행 결과 ✕

☑

글자

지금까지 7장 문서 객체 모델 부분에서 살펴보았던 문서 객체 조작과 관련된 내용을 알아보았습니다. 단위를 환산하는 간단한 프로그램들을 리액트로 구현해보면 좋은 연습이 될 것입니다.

컴포넌트 배열

리액트는 다음과 같이 컴포넌트를 요소로 갖는 배열을 사용해서 한 번에 여러 개의 컴포넌트를 출력할 수 있습니다.

직접 해보는 손코딩

컴포넌트 배열 사용하기(1) 소스 코드 10-1-11.html

```
01 <script type="text/babel">
02    // 애플리케이션 클래스 생성하기
03    class App extends React.Component {
04      render () {
05        const list = [
06          <li>사과</li>,
07          <li>바나나</li>,
08          <li>배</li>,
09          <li>귤</li>
10        ]
11
12        return <ul>{list}</ul>
13      }
14    }
15
16    // 출력하기
17    const container = document.getElementById('root')
18    ReactDOM.render(<App />, container)
19 </script>
```

실행 결과 ☒

- 사과
- 바나나
- 배
- 귤

일반적으로 다음과 같이 this.state에 값 배열을 만들고 render() 메소드 내부에 map() 메소드를 사용해서 이를 컴포넌트 배열로 변환해서 출력하는 코드를 많이 사용합니다.

컴포넌트 배열 사용하기(2) 소스 코드 10-1-12.html

```
01 <script type="text/babel">
02   // 애플리케이션 클래스 생성하기
03   class App extends React.Component {
04     constructor (props) {
05       super(props)
06       this.state = {
07         fruits: ['사과', '바나나', '배', '귤']
08       }
09     }
10
11     render () {
12       // 항목을 생성합니다.
13       const list = this.state.fruits.map((item) => {
14         return <li>{item}</li>
15       })
16       // 출력합니다.
17       return <ul>{list}</ul>
18     }
19   }
20
21   // 출력하기
22   const container = document.getElementById('root')
23   ReactDOM.render(<App />, container)
24 </script>
```

note 실행 결과는 10-1-11.html과 같으므로 생략합니다.

앞의 코드에서 map() 메소드를 다음과 같이 표현식으로 삽입해서 사용하는 경우도 많습니다.

컴포넌트 배열 사용하기(3) 소스 코드 10-1-13.html

```
01 <script type="text/babel">
02   // 애플리케이션 클래스 생성하기
03   class App extends React.Component {
04     constructor (props) {
05       super(props)
06       this.state = {
07         fruits: ['사과', '바나나', '배', '귤']
08       }
09     }
10
11     render () {
12       return <ul>{
13         this.state.fruits.map((item) => {
14           return <li>{item}</li>
15         })
16       }</ul>
17     }
18   }
19
20   // 출력하기
21   const container = document.getElementById('root')
22   ReactDOM.render(<App />, container)
23 </script>
```

note 실행 결과는 10-1-11.html과 같으므로 생략합니다.

배열을 활용하는 예는 이번 장의 누적 예제 부분에서 좀 더 다루겠습니다.

▶ 3가지 키워드로 정리하는 핵심 포인트

- **리액트**는 사용자 인터페이스(UI)를 쉽게 구성할 수 있게 도와주는 라이브러리입니다.

- **컴포넌트**는 리액트에서 화면에 출력되는 요소를 의미합니다.

- **JSX**는 자바스크립트 코드 내부에서 HTML 태그 형태로 컴포넌트를 만들 수 있게 해주는 자바스크립트 확장 문법입니다.

▶ 확인 문제

1. 다음 중에서 틀린 것을 골라주세요.

   ① JSX 확장 문법을 사용하면 자바스크립트 코드 내부에 HTML 태그를 입력해서 사용할 수 있습니다.

   ② JSX 확장 문법은 HTML 태그를 내부적으로 React.createElement() 메소드 호출로 변경해줍니다.

   ③ React.Component 클래스를 상속받지 않아도 컴포넌트를 화면에 출력할 수 있습니다.

   ④ 화면에 컴포넌트를 출력할 때는 render() 메소드를 사용합니다.

2. 다음 중에서 틀린 것을 골라주세요.

   ① 속성을 지정할 때는 따옴표를 입력하면 안 됩니다.

   ② 리액트의 이벤트 이름은 기존의 HTML 이벤트 이름과 같은 이름을 사용합니다.

   ③ style 속성으로 스타일을 지정할 때, 숫자의 경우 px 단위를 붙이지 않고 입력해도 됩니다.

   ④ 스타일을 지정할 때는 따옴표를 입력하면 안 됩니다.

3. 리액트의 컴포넌트는 어떤 클래스를 상속받아야 하는지 골라주세요.

① React.Component
② ReactDOM.Component
③ React.DOMObject
④ React.Object

4. 7장에서 살펴보았던 체크했을 때 작동하는 타이머 프로그램을 리액트로 구현해주세요.

5. 7장에서 살펴보았던 단위 환산 프로그램을 리액트로 구현해주세요.

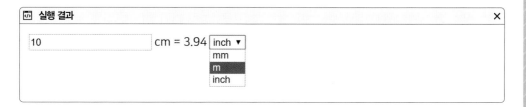

6. 7장에서 살펴보았던 글자 수를 세는 프로그램을 리액트로 구현해주세요. 355쪽의 〈좀 더 알아보기〉 부분에서 살펴보았던 것처럼 타이머를 사용하는 형태로 구현해주세요.

이 책이 곧 마무리되므로 관련된 내용을 공부해보세요!

이 책에서는 간단한 방법으로 리액트 라이브러리를 사용해보았습니다. 리액트 라이브러리를 본격적으로 사용해서 프론트엔드 웹 애플리케이션을 만들려면 다음과 같은 것을 공부해야 합니다.

- **Node.js**: 자바스크립트를 웹 브라우저가 아닌 곳(서버 등)에서 실행할 수 있게 해주는 플랫폼입니다. 처음 등장했을 때는 백엔드 개발자들을 대상으로 설계되었지만, 현재는 전반적인 개발에서 사용되고 있습니다.

- **Node.js 웹 서버 개발**: 웹 애플리케이션은 프론트엔드만으로 만들어지지 않습니다. 백엔드도 간단하게 만들 수 있어야 합니다(물론 팀의 규모가 커지면 당연히 분업화해서 진행합니다). Node.js를 공부하고 Node.js를 활용해 웹 서버를 만드는 방법도 살펴보기 바랍니다.

- **React Flux 패턴(Redux 등)**: 다음 절에서 자세하게 다루겠지만 리액트로 데이터를 쉽게 교환하기 위해서 만들어진 라이브러리입니다. 큰 규모의 웹 애플리케이션 개발을 쉽게 하려면 알아야 하는 내용입니다.

10-2

리액트와 데이터

핵심 키워드 [자바스크립트] [ECMAScript] [웹 애플리케이션]

지금까지는 컴포넌트를 하나만 사용해서 프로그램을 만들었습니다. 실제로 리액트는 컴포넌트를 여러 개 만들고, 이러한 컴포넌트를 조합하면서 프로그램을 만듭니다. 이번 절에서는 컴포넌트 2개를 활용해서 프로그램을 구성하는 방법을 살펴보겠습니다.

시작하기 전에

이번 절에서는 여러 개의 컴포넌트를 선언하고, 리액트의 기본적인 내용만으로 컴포넌트끼리 커뮤니케이션하는 방법을 살펴봅니다. 다만 리액트 기본만으로 컴포넌트끼리 커뮤니케이션하게 만드는 것은 굉장히 복잡합니다. Flux 패턴을 활용할 수 있게 해주는 라이브러리들을 사용하면 코드가 훨씬 깔끔해집니다.

Flux 패턴으로 데이터를 쉽게 관리할 수 있게 해주는 MobX 라이브러리

다만 이 책의 범위에서는 Flux 패턴까지 다루지 않습니다. 이번 절의 내용은 기본을 익히기 위한 고전적인 내용이라고 생각하면서 읽어주세요.

여러 개의 컴포넌트 사용하기

지금까지는 컴포넌트로 App 컴포넌트만 선언하고 활용했습니다. 이번에는 Item 컴포넌트를 추가로 만들어 사용해보겠습니다. 다음 코드는 Item 컴포넌트를 만들고 사용하는 예입니다.

직접 해보는 손코딩

Item 컴포넌트 만들기　소스 코드 10-2-1.html

```
01 <script type="text/babel">
02   // 애플리케이션 클래스 생성하기
03   class App extends React.Component {
04     render () {
05       return <ul>
06         <Item />
07         <Item />
08         <Item />
09       </ul>
10     }
11   }
12
13   class Item extends React.Component {
14     render () {
15       return <li>Item 컴포넌트</li>
16     }
17   }
18
19   // 출력하기
20   const container = document.getElementById('root')
21   ReactDOM.render(<App />, container)
22 </script>
```

실행 결과　✕

- Item 컴포넌트
- Item 컴포넌트
- Item 컴포넌트

App 컴포넌트에서 Item 컴포넌트로 어떤 데이터를 전달하고 싶을 때는 컴포넌트의 속성을 사용합니다. 다음은 App 컴포넌트에서 Item 컴포넌트로 value 속성을 전달하고, Item 컴포넌트에서 value 속성을 출력하는 예입니다.

Item 컴포넌트에 속성 전달하기 소스 코드 10-2-2.html

```
01 <script type="text/babel">
02   // 애플리케이션 클래스 생성하기
03   class App extends React.Component {
04     render () {
05       return <ul>
06         <Item value="Item 컴포넌트 1번" />
07         <Item value="Item 컴포넌트 2번" />
08         <Item value="Item 컴포넌트 3번" />
09       </ul>
10     }
11   }
12
13   class Item extends React.Component {
14     constructor (props) {
15       super(props)
16     }
17
18     render () {
19       return <li>{this.props.value}</li>
20     }
21   }
22
23   // 출력하기
24   const container = document.getElementById('root')
25   ReactDOM.render(<App />, container)
26 </script>
```

실행 결과 ✕

• Item 컴포넌트 1번
• Item 컴포넌트 2번
• Item 컴포넌트 3번

부모에서 자식의 state 속성 변경하기

방금 살펴보았던 것처럼 부모 컴포넌트에서 자식 컴포넌트로 어떤 데이터를 전달할 때는 속성(this. props)을 사용합니다. 부모 컴포넌트에서 자식으로 어떤 데이터를 전달한 뒤 화면 내용을 변경할 때도 속성(this.props)를 사용합니다.

다음 코드는 부모 컴포넌트에서 시간을 구하고, 이를 속성을 통해 자식 컴포넌트에게 전달하는 예입니다. 이때 중요한 부분은 바로 componentDidUpdate() 메소드 부분입니다.

직접 해보는 손코딩

부모에서 자식의 state 속성 변경하기　소스 코드　10-2-3.html

```
01  <script type="text/babel">
02    // 애플리케이션 클래스 생성하기
03    class App extends React.Component {
04      constructor (props) {
05        super(props)
06        this.state = {
07          time: new Date()
08        }
09      }
10
11      componentDidMount () {
12        // 컴포넌트가 화면에 출력되었을 때
13        this.timerId = setInterval(() => {
14          this.setState({
15            time: new Date()
16          })
17        }, 1000)
18      }
19
20      componentWillUnmount () {
21        // 컴포넌트가 화면에서 제거될 때
22        clearInterval(this.timerId)
23      }
24
25      render () {
```

```
26          return <ul>
27            <Item value={this.state.time.toLocaleString()} />
28            <Item value={this.state.time.toLocaleString()} />
29            <Item value={this.state.time.toLocaleString()} />
30          </ul>
31        }
32      }
33
34      class Item extends React.Component {
35        constructor (props) {
36          super(props)
37          this.state = {
38            value: props.value
39          }
40        }
41
42        componentDidUpdate (prevProps) {
43          if (prevProps.value !== this.props.value) {
44            this.setState({
45              value: this.props.value
46            })
47          }
48        }
49
50        render () {
51          return <li>{this.state.value}</li>
52        }
53      }
54
55      // 출력하기
56      const container = document.getElementById('root')
57      ReactDOM.render(<App />, container)
58  </script>
```

자식 컴포넌트에서 변경을 적용할 때 사용하는 코드입니다. 고정적인 코드이므로 알아두면 좋습니다.

실행 결과   ✕

- 2020. 4. 27. 오전 5:58:38
- 2020. 4. 27. 오전 5:58:38
- 2020. 4. 27. 오전 5:58:38

componentDidUpdate() 메소드는 컴포넌트에 변경이 발생했을 때 호출되는 메소드입니다. 이를 오버라이드해서 사용하고 있는 것입니다. componentDidUpdate() 메소드는 매개변수로 변경 이전의 속성(prevProps)이 들어옵니다. 이 속성 값과 현재 속성 값을 비교해서 변경이 있는 경우(다른 경우)에만 setState() 메소드를 호출해서 화면에 변경 사항을 출력합니다. componentDidUpdate() 메소드 부분이 없으면 시간은 변하지 않습니다.

componentDidUpdate() 메소드가 없어도 render() 메소드는 변경 사항이 있을 때 실행되므로 시간이 변경되어야 한다고 생각하는 독자도 있을 수 있습니다. 그런데 render() 메소드는 단순하게 컴포넌트를 조합해서 문서 객체를 만든 뒤 화면에 출력하는 메소드가 아닙니다. 내부적으로 쓸데없는 변경 등을 막아 애플리케이션의 성능을 높일 수 있게 다양한 처리를 해줍니다. 그래서 이러한 패턴의 코드를 사용하는 것입니다.

자식에서 부모의 state 속성 변경하기

반대로 자식 컴포넌트에서 부모 컴포넌트의 상태를 변경할 때는 메소드를 사용합니다. 부모 컴포넌트에서 자신(부모)의 속성을 변경하는 메소드를 자식에게 전달한 뒤, 자식에서 이를 호출하게 만드는 것입니다. 조금 복잡한데요, 코드로 정리해보면 다음과 같습니다.

직접 해보는 손코딩

자식에서 부모의 state 속성 변경하기   소스 코드   10-2-4.html

```
01  <script type="text/babel">
02    // 애플리케이션 클래스 생성하기
03    class App extends React.Component {
04      constructor (props) {
05        super(props)
06        this.state = {
07          value: ''
08        }
09        this.changeParent = this.changeParent.bind(this)
10      }
11
12      render () {
13        return <div>
14          <CustomInput onChange={this.changeParent} />
```

```
15        <h1>{this.state.value}</h1>
16      </div>
17    }
18
19    changeParent (event) {
20      this.setState({
21        value: event.target.value
22      })
23    }
24  }
25
26  class CustomInput extends React.Component {
27    render () {
28      return <div>
29        <input onChange={this.props.onChange} />
30      </div>
31    }
32  }
33
34  // 출력하기
35  const container = document.getElementById('root')
36  ReactDOM.render(<App />, container)
37 </script>
```

자신의 속성을 변경하는 메소드입니다.
내부에서 this 키워드를 사용하므로,
this 바인드를 했습니다

input 태그에 변경 사항이 있을 때,
부모로부터 전달받은 메소드를 호출합니다.

실행 결과 ⊠

안녕하세요

안녕하세요

코드의 실행이 이리저리 이동해서 복잡하게 느껴질 수 있지만, 차근차근 살펴보면 쉽게 이해할 수 있습니다. 코드를 실행하고 입력 양식에 값을 입력해보면 위와 같이 출력합니다.

리액트로 만드는 할 일 목록 애플리케이션 [누적 예제]

다음 코드는 할 일 목록 애플리케이션을 리액트로 구현한 예입니다. 코드가 길지만 이해할 수 없는 부분은 없을 것입니다. 차근차근 코드를 읽어보기 바랍니다. 참고로 localStorage 객체를 사용해서 할 일 목록을 저장하고 읽어들이는 부분은 배경색을 표시했습니다.

직접 해보는 손코딩

할 일 목록 만들기 소스 코드 10-2-5.html

```
01  <script type="text/babel">
02    // 애플리케이션 클래스 생성하기
03    class App extends React.Component {
04      constructor (props) {
05        super(props)
06
07        // 지난 설정 불러오기
08        this.state = this.load()
09
10        // 메소드 바인드
11        this.textChange = this.textChange.bind(this)
12        this.textKeyDown = this.textKeyDown.bind(this)
13        this.buttonClick = this.buttonClick.bind(this)
14        this.removeItem = this.removeItem.bind(this)
15        this.changeCheckData = this.changeCheckData.bind(this)
16      }
17
18      save () {
19        localStorage.state = JSON.stringify(this.state)
20      }
21      load () {
22        let output
23        try { output = JSON.parse(localStorage.state)
24        } catch (e) {}                              → state 속성 전체를 읽어들입니다.
25        if (output !== undefined
26          && output.keyCount !== undefined        → 속성이 제대로
27          && output.currentValue !== undefined)      존재하는지 확인합니다.
28        {
```

고급편

```
29        output = JSON.parse(localStorage.state)
30      } else {
31        output = {
32          keyCount: 0,
33          currentValue:'',
34          todos: []
35        }
36      }
37      return output
38    }
39
40    componentDidUpdate () {
41      this.save()
42    }
43
44    render () {
45      return <div>
46        <h1>할 일 목록</h1>
47        <input
48          value={this.state.currentValue}
49          onChange={this.textChange}
50          onKeyDown={this.textKeyDown} />
51        <button onClick={this.buttonClick}>추가하기</button>
52        <div>
53          {this.state.todos.map((todo) => {
54            return <TodoItem
55              dataKey={todo.key}
56              isDone={todo.isDone}
57              text={todo.text}
58              removeItem={this.removeItem}
59              changeCheckData={this.changeCheckData} />
60          })}
61        </div>
62      </div>
63    }
64
```

속성이 없거나 제대로 되어 있지 않으면 초기값 할당

todos.map() 메소드를 활용해 컴포넌트 배열을 만듭니다.

```
65    textChange (event) {
66      this.setState({
67        currentValue: event.target.value
68      })
69    }
70
71    textKeyDown (event) {
72      const ENTER = 13
73      if (event.keyCode === ENTER) {
74        this.buttonClick()
75      }
76    }
77
78    buttonClick (event) {
79      if (this.state.currentValue.trim() !== '') {
80        this.setState({
81          todos: [...this.state.todos, {
82            key: this.state.keyCount.toString(),
83            isDone: false,
84            text: this.state.currentValue
85          }]
86        })
87        this.state.keyCount += 1
88        this.state.currentValue = ''
89      }
90    }
91
92    removeItem (key) {
93      this.setState({
94        todos: this.state.todos.filter((todo) => {
95          return todo.key !== key
96        })
97      })
98    }
99
```

입력 양식에서 Enter 키를 입력했을 때도 버튼을 클릭 한 것과 같은 효과를 냅니다.

전개 연산자를 활용해서 기존의 배열을 복사하고, 뒤에 요소를 추가합니다. setState() 메소드를 호출하지 않으면 배열의 변경이 화면에 반영되지 않으므로, 이런 코드를 사용합니다.

filter() 메소드를 활용해서 기존의 배열에서 요소를 제거합니다.

```
100     changeCheckData (key, changed) {
101       let target = [...this.state.todos]     ──→ 배열을 전개 연산자로 복사합니다.
102       target.filter((todo) => todo.key === key)[0].isDone = changed
103       this.setState({                         변경된 요소를 찾고, isDone 속성을 변경합니다.
104         todos: target
105       })
106     }
107   }
108
109   class TodoItem extends React.Component {
110     constructor (props) {
111       super(props)
112       this.state = {
113         isDone: props.isDone
114       }
115       this.checkboxClick = this.checkboxClick.bind(this)
116     }
117
118     render () {
119       const textStyle = {}
120       textStyle.textDecoration
121         = this.state.isDone ? 'line-through' : ''
122       return (
123         <div style={textStyle}>
124           <input
125             type="checkbox"
126             checked={this.state.isDone}
127             onChange={this.checkboxClick}/>
128
129           <span>{this.props.text}</span>
130           <button onClick={()=>this.props.removeItem(this.props.dataKey)}>제거
131           </button>     ──→ 부모에게 어떤 항목의 제거 버튼을 클릭했는지 알려줍니다.
132         </div>
133       )
134     }
135
136     checkboxClick () {
```

```
137        const changed = !this.state.isDone
138        this.props.changeCheckData(this.props.dataKey, changed)
139      }
140
141      componentDidUpdate (prevProps) {
142        if (prevProps.isDone !== this.props.isDone) {
143          this.setState({
144            isDone: this.props.isDone
145          })
146        }
147      }
148    }
149
150    // 출력하기
151    const container = document.getElementById('root')
152    ReactDOM.render(<App />, container)
153 </script>
```

isDone 속성이 부모로부터 변경되면 출력에 반영합니다.

실행 결과

할 일 목록

추가하기

☑ 원두 주문하기 제거
☐ 강아지 산책하기 제거
☐ 바나나 주문하기 제거

---

note 코드를 작성하는 중에 로컬 스토리지 기능이 엉켜버리면 코드를 제대로 적어도 결과가 제대로 나오지 않을 수 있습니다. 이럴 때는 [Console] 탭에서 localStorage.clear()를 입력해주세요. 코드를 작성하는 동안에는 load() 메소드 가장 위에 localStorage.clear()를 한 줄 입력해두고 사용하는 것도 좋습니다.

배열을 조작한 뒤 화면에 반영하고 싶다면 setState() 메소드를 사용해야 합니다. 코드를 실행하고 할 일 목록을 추가해보기 바랍니다.

이번 예제를 읽고 작성해보면 부모와 자식의 데이터 교환이 힘들다는 느낌을 받았을 것입니다. 컴포넌트가 2단계로 계층을 이루는 상태에서도 데이터를 전달하기 위해 복잡한 코드가 사용됩니다. 컴포넌트가 더 많은 계층을 이룬다면 상태를 전달하는 것만으로도 복잡해질 것입니다.

이러한 문제를 해결하고자 Flux라는 패턴이 도입되었습니다. Flux 패턴을 활용하면 데이터를 훨씬 더 쉽게 관리할 수 있습니다. 이후에 리액트를 추가로 공부해보면 코드를 더 쉽게 작성할 수 있습니다.

구 버전의 인터넷 익스플로러 지원하기

인터넷 익스플로러 개요

인터넷 익스플로러는 마이크로소프트에서 과거에 개발했던 웹 브라우저입니다. 2015년에 11버전을 마지막으로 더 이상 메이저 버전이 바뀌지 않고 있으며, 2020년 8월을 기준으로 완전히 업데이트가 종료되었습니다.

인터넷 익스플로러는 최신 웹 브라우저가 아니므로, 최신 자바스크립트 기능을 사용할 수 없습니다. 전세계적으로 점유율이 1% 아래로 떨어졌지만, 국내에서는 ActiveX 등의 요인으로 인해서 아직도 높은 점유율을 갖고 있습니다.

note 2020년 10월을 기준으로 모든 플랫폼(스마트폰, 데스크톱 포함)에서 5%, 데스크톱 웹 브라우저를 기준으로 9%의 점유율을 갖고 있습니다.

인터넷 익스플로러에서 웹 페이지를 제대로 운용하려면 최신 자바스크립트 기능을 사용하면 안 됩니다. 몇 년 전만 해도 인터넷 익스플로러를 포기 못한다는 의견이 많았지만, 2020년을 기준으로 유튜브 등과 같은 사이트에서 인터넷 익스플로러 지원을 포기하기 시작해 널리 퍼지고 있습니다.

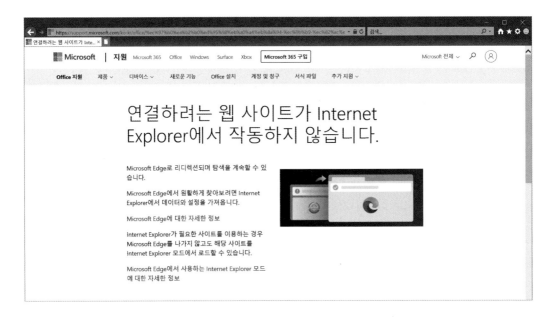

최신 자바스크립트 코드를 인터넷 익스플로러에서 실행하기

최신 자바스크립트 코드를 100% 인터넷 익스플로러에서 실행하게 할 수는 없습니다. 그렇기 때문에 최근 유튜브 등과 같은 거대한 사이트들이 인터넷 익스플로러를 아예 포기하는 것입니다. 그래도 자바스크립트가 많이 활용되지 않는 간단한 쇼핑몰 사이트에서는 어느 정도 최신 자바스크립트를 운용할 수 있도록 만들 수는 있습니다.

바벨: 트랜스 컴파일러

바벨Babel은 최신 버전의 자바스크립트로 작성된 코드를 구 버전에서 작동하게 만들어주는 변환기입니다. 이러한 변환기를 트랜스 컴파일러, 트랜스파일러라고 부릅니다.

바벨은 이외에도 수 많은 기능을 가지고 있는 거대한 변환기라서 초보자가 사용하기는 약간 힘듭니다. 따라서 가장 간단하게 사용할 수 있는 Babel REPL을 통해 어떤 식으로 변환이 되는지 살펴보겠습니다.

01 Babel REPL(https://babeljs.io/repl)에 들어갑니다.

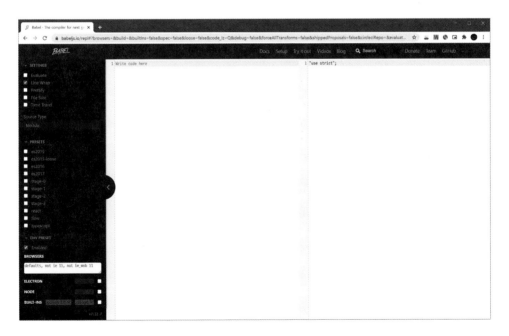

02 왼쪽 패널에서 PRESETS의 모든 체크를 해제합니다. 체크를 해제 하면 아래에 [ENV PRESET]이라는 패널이 추가로 나타납니다. 별도의 설정은 하지 않겠습니다.

03 코드를 입력할 수 있는 왼쪽 영역에 코드를 입력하면 오른쪽 영역 에 구 버전에서 실행할 수 있는 코드로 변환되어 출력됩니다.

최신 버전의 코드

```
// 간단한 코드
const a = [1, 2, 3, 4]
a.filter((v) => v % 2 ==
0).forEach(console.log)


// 이 책에서도 다루지 않은 더 최신 버전의 코드
const b = 10
const c = b ?? 20
```

변환된 코드

```
"use strict";

// 간단한 코드
var a = [1, 2, 3, 4];
a.filter(function (v) {
  return v % 2 == 0;
}).forEach(console.log);

// 이 책에서도 다루지 않은 더 최신 버전의 코드
var b = 10;
var c = b !== null && b !== void 0 ? b
: 20;
```

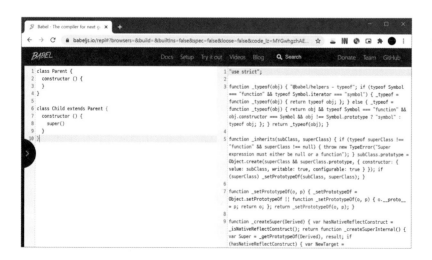

클래스 등의 사용으로 코드는 복잡하지만, 어떻게든 변환되는 것을 볼 수 있습니다. 최신 자바스크립트로 작성한 코드를 이처럼 바벨을 사용해서 구 버전에서 사용할 수 있는 형태로 변경하고, 이를 활용하면 인터넷 익스플로러를 지원할 수 있습니다.

그런데 문법적으로 변환을 해주어도 기능적인 변환을 해주지는 않습니다. 예를 들어 배열의 filter(), forEach() 메소드 등은 구 버전의 인터넷 익스플로러에서 동작하지 않습니다. 이러한 메소드 등의 기능을 추가해주는 것을 폴리필Polyfill이라고 부릅니다. 대표적인 폴리필로 Modernizr, es-shims, Polyfill.io 등이 있습니다.

es-shims

해당 링크에서 아래 부분을 보면 사용할 수 있는 CDN 목록들이 나옵니다. HTML 페이지에 다음 코드만 추가하면 구 버전의 인터넷 익스플로러에서 어느 정도까지는 최신 기능을 지원할 수 있습니다.

es5-shim

URL https://github.com/es-shims/es5-shim

es6-shim

URL https://github.com/es-shims/es6-shim

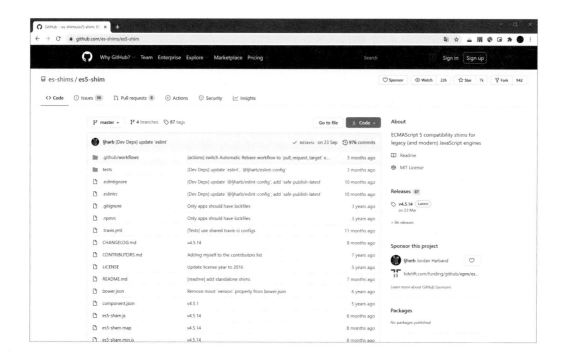

```
<script src="https://cdnjs.cloudflare.com/ajax/libs/es5-shim/4.5.14/es5-shim.min.
js"></script>
<script src="https://cdnjs.cloudflare.com/ajax/libs/es6-shim/0.35.5/es6-shim.min.
js"></script>
```

사실 인터넷 익스플로러까지 지원해야 하는 사이트를 만들다 보면 이번 부록에서 설명한 내용을 적용해도 왜 이렇게 동작하는지 이해되지 않는 부분이 많아서 세부적인 수정을 계속 해야 합니다. 특히 하나하나 테스트하면서 수정해야 하므로 보통 일이 아닙니다.

하지만 유튜브가 인터넷 익스플로러를 지원 중단하면서 빠른 속도로 인터넷 익스플로러의 점유율이 떨어지고 있습니다. 자바스크립트 책을 처음 집필했던 2010년에는 인터넷 익스플로러를 포기하기는 이르다고 했지만, 이번에는 필요한 경우에만 지원할 것을 감히 제안드릴 수 있습니다.

1-1 자바스크립트의 활용

1. 직접 다양한 사이트를 찾아보세요. 언뜻 떠오르지 않는다면 유명한 IT 기업들의 사이트를 먼저 확인해보세요. 유튜브, 페이스북, 트위터, 핀터레스트 등도 살펴보면 좋습니다.

2. StatCounter 사이트에 들어가면 현재 시점의 웹 브라우저 점유율을 확인할 수 있습니다. 이외에 모바일 브라우저까지 합친 통계도 살펴보시기 바랍니다.

1-2 개발환경 설치와 코드 실행

1. [Console] 탭에서 간단하게 입력해보면 답을 알 수 있습니다. 마지막 코드는 오류를 발생합니다. 어떻게 수정해야 할까요? 따옴표가 닫히지 않았으므로 따옴표를 닫아주면 됩니다.

```
> "안녕하세요"
"안녕하세요"
> console.log("안녕하세요")
안녕하세요
undefined
> "안녕하세요
VM244:1 Uncaught SyntaxError: Invalid or unexpected token
```

2. 화면에 큰 글씨로 "안녕하세요"가 출력됩니다.

> ## 안녕하세요

1-3 알아두어야 할 기본 용어

1. 답은 다음과 같습니다. ④와 ⑤도 사용할 수 있다는 것을 꼭 기억해두세요.

① O   ② O   ③ X → 숫자로 시작하는 식별자는 사용할 수 없습니다.

④ O   ⑤ O

2. ② console.log()에서 console은 식별자입니다. 이후에 내용을 배우면 알 수 있겠지만, 식별자 > 변수 > 객체로 구분할 수 있습니다.

3. ②, ④ console.log()에서 log는 식별자이면서 괄호가 있으므로 메소드입니다.

4. ① weAreTheWorld ② createOutput ③ createRequest ④ initServer ⑤ initMatrix

5. ① console을 konsole 등으로 잘못 입력했을 경우 발생할 수 있는 오류입니다.

```
Uncaught ReferenceError: konsole is not defined
```

② +++이라는 연산자가 존재하지 않으므로 오류를 발생힙니다.

```
Uncaught SyntaxError: Invalid left-hand side expression in postfix operation
```

③ 괄호를 열고서 닫지 않아서 발생하는 오류입니다.

```
Uncaught SyntaxError: Unexpected token ')'
```

02-1 기본 자료형

1.

&&	불
−	숫자
*	숫자
||	불

2. "\\\\\\\\\\"는 이스케이프 문자로 처리되므로 \\\\\\가 4개만 출력됩니다.

> \# 연습문제
> \\\\\\

3. 인덱스가 0부터 시작한다는 것을 꼭 기억해주세요!

> 녕
> 하
> 세
> 요

4. 연산자 우선 순위가 헷갈리는 문제입니다. 이렇게까지 복잡해진다면 꼭 괄호를 써서 누구나 쉽게 읽을 수 있게 해주세요.

```
0
4
```

02-2 상수와 변수

1. ① 상수를 선언할 때는 const 키워드를 사용합니다. let 키워드는 변수를 선언할 때 사용합니다.

2. ② 값을 할당할 때는 = 연산자를 사용합니다. ①은 과거에 사용되던 프로그래밍 언어에서 많이 사용되던 할당 연산자이며, ③과 ④는 비교 연산자입니다.

3. ① const 키워드를 사용해서 만드는 상수는 반드시 생성할 때 초기화를 해야 합니다. 앞의 2줄을 const r = 10으로 수정하면 정상적으로 동작합니다.

```
Uncaught SyntaxError: Missing initializer in const declaration
```

4. 오류를 발생합니다. ++ 연산자와 -- 연산자는 += 1, -=1과 같은 연산자입니다. 내부적으로 할당하므로 상수에는 적용할 수 없습니다. 초기에 자주 실수할 수 있는 부분이므로 꼭 기억해주세요!

```
Uncaught TypeError: Assignment to constant variable
```

02-3 자료형 변환

1. ③ 불로 입력받을 때는 confirm() 함수를 사용합니다.

2.

String()	문자열 자료형으로 변환합니다.
Boolean()	불 자료형으로 변환합니다.

3.

```html
<script>
  // 숫자를 입력받습니다.
  const rawInput = prompt('cm 단위의 숫자를 입력해주세요.')

  // 입력을 숫자로 변경하고 cm 단위로 변경합니다.
  const cm = Number(rawInput)
  const inch = cm * 0.393701

  // 출력합니다.
  alert(`${cm}cm는 ${inch}inch 입니다.`)
</script>
```

4.

```html
<script>
  // 숫자를 입력받습니다.
  const rawInput = prompt('원의 반지름을 입력해주세요.')
  const r = Number(rawInput)

  // 출력합니다.

  let output = ''
  output += `원의 반지름: ${r}\n`
  output += `원의 넓이: ${3.14 * r * r}\n`
  output += `원의 둘레: ${2 * 3.14 * r}`
  alert(output)
</script>
```

${} 내부에는 표현식을 사용할 수 있으므로 다음과 같이 계산식을 넣을 수도 있습니다. 여러 줄을 좀 쉽게 볼 수 있게 output을 만들고 연결하는 형태로 코드를 작성했습니다.

5.

```html
<script>
  // 숫자를 입력받습니다.
  const rawInput = prompt('달러 단위의 금액을 입력해주세요.')
  const dollar = Number(rawInput)

  // 출력합니다.
  let output = ''
  output += `달러: ${dollar}\n`
  output += `→ 원화: ${dollar * 1207}`
  alert(output)
</script>
```

6. 다양한 프로그램을 만들 수 있습니다. 여러분의 상상력을 키울 수 있는 예시를 들어보겠습니다.

① 입력을 하나만 받을 필요도 없습니다. "오늘 아침 점심 저녁 식사의 칼로리로 입력을 3개 받고, 모두 더해서 출력하는 프로그램"도 만들 수 있습니다. **입력을 여러 개 받아보세요!**

② 다큐멘터리에서 "어떤 은하까지 빛의 속도로 여행하면 10년이 걸린다"라고 할 때, 그 거리를 구할 수 있습니다. 빛의 속도 c는 299,792,458m/s입니다. 이를 활용해 10년 * 365일 * 24시간 * 60분 * 60초 * c를 계산하면 거리를 알 수 있습니다. **다양한 공식들을 적용해보세요.**

③ "야! 그걸 왜 사먹냐? 그 돈이면 뜨끈하고 든든한 국밥 n그릇은 사먹을 수 있겠다"라는 유행어가 있었습니다. 이 말처럼 "어떤 돈이 있을 때, 그 돈으로 국밥을 몇 그릇 먹을 수 있는가?"를 구하는 프로그램을 만들어볼 수 있습니다. **유머도 프로그램으로 구현해보세요!**

03-1 if 조건문

1. ③ if 조건문 내부의 불 표현식이 참일 때 if 조건문 내부로 들어갑니다.

2.
```
<script>
  const a = Number(prompt('첫 번째 숫자', ''))
  const b = Number(prompt('두 번째 숫자', ''))

  if (a > b) {
    alert('첫 번째로 입력한 숫자가 더 큽니다.')
  } else if (a === b) {
    alert('두 숫자가 같습니다.')
  } else {
    alert('두 번째로 입력한 숫자가 더 큽니다.')
  }
</script>
```

3.
```
if (x > 10 && x < 20) {
  console.log('조건에 맞습니다.')
}
```

4.

```
<script>
  const a = Number(prompt('숫자를 입력해주세요.', ''))

  if (a > 0) {
    alert('입력한 숫자는 양수입니다.')
  } else if (a == 0) {
    alert('입력한 숫자는 0입니다.')
  } else {
    alert('입력한 숫자는 음수입니다.')
  }
</script>
```

5.

```
<script>
  const a = Number(prompt('숫자를 입력해주세요.', ''))

  if (a % 2 === 0) {
    alert('입력한 숫자는 짝수입니다.')
  } else {
    alert('입력한 숫자는 홀수입니다.')
  }
</script>
```

6.

```
<script>
  const a = Number(prompt('월을 입력해주세요.', ''))

  if (3 <= a && a <= 5) {
    alert('봄입니다.')
  } else if (6 <= a && a <= 8) {
    alert('여름입니다.')
  } else if (9 <= a && a <= 11) {
    alert('가을입니다.')
  } else {
    alert('겨울입니다.')
  }
</script>
```

03-2 switch 조건문과 짧은 조건문

1. 100 〉 200는 false이므로 confirm() 함수 부분이 실행되어 "버튼을 클릭해주세요"라는 [확인]과 [취소] 버튼을 클릭할 수 있는 창이 나타납니다. [확인] 버튼을 클릭하면 true, [취소] 버튼을 클릭하면 false가 출력됩니다.

2.
```
<script>
  const rawInput = prompt('태어난 해를 입력해주세요.', '')
  const year = Number(rawInput)
  const e = year % 12

  let result
  switch (e) {
    case 0:
      result = '원숭이'
      break
    case 1:  result = '닭'; break;
    case 2:  result = '개'; break;
    case 3:  result = '돼지'; break;
    case 4:  result = '쥐'; break;
    case 5:  result = '소'; break;
    case 6:  result = '호랑이'; break;
    case 7:  result = '토끼'; break;
    case 8:  result = '용'; break;
    case 9:  result = '뱀'; break;
    case 10: result = '말'; break;
    case 11: result = '양'; break;
  }
  alert(`${year}년에 태어났다면 ${result} 띠입니다.`)
</script>
```

자바스크립트는 문장의 끝을 줄바꿈 또는 세미콜론으로 나타냅니다. 여러 줄로 입력한다면 '원숭이' 부분처럼 할 수 있겠지만, 한 줄에 입력하려고 한다면 세미콜론을 사용해 다음과 같이 입력합니다.

3. 코드가 굉장히 길게 느껴질 수 있지만, 한 번 입력해 보는 것을 추천합니다. 개발의 많은 부분은 이와 같은 속칭 "노가다"로 이루어집니다. "노가다"를 해봐야 이후에 "노가다"를 하지 않는 방법을 깨달았을 때, 그것이 더 유용하게 느껴져서 쉽게 기억할 수 있습니다.

```
<script>
  const rawInput = prompt('태어난 해를 입력해주세요.', '')
  const year = Number(rawInput)

  let 간
  let e = year % 10
  if      (e === 0)  { 간 = '경' }
  else if (e === 1)  { 간 = '신' }
  else if (e === 2)  { 간 = '임' }
  else if (e === 3)  { 간 = '계' }
  else if (e === 4)  { 간 = '갑' }
  else if (e === 5)  { 간 = '을' }
  else if (e === 6)  { 간 = '병' }
  else if (e === 7)  { 간 = '정' }
  else if (e === 8)  { 간 = '무' }
  else if (e === 9)  { 간 = '기' }

  let 띠
  let tti = year % 12
  if      (tti === 0)  { 띠 = '신' }
  else if (tti === 1)  { 띠 = '유' }
  else if (tti === 2)  { 띠 = '술' }
  else if (tti === 3)  { 띠 = '해' }
  else if (tti === 4)  { 띠 = '자' }
  else if (tti === 5)  { 띠 = '축' }
  else if (tti === 6)  { 띠 = '인' }
  else if (tti === 7)  { 띠 = '묘' }
  else if (tti === 8)  { 띠 = '진' }
  else if (tti === 9)  { 띠 = '사' }
  else if (tti === 10) { 띠 = '오' }
  else if (tti === 11) { 띠 = '미' }

  alert(`${year}년은 ${간}${띠} 년입니다.`)
</script>
```

4. ④   **5.** ③

04-1 배열

1. ① "3"   ② "바나나"   ③ 32

배열은 인덱스가 0부터 시작한다는 것을 꼭 기억하세요!

2. array.push(5)를 하면 [1, 2, 3, 4, 5]를 출력한다고 생각할 수 있지만, 그렇지 않고 기존 요소 개수에서 추가된 요소 개수를 출력합니다. "사과를 사과라고 하는 이유는 그냥 그렇게 약속해서 그렇다"라고 할 수밖에 없는 것처럼 "그냥 그렇게 설계되어 있다"라고 답할 수밖에 없는 내용입니다.

```
4
5
```

3. ① 비파괴적: strA의 내용이 바뀌지 않았습니다.

② 파괴적: arrayB의 내용이 바뀌었습니다.

③ 비파괴적: arrayC의 내용이 바뀌지 않았습니다.

④ 비파괴적: strD의 내용이 바뀌지 않았습니다.

04-2 반복문

1. for in 반복문과 for of 반복문을 꼭 구분해주세요!

```
# for in 반복문
0
1
2
3
# for of 반복문
사과
배
귤
바나나
```

2. 오류가 발생합니다. for 반복문의 반복 변수는 for in, for of 반복문과 다르게 let 키워드로 변수로서 선언해야 합니다. 실행되게 수정한다면 다음과 같습니다.

```
<script>
  const array = []
  for (let i = 0; i < 3; i++) {
    array.push((i + 1) * 3)
  }
  console.log(array)
</script>
```

3. 초기에 output을 1로 초기화했다는 것에 주의해주세요. 임의의 수 a와 어떤 수를 연산했을 때 a
   가 나오게 하는 그 어떤 수를 항등원(Identity)이라고 합니다(중학교 수학 과정입니다). 어떤 대
   상에 여러 번 처리하는 코드를 작성할 때는 이러한 항등원을 꼭 생각해주세요(예를 들어 배열은
   항등원이 단위 행렬 등).

```
<script>
  let output = 1
  for (let i = 1; i <= 100; i++) {
    output *= i
  }
  console.log(`1~100의 숫자를 모두 곱하면, ${output}입니다.`)
</script>
```

4. 186쪽 누적 예제의 반복문 형태를 2번 사용하면 됩니다. 물론 절댓값 등을 사용하면 더 간단하게
   코드를 작성할 수 있습니다. 여기서는 반복문을 여러 개 사용하는 방법도 있다는 것을 알고 넘어
   갔으면 하는 바람으로 출제한 문제입니다.

```
<script>
  // 변수를 선언합니다.
  let output = ''
  const size = 5

  // 반복합니다.
  for (let i = 1; i <= size; i++) {
    for (let j = size; j > i; j--) {
      output += ' '
    }
    for (let k = 0; k < 2 * i - 1; k++) {
      output += '*'
    }
    output += '\n'
  }

  for (let i = size -1; i > 0; i--) {
    for (let j = size; j > i; j--) {
      output += ' '
    }
    for (let k = 0; k < 2 * i - 1; k++) {
      output += '*'
```

```
    }
    output += '\n'
  }

  // 출력합니다.
  console.log(output)
</script>
```

05-1 함수의 기본 형태

1. 04-2의 확인 문제 3번을 응용하면 쉽게 만들 수 있습니다.

```
<script>
  const multiplyAll = function (a, b) {
    let output = 1
    for (let i = a; i <= b; i++) {
      output *= i
    }
    return output
  }

  console.log(multiplyAll(1, 2))
  console.log(multiplyAll(1, 3))
</script>
```

2.

①
```
<script>
  const max = function (array) {
    let output = array[0]
    for (const data of array) {
      if (output < data) {
        output = data
      }
    }
    return output
  }

  console.log(max([1, 2, 3, 4]))
</script>
```

②
```
<script>
  const max = function (...array) {
    let output = array[0]
    for (const data of array) {
      if (output < data) {
        output = data
      }
    }
    return output
  }

  console.log(max([1, 2, 3, 4]))
</script>
```

③
```
<script>
  const max = function (first, ...rests) {
    let output
    let items

    if (Array.isArray(first)) {
      output = first[0]
      items = first
    } else if (typeof(first) === 'number') {
      output = first
      items = rests
    }
    for (const data of items) {
      if (output < data) {
        output = data
      }
    }
    return output
  }

  console.log(`max(배열): ${max([1,2,3,4])}`)
  console.log(`max(숫자, ...): ${max(1,2,3,4)}`)
</script>
```

05-2 함수 고급

1.
```
<script>
  // 변수를 선언합니다.
  let numbers = [273, 25, 75, 52, 103, 32, 57, 24, 76]

  // 처리합니다.
  // (1) 홀수만 추출
  numbers = numbers.filter((x) => x % 2 === 1)
  // (2) 100 이하의 수만 추출
  numbers = numbers.filter((x) => x <= 100)
  // (3) 5로 나눈 나머지가 0인 수만 추출
  numbers = numbers.filter((x) => x % 5 === 0)

  // 출력합니다.
  console.log(numbers)
</script>
```

> 🖥 실행 결과 ✕
> ```
> [25, 75]
> ```

2.
```
<script>
  const array = ['사과', '배', '귤', '바나나']

  console.log('# for in 반복문')
  array.forEach((item, i) => {
    console.log(i)
  })

  console.log('# for of 반복문')
  array.forEach((item, i) => {
    console.log(item)
  })
</script>
```

06-1 객체의 기본

1. 처음 코드를 작성할 때 쉼표를 빼먹는 실수를 많이 하므로 빼먹지 않도록 주의하세요!

```
<script>
  const object = {
    name: "혼자 공부하는 파이썬",
    price: 18000,
    publisher: "한빛미디어"
  }
</script>
```

2. ③   **3.** ①

4. print 메소드에 동그라미를 치면 됩니다.

06-2 객체의 속성과 메소드 사용하기

1. 오류 메시지가 나옵니다. num은 기본 자료형이므로 메소드가 추가되지 않습니다. num과 같은 기본 자료형은 대응되는 객체 자료형의 프로토타입(prototype 속성)에 메소드를 추가해야 합니다.

```
Uncaught TypeError: num.원 is not a function
```

2.
```
printLang("ko"): 한국어
printLang("en"): 영어
```

3.
```
<script>
  // 변수를 선언합니다.
  const degree = 90

  // 출력합니다.
  // Math.sin() 메소드는 괄호 내부에 라디안 단위를 넣어야 합니다.
  const radian = degree * (Math.PI / 180)
  console.log(Math.sin(radian))
</script>
```

4. ②

5.

```html
<script src="https://cdn.jsdelivr.net/npm/lodash@4.17.15/lodash.min.js">
</script>
<script>
  const books = [{
    name: '혼자 공부하는 파이썬',
    price: 18000,
    publisher: '한빛미디어'
  }, {
    name: 'HTML5 웹 프로그래밍 입문',
    price: 26000,
    publisher: '한빛아카데미'
  }, {
    name: '머신러닝 딥러닝 실전 개발 입문',
    price: 30000,
    publisher: '위키북스'
  }, {
    name: '딥러닝을 위한 수학',
    price: 25000,
    publisher: '위키북스'
  }]

  console.log(_.orderBy(books, (book) => book.name))
</script>
```

06-3 객체와 고급 배열

1. ②

2. 리액트(React), 뷰(Vue), 제이쿼리(jQuery), Luxon, Day.js, Anime.js, D3.js, Chart.js, Three.js, Voca.js, TensorFlow.js 등을 찾을 수 있습니다.

07-1 문서 객체 조작하기

1. ②

2. ① h1, #header, h1#header

② span, .active, span.active

③ input, input#name-input, input[type=text] 등

3. ④ 없는 속성입니다. textContent와 이름이 비슷해서 있을 수 있다고 생각할 수도 있으므로 주의하세요.

4. ① borderRadius   ② fontFamily   ③ lineHeight   ④ width   ⑤ boxSizing

07-2 이벤트 활용

1. ⓐ-③, ⓑ-②, ⓒ-①   **2.** ③

3. ⓐ-②2, ⓑ-①, ⓒ-③, ⓓ-④   **4.** ①

5. ②, ③

6. 다양하게 생각해볼 수 있습니다. 가장 쉽게는 02-3절의 6번에서 보았던 prompt() 함수와 alert() 함수를 사용해서 생각했던 입출력 예제들을 모두 입력 양식으로 옮길 수 있습니다. 또한 인터넷에서 자주 볼 수 있는 이메일 형식 확인, 주문 확인 등도 모두 만들어볼 수 있습니다.

08-1 구문 오류와 예외

1. ① 구문 오류가 발생합니다. 나머지는 모두 예외가 발생합니다.

2. ③ try - catch - finally 순서로 되어야 합니다. catch와 finally 둘 중 하나는 생략될 수 있습니다. 직접 코드를 입력하면서 확인해보세요.

3. ③ 구문 오류는 try catch finally 구문으로 처리할 수 없습니다.

08-2 예외 처리 고급

1. ④   **2.** ①

3. 콜백 함수를 함께 활용하면 그때부터 실행 흐름이 약간 이상해집니다. 현재 예제는 간단하지만, 이후에 Node.js 등을 공부할 때는 더 복잡해집니다. 어떤 구문을 보았을 때 예외 처리를 어떻게 할 수 있는 것인지 계속해서 생각해보면 좋습니다.

```
try 구문입니다
catch 구문입니다
finally 구문입니다
```

09-1 클래스의 기본 기능

1. ② C++, C#, 자바 등의 프로그래밍 언어에 해당합니다.

2~3. 문제에 나와있는 예를 기반으로 자신의 생각을 정리해보세요.

09-2 클래스의 고급 기능

1. ② extends로 s가 붙어야 합니다. ①과 혼동하면 안됩니다. 혼동된다면 코드를 입력할 때 색상이 변경되는지로 확인하세요.

2. ②　　　　　　**3.** ①　　　　　　**4.** ④

5. ④　　　　　　**6.**
```
Parent.test() 메소드
ChildA.test() 메소드
ChildB.test() 메소드
Parent.test() 메소드
```

10-1 리액트의 기본

1. ③　　　　　　**2.** ② 대소문자 등이 달라집니다.　　　**3.** ①

4.

```html
<script type="text/babel">
  // 애플리케이션 클래스 생성하기
  class App extends React.Component {
    constructor (props) {
      super(props)
      this.state = { seconds: 0 }
      this.handleChange = this.handleChange.bind(this)
    }

    handleChange (event) {
      if (event.target.checked) {
        this.timerId = setInterval(() => {
          this.setState({
            seconds: this.state.seconds + 1
```

```
        })
      }, 1000)
    } else {
      clearInterval(this.timerId)
    }
  }

  render () {
    return <div>
      <input type="checkbox" onChange={this.handleChange} />
      <span>타이머 활성화</span>
      <h1>{this.state.seconds}초</h1>
    </div>
  }
}

// 출력하기
const container = document.getElementById('root')
ReactDOM.render(<App />, container)
</script>
```

5. 코드를 분석해보면서 차근차근 이해해보세요. select에 selected 속성을 주어도 문제 없지만, 그렇게 하면 콘솔에 경고가 출력됩니다. "React를 사용할 때는 selected 대신 defaultValue 를 사용해달라"라고 하기에 defaultValue라는 속성을 입력했습니다. value를 단순하게 value="10"이 아니라, value={10}으로 입력한 것은 숫자를 그대로 활용하기 위해서입니다.

```
<script type="text/babel">
  // 애플리케이션 클래스 생성하기
  class App extends React.Component {
    constructor (props) {
      super(props)
      this.state = {
        input: 0,
        output: 0,
        scale: 10
      }
```

```
      this.handleInput = this.handleInput.bind(this)
      this.handleSelect = this.handleSelect.bind(this)
    }

    handleInput (event) {
      const output = (event.target.value * this.state.scale).toFixed(2)
      this.setState({
        input: event.target.value,
        output: output
      })
    }
    handleSelect (event) {
      const output = (this.state.input * event.target.value).toFixed(2)
      this.setState({
        scale: event.target.value,
        output: output
      })
    }

    render () {
      return <div>
        <input
          value={this.state.input}
          onChange={this.handleInput}/>
        <span>cm = {this.state.output}</span>
        <select value={this.state.value} onChange={this.handleSelect}>
          <option defaultValue value={10}>mm</option>
          <option value={0.01}>m</option>
          <option value={0.393701}>inch</option>
        </select>
      </div>
    }
  }

  // 출력하기
  const container = document.getElementById('root')
  ReactDOM.render(<App />, container)
</script>
```

6.

```
<script type="text/babel">
  // 애플리케이션 클래스 생성하기
  class App extends React.Component {
    constructor (props) {
      super(props)
      this.state = {
        text: '',
        length: 0
      }
      this.handleChange = this.handleChange.bind(this)
    }

    handleChange (event) {
      this.setState({ text: event.target.value })
    }

    componentDidMount () {
      // 컴포넌트가 화면에 출력되었을 때
      this.timerId = setInterval(() => {
        this.setState({
          length: this.state.text.length
        })
      }, 500)
    }
    componentWillUnmount () {
      // 컴포넌트가 화면에서 제거될 때
      clearInterval(this.timerId)
    }

    render () {
      return <div>
        <h1>글자 수: {this.state.length}</h1>
        <textarea
          value={this.state.text}
          onChange={this.handleChange}></textarea>
      </div>
```

```
    }
  }

  // 출력하기
  const container = document.getElementById('root')
  ReactDOM.render(<App />, container)
</script>
```